本书为云南省哲学社会科学规划课题（YB2016011）、云南省省院省校教育合作研究项目（SYSX201608）的研究成果

本书出版得到云南大学一流大学建设"产业变革与经济发展动能转换"与"'一带一路'建设与西部开放格局优化研究"创新团队的资助

技能短缺与技能提升

LOCAL EMPLOYEES' SKILLS
SHORTAGE
AND UNPGRADING OF

CHINESE FIRMS IN
THE " ONE BEIT AND ONE ROAD "
COUNTRIES

"一带一路"沿线国家
中国企业海外雇工问题研究

陈 瑛

杨先明

著

社会科学文献出版社
SOCIAL SCIENCES ACADEMIC PRESS (CHINA)

前　言

　　中国在"一带一路"沿线国家的投资跨入新阶段，中国开始由资本净流入国进入资本净输出国的队列，正由"外资吸引大国"向着"对外投资大国"迈进。近年来，中国对外直接投资主要流向新加坡、俄罗斯、印度尼西亚、印度、土耳其、越南、老挝、马来西亚、柬埔寨等国家。东南亚（东盟）国家吸引了超过一半的中国对"一带一路"沿线国家的直接投资。投资于东南亚国家的企业数量众多，但企业规模相对不大，民营企业居多，投资行业集中于矿产业、能源行业、制造业以及交通基础设施行业等领域。多数东南亚国家处于人口年龄结构由青年型向成年型转变的过渡阶段，劳动力资源丰富，但人口素质偏低使这些国家的人口就业大多停留于农业。东南亚国家劳动力市场规制制度完善但执行程度较低的事实使投资于这些国家的中国企业面临着有效本地化雇佣的难题。东道国严格的劳动力市场制度限制了外国直接投资企业"进口"本国或其他国家高素质劳动力替代东道国劳动力，外国直接投资有效的生产经营管理模式就是在现有的法律法规框架下，充分有效地利用东道国的劳动力素质。

　　中国企业海外投资可持续发展的一个重要议题就是在有效本地化雇佣的基础上，实现企业生产经营的本地化。囿于东南亚国家人口素质及这些国家外资企业雇佣外籍员工的劳动力规制，投资于这些国家的外资企业面临着同时提升劳动力素质与工作技能的双重任务。中国企业也不例外。对于已经脱离正规教育体系就业于中国企业的劳动力素质的提升，中国企业可以有所作为，对这一问题的研究既有助于解决海外投资中国企业面临的技能短缺问题，也可为中国企业融入当地发展提供较好的途径。

对于这一问题的研究首先面临的是数据缺乏的问题，为此本书作者选择与中国西南地区较为临近的东南亚国家作为研究切入点，通过调查展开分析。本书比较可贵的地方在于，本书作者选择代表不同发展阶段的三个东南亚国家即泰国、老挝与柬埔寨，花费大量的时间和精力与中国企业取得联系，开展问卷调查与深度访谈。耗时近一年，共获得三个国家 118 家企业及其雇主—雇员匹配的一手调查数据。

根据作者的一手调查数据，结合世界银行与联合国人口署各国数据，本书基于"一带一路"倡议的大环境、东道国劳动力市场的基本特征以及中资企业"走出去"的现实难题，以及已有的理论框架、现实状况，探讨了中国企业海外投资的东道国劳动力技能短缺及技能效率问题。

对这一问题的研究及解决有助于激发中国企业海外投资，营造良好的企业文化环境，构建和谐的劳资关系，树立中国企业海外投资的负责任的国际形象，促进海外投资中国企业的良性健康可持续发展；对这一问题的研究及解决也有助于"一带一路"倡议在沿线国家的走深走实，促进中国企业国际化进程，实现中国与"一带一路"沿线国家开放包容、合作共赢。

当然，本书研究的问题只是中国企业海外投资问题中一个较小的方面，三个国家的调查数据反映的一些特征事实既有一定的普遍性也有相当的特殊性。这一问题的研究也是本书作者对中国企业海外投资研究的出发点。"路漫漫其修远兮，吾将上下而求索"。

目　录

第一章 "一带一路"沿线国家发展程度与中国海外投资结构分析

"一带一路"倡议的提出将为沿线国家实现优势互补、开放发展提供新平台，在满足沿线国家发展利益诉求的同时，也将为中国企业开展国际投资合作带来历史性的新契机。近年来中国海外投资遍布全球，到 2016 年，中国对外直接投资分布于全球 188 个国家（地区），覆盖全球 79% 的国家和地区，对区域格局产生了愈加重要的影响。

第一节 "一带一路"沿线国家发展状况及世界投资趋势变动

第一次工业革命以后，先是英国引领了全球的产业转移，第二次工业革命之后，美国引领了电气等生产部门主导的产业结构发展。此后的半个多世纪中，美国的世界贸易超过英国，成为主导世界发展的大国。20 世纪 50 年代到 70 年代，日本是亚洲经济发展的主要力量，到 20 世纪 90 年代经济增速放缓。皮凯蒂（2014）给出了 1700~2012 年世界 GDP 的占比情况。作为 19 世纪上半期世界经济中心的英国，带领欧洲经济从占世界 30% 左右的水平发展至 1913 年占世界总量的 47%。其后，美国带动了美洲经济从大约占世界 20% 的水平发展至 1950 年的约 40%。亚洲经济在日本的带动下从 20% 左右的水平发展到了 1990 年的 30% 左右。此后，中国快速发展的时期，亚洲经济增长到了世界的 40% 左右（张辉等，

2017)。当前，全球经济增长速度放缓，全球贸易、投资格局正在酝酿深刻调整，亚欧各国都处于经济转型升级的关键阶段。张辉等（2017）认为，世界经济结构逐渐由以发达国家为核心的"中心—外围"单循环模式转变为更复杂的双环流模式。即全球发达国家和发展中国家在全球价值链上的分工与参与度都有较大的差别，从中间品和最终品看，发达国家进行的生产主要集中于附加值较高的生产部分，而发展中国家的生产较多集中于资源消耗的生产部分。"一带一路"倡议使沿线产业结构、层次各不相同的国家相互拉动，形成产业合作，推动经济结构转型，有助于提升发展中国家在全球价值链中的地位。

一 "一带一路"沿线国家发展状况及全球 FDI 的流向变化

1. "一带一路"沿线国家发展状况与中国的作用

2015 年 3 月，《推动共建丝绸之路经济带和 21 世纪海上丝绸之路的愿景与行动》明确致力于亚欧非三大洲国家的际海互联互通，建立和加强沿线各国互联互通伙伴关系，构建全方位、多层次、复合型的互联网络。根据《愿景与行动》对"一带一路"基本地理路线的界定，多数研究定位 65 个国家为"一带一路"沿线国家，但是考虑到中国与不丹没有建立外交关系，且历年 FDI 统计资料显示中国在不丹的 FDI 统计数据缺失，本部分考察不包括不丹的其余 64 个国家（如表 1-1 所示）。

表 1-1 "一带一路"沿线国家及区域分布

区域（数量）	国家名称
东南亚（11）	新加坡、印度尼西亚、马亚西亚、泰国、越南、菲律宾、柬埔寨、缅甸、老挝、文莱、东帝汶
南亚（7）	印度、尼泊尔、斯里兰卡、孟加拉国、巴基斯坦、马尔代夫、阿富汗

续表

区域（数量）	国家名称
西亚北非（18）	阿联酋、阿塞拜疆、科威特、土耳其、卡塔尔、阿曼、黎巴嫩、沙特阿拉伯、巴林、伊拉克、以色列、埃及、伊朗、叙利亚、也门共和国、约旦、阿富汗、巴勒斯坦
中东欧（22）	波兰、俄罗斯、白俄罗斯、阿尔巴尼亚、格鲁吉亚、爱沙尼亚、立陶宛、捷克共和国、匈牙利、斯洛文尼亚、罗马尼亚、乌克兰、克罗地亚、摩尔多瓦、拉脱维亚、保加利亚、波黑、黑山、马其顿、塞尔维亚、亚美尼亚、赛浦路斯
中亚（6）	蒙古、哈萨克斯坦、土库曼斯坦、乌兹别克斯坦、吉尔吉斯斯坦、塔吉克斯坦

上述沿线国家 2016 年的 GDP 为 12432.035 亿美元，世界 GDP 总值为 80683.79 亿美元。如果加上中国（2016 年中国的 GDP 为 11190.99 亿美元），包括中国在内的"一带一路"沿线国家经济总量占世界经济总量的 1/4 以上，中国处于沿线国家中间位置。如果不包括中国在内，"一带一路"沿线国家经济水平只有世界平均水平的 15.41%。

采用张辉等（2017）的研究结果，从沿线国家工业化水平来看（如表 1-2 所示，表中数值越大工业化程度越高），东南亚国家除新加坡之外，基本处于工业化初期，南亚国家处于工业化初期末尾的阶段，东南亚国家处于工业初期水平，西亚地区资源密集型国家和部分欧洲国家处于工业化后期，中东欧和西亚、中亚国家大部分处于工业化后期阶段。

表 1-2 "一带一路"沿线国家工业发展高度（根据 2014 年计算值排序）（部分）

地区	国　家	2010 年	2015 年
	中国	0.761	1.624
东南亚	新加坡	10.837	12.379
	马来西亚	1.844	2.014
	泰国	0.896	1.068
	菲律宾	0.182	0.368
	老挝	−0.056	0.111
	柬埔寨	−0.145	−0.053
南亚	马尔代夫	1.189	1.521
	斯里兰卡	0.348	0.623
	巴基斯坦	−0.083	0.011
	孟加拉国	−0.151	−0.04
	阿富汗	−0.196	−0.191
	尼泊尔	−0.19	−0.156
	印度	—	—
中亚	哈萨克斯坦	1.861	2.218
	土库曼斯坦	0.752	1.375
	乌兹别克斯坦	0	0.19
	吉尔吉斯斯坦	−0.122	−0.067
	塔吉克斯坦	−0.154	−0.109
西亚北非	科威特	8.671	6.568
	卡塔尔	16.628	17.549
	阿联酋	7.847	9.313
	巴林	4.535	5.263
	沙特阿拉伯	4.159	4.579
	阿曼	4.447	3.408
	土耳其	2.089	1.851
	黎巴嫩	1.771	1.597
	伊朗	1.185	−0.333
	约旦	0.641	0.858
	埃及	0.311	0.546

续表

地区	国 家	2010 年	2015 年
中东欧	亚美尼亚	0.419	0.511
	格鲁吉亚	0.38	0.586
	捷克共和国	4.404	3.789
	斯洛伐克	3.632	3.489
	波兰	2.689	2.664
	爱沙尼亚	3.174	3.82
	匈牙利	2.775	2.594
	立陶宛	2.541	3.074
	罗马尼亚	1.661	1.827
	拉脱维亚	2.38	2.953
	俄罗斯	2.239	1.842
	白俄罗斯	1.067	1.047
	摩尔多瓦	0.06	0.112
	克罗地亚	2.9	2.422
	保加利亚	1.29	1.306
	黑山	1.274	1.208
	塞尔维亚	0.965	0.899
	波黑	0.74	0.672
	阿尔巴尼亚	0.648	0.617
	塞浦路斯	—	—

数据来源:张辉等《一带一路:区域与国别经济比较研究》,北京大学出版社,2017,第 56 页。

"一带一路"沿线国家有着不同的经济发展水平,形成了不同的优势产业类型。这些产业也形成了三个梯度,即技术密集与高附加值产业(工业化后期国家)、资本密集型产业(工业化国家)与劳动密集型产业(工业化初期国家)。全球经济表现出明显的价值上的双环流,发达(工业化后期)国家处于上环流,发展中(工业化初期)国家处于下环流(张辉等,2017)。中国等经济发展迅速、制造业较为发达的发展中国家通过到资源丰富的其他发展中国家直接投资，开发并进口所需的资源和初级产品，输出制成品，形成资源与制成品的贸易流；同时，将本国的产业转移到沿线工业化程度较低的国家或地区，形成投资等生产要素的流动和产业转移。中国经过40年的改革开放，实现了产业上由劳动密集型向技术密集型的转变，但当前劳动密集型产业仍然具有比较优势。中国具有完备的工业体系，但国内区域间的差异性使其资源禀赋不尽相同，在拥有庞大且多元化的工业体系的同时，地区的差异性与中国特质使其工业体系保持着一定的独立性和完整性。齐全的工业结构使中国拥有垂直工业体系中的劳动密集型和资本密集型产业。中国企业"走出去"在全球经济格局中起着承上启下的作用，是连接全球价值链的重要节点，借用社会资本的一个术语来表达，中国企业"走出去"在当下的全球价值链中发挥着"结构洞"的作用。

2. 全球 FDI 流向与中国 OFDI 的作用

2018 年《世界投资报告》显示，近十年来全球 FDI 由集中流向发达国家正逐渐转为流向发展中国家，但波动较大。根据世界银行的统计数据（如图 1-1 所示），十年来，全球 FDI 由 2006 年流向发达国家占比 67.07%，下降至 2008 年的 53.18%，其后全球 FDI 流向发达国家的比例保持在 50% 左右，到 2015 年恢复到 60% 的水平，2017 年全球 FDI 流向发达国家的比例为 49.82%；对应于发达国家，全球 FDI 流向发展中国家的占比从 2006 年的 28.73%，一跃增加至 2008 年的 38.9%，其后近 10 年在 40%~50% 徘徊，2015年，流向发展中国家的 FDI 迅速下降至 38.73%，2017 年回复至 46.91%。由图 1-1 所示的 2006 年以来的全球 FDI 流向变化可以看到，发达国家与发展中国家对 FDI 的争夺相互交织，此消彼长。

进而考察全球 FDI 在各个地区之间的变化（如图 1-2 所示），流向欧洲的 FDI 自 2008 年金融危机时迅速下降之后，在全球 FDI 中平稳保持 30% 左右的占比；流向美洲的全球 FDI 长期稳定于 30% 左右的比例，在近三年中略有上升；流向亚洲的全球 FDI 自全球金

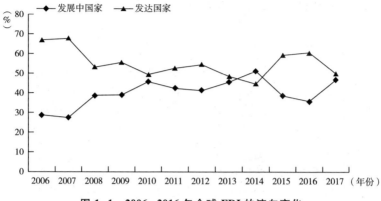

图 1-1 2006~2016 年全球 FDI 的流向变化

融危机之后，稳定上升，也保持在 30% 左右的水平；剩余不足 10% 的全球 FDI 主要投资于非洲地区，这一比例长期保持稳定。

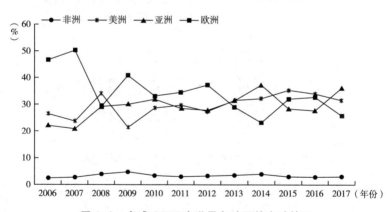

图 1-2 全球 OFDI 在世界各地区的变动情况

2015 年中国首次跃居全球第二大对外直接投资国。如图 1-3 所示，近十年来中国在"一带一路"沿线国家的对外直接投资活动不断增强，而且哪些国家吸引对外直接投资流量越大，中国对哪些国家的对外直接投资流量越高。但是，由图 1-3 中横轴与纵轴的对比也可以看出，中国对"一带一路"沿线国家的直接投资流量不及沿线国家吸收对外直接投资的 10%，说明中国在“一带一路”沿线国家的投资能力还有极大的提升空间。

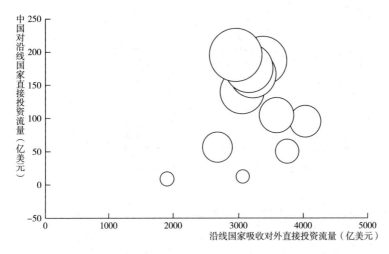

图 1-3　2006~2016 年“一带一路”沿线国家吸引 FDI 流量与
中国对沿线国家的 FDI 流量

第二节　中国对“一带一路”沿线国家或地区的投资态势及结构

中国对外直接投资近几年来增长迅速，经历了多次具有转折性的变化。其一，中国对外直接投资中制造业投资流量跃居世界第二。2015 年，对外直接投资流量高达 1456.7 亿美元，占全球比重近 10%，首次超过日本，成为仅次于美国的全球第二大对外直接投资国。2016 年中国企业“走出去”步伐加快，非金融类对外直接投资流量突破 1700 亿美元大关，同比增幅高达 44.1%。 “一带一路”沿线国家的直接投资存量为 1294.1 亿美元，占中国对外直接投资存量的 9.5%。存量位列前十的国家是：新加坡、俄罗斯、印度尼西亚、老挝、哈萨克斯坦、越南、阿联酋、巴基斯坦、缅甸、泰国。从行业分布来看，中国在东南亚国家的投资以采矿业、制造业和电力产业为主。其二，中国开始进入资本净输出国的队列。2015年第一次实现资本账户直接投资项下资本输出，标志着中国正由"外资吸收大国"向着"对外投资大国"迈进，更加深入地参与到全球经济发展中。随着投资国数量的增加，面临的海外投资环境越来越多样化，复杂程度也在不断加深。作为"一带一路"倡议的主要实施者，中国企业也是海外投资的积极履行者，分析中国对"一带一路"沿线国家的投资态势及分布状况，有助于理解中国企业海外投资的雇佣需求及未来用工问题的走向。

一　中国对"一带一路"沿线国家的投资规模及增长态势

中国对外直接投资近年来快速增长。如图1-4所示，中国对外直接投资存量由2006年的750.25亿美元快速增长，于2015年首次突破万亿美元大关，到2016年年末达到13573.9亿美元，占全球投资的份额由2006年的0.53%，上升到2016年的7.27%，不论是投资规模还是全球占比都发生了巨大变化。在"一带一路"沿线国家的投资规模同样也不断扩大。在全部的中国对外直接投资存量中，"一带一路"沿线国家（64个）的投资存量占比由2006年的6.93%上升到2016年的9.53%，自2012年以来这一占比保持在10%以上，2016年略有微调。

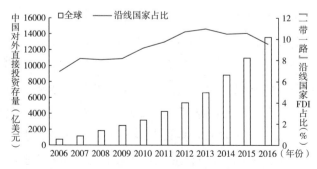

图1-4　中国对外直接投资规模及"一带一路"沿线国家投资存量占比

二 中国对"一带一路"沿线国家投资的行业结构与区域特征

1. 中国对外直接投资行业分布及其变化

从投资存量来看，在 2016 年的对外直接投资中，存量规模上千亿美元的行业由 2015 年的 4 个增加到 5 个，分别是租赁和商务服务业、金融业、批发和零售业、采矿业、制造业，相比 2015年制造业的投资存量冲破千亿美元。其中租赁和商务服务业为4739.94 亿美元，占中国对外直接投资存量的 34.92%，相比2015 年的 37.3%下降约 3 个百分点；金融业为 1773.42 亿美元，占中国对外直接投资存量的 13.06%，相比 2015 年的 14.5%下降1.44 个百分点；批发和零售业为 1691.68 亿美元，占中国对外直接投资存量的 12.46%，相比 2015 年的 11.1%上升了 1.36 个百分点；采矿业为 1523.7 亿美元，占中国对外直接投资存量的11.23%，相比 2015 年的 13.0%下降了 1.77 个百分点；制造业为1081.3 亿美元，占中国对外直接投资存量的 7.96%，相比 2015年的 7.15%基本保持不变。图 1-5 显示，2006 年、2010 年与2016 年三个年份中国对外直接投资行业偏好在近十年间没有发生较大的调整，在部分行业上有微小的调整。从存量上看，租赁和商务服务业、金融业、批发和零售业、采矿业、制造业一直是占据优势的行业。

2016 年存量规模最大的五个行业的发展情况如图 1-6 所示。租赁和商务服务业一直是中国对外直接投资存量最高的行业，2016年相比 2015 年占比降低了约 3 个百分点，为 34.9%，从 2006 年到2016 年租赁和商务服务业的投资一直保持增长的态势；排在第二的是金融业，2016 年金融业对外直接投资存量占比为 13.06%，相比 2006 年，金融业的对外直接投资存量占比在逐渐减少；排在第三的是批发和零售业，对外直接投资存量中批发和零售业的占比自2006 年以来略有下调，2016 年占比为 12.46%；紧随其后的是采矿

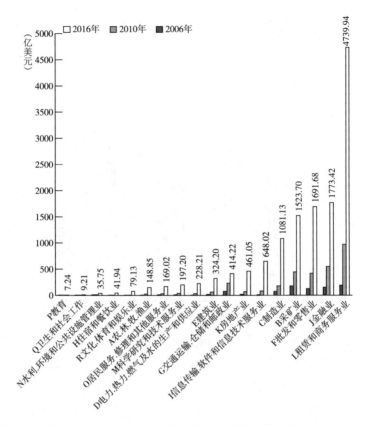

图1-5 2006年、2010年、2016年中国对外直接投资存量行业分布情况
资料来源：根据《2016年中国商务年鉴》整理。

业和制造业，制造业对外直接投资存量占比由2006年的8.31%下降到2010年的5.61%，2016年又增长到7.96%。

进一步考察中国对"一带一路"沿线国家投资的行业构成。中国对"一带一路"沿线国家的直接投资包括能源类投资、运输类投资、矿产类投资、技术类投资、金融类投资、房地产投资等。对大型项目投资的行业结构呈现多元化态势，2005年先由能源行业起步，2006~2008年逐步拓展至金属矿石、不动产、交通等行业，2009~2013年中国企业所涉及的行业拓展至高科技、农业、金融和

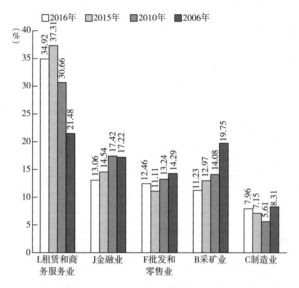

图 1-6　中国 OFDI 存量占比最高五个行业的变动情况

化学等（张辉等，2017），中国企业在"一带一路"沿线国家的投资能力逐步增强。

2. 中国 OFDI 的区位分布及其特征

首先，在区位分布上，东南亚（东盟）国家吸引了超过一半的中国对"一带一路"沿线国家的直接投资。如图 1-7 所示，"一带一路"沿线国家中中国对东南亚国家的投资存量占比由 2006 年的 29.34%稳步攀升，增长到 2016 年的 52.37%，2016 年中国对东南亚国家的直接投资存量为 677.61 亿美元。东南亚国家中，吸引中国直接投资流量最多的国家是新加坡、印度尼西亚、越南、老挝、马来西亚和柬埔寨，而吸引中国直接投资存量最多的国家是新加坡、印度尼西亚、老挝、缅甸、柬埔寨。其中，投资主要集中在新加坡和印度尼西亚，澜沧江-湄公河流域国家越南、老挝、柬埔寨、泰国、缅甸等紧随其后。

其次，图 1-7 显示，"一带一路"沿线国家中国对外直接投资存量中南亚地区占比由 2006 年的 6.73%增加至 2007 年的 15.27%，其后保持在 13%左右，2015 年降至 11.7%，2016 年这一比例为 10.77%。南亚地区自中巴经济走廊、孟中印缅经济走廊建立以来，在通信、水力电力、交通等领域的投资迅速增加。印度和巴基斯坦是中国在南亚地区最重要的投资东道国。

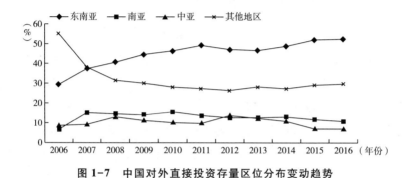

图 1-7　中国对外直接投资存量区位分布变动趋势

最后，包括中亚、西亚、北非、中东欧、南欧等地区在内的"一带一路"沿线国家，中国对外直接投资占比自 2008 年来保持稳定的比例。

由上述分析可知，东南亚（东盟）国家在中国对"一带一路"国家投资区位分布中占据重要地位。多数东南亚国家劳动力资源丰富、劳动力成本较低，但基础设施薄弱，电力供应短缺较为普遍，中国在东南亚国家的投资主要集中于矿产业、能源行业、制造业以及交通基础设施行业。

第三节　"一带一路"沿线东南亚国家发展趋势分析

东盟地区是中国的主要对外直接投资地。东盟国家的发展呈现两极分化的特征，发展较为成功的有新加坡、马来西亚、泰国、文莱，剩下的 6 个国家按世界银行 2010 年的标准分类，均属于下中等收入国家。而且与中国相邻的国家均属于下中等收入国家。本部分将梳理归纳澜沧江-湄公河流域地区国家（GMS 国家）近年来的经济发展状况、投资贸易状况以及劳动力参与状况。

一 柬埔寨

（一）柬埔寨宏观经济现状

1. 近年经济增长速度加快，但经济总体仍落后

2004~2016 年，柬埔寨 GDP 总体呈上升趋势。其中，2004~2007 年高速增长，GDP 增长率皆为 10%以上，2009 年 GDP 增长率骤降为 0.09%，2011~2016 年增长率保持在 7%左右（见图 1-8），经济增长速度快。2017 年，实际 GDP 为 170.09 亿美元，GDP 增长率为 6.95%，GNI 为 187.88 亿美元，同比增长 10.88%，人均 GNI 增长率为 6.11%。2016 年，其人均 GDP 为 1269.91 美元，根据钱纳里经济结构，柬埔寨仍处于初级产品生产阶段。柬埔寨经济呈高速增长状态，但仍是最贫穷的国家之一，经济落后。

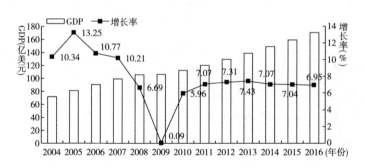

图 1-8 2004~2016 年柬埔寨的 GDP 和 GDP 增长率
数据来源：世界银行。

2. 通货膨胀率呈上涨趋势，"美元化"程度高

2004~2016 年，柬埔寨的通货膨胀率呈现出先上升后下降再上升趋势。其中，2008 年通货膨胀率最高，为 12.25%。2016 年，通

货膨胀率为 3.46%,较上年增加了 2.2 个百分点(见图 1-9)。柬埔寨是世界上"美元化"程度最高的国家之一,货币政策自主性低,随着国际石油价格上涨,柬埔寨的通货膨胀率受影响显著,在未来可能会持续上升。

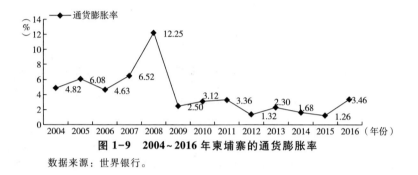

图 1-9 2004~2016 年柬埔寨的通货膨胀率
数据来源:世界银行。

3. 旅游业为柬埔寨的支柱产业,基础设施建设落后

2002~2016 年,柬埔寨的产业结构初步由"三一二"格局转型为"三二一"格局,农业占 GDP 比重呈先上升后下降趋势,工业占比呈先下降后上升趋势,服务业占比呈温和的先降后升趋势。2016 年,农业占比为 26.66%,工业占比为 31.74%,服务业占比为 41.6%(见图 1-10)。柬埔寨是农业大国,随着农业占比的大幅度下降,以及工业占比的大幅上升,2015 年,工业占比首次高于农业占比,农业对 GDP 的贡献率明显下降,柬埔寨正处于产业结构转型的初级阶段。服务业中,旅游业为支柱行业,产业结构单一。柬埔寨的基础设施建设虽发展迅猛,但仍很落后,对工业和旅游业的发展形成了阻碍。

4. 出口产品结构单一,出口成本高

2015 年,柬埔寨的对外贸易总额为 205.34 亿美元,出口贸易额为 89.9 亿美元,进口贸易额为 115.44 美元,呈现贸易逆差状态,其中,中柬贸易总额为 44.3 亿美元。柬埔寨的出口产品包括服装、鞋类、大米、橡胶以及其他初级产品,其中,服装业出口占

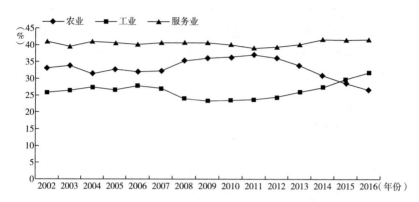

图 1-10　2002~2016 年柬埔寨三产结构变化趋势
数据来源：世界银行。

总出口的 3/4，出口贸易的产品过于单一，且产品附加值低，可替代性高。柬埔寨的进口产品包括服装原材料、建材、汽车、燃油、机械、化工用品和化妆品等。柬埔寨的基础设施落后，交通运输成本高昂。此外，柬埔寨的农业配套设施匮乏，使柬埔寨的农产品受到严格检疫流程的影响，大大提高了农产品的出口成本。

5. 政府财政收入水平提高，财政失衡状况有所缓解

2005~2017 年，柬埔寨财政收入由 6.19 亿美元增长至 37.23 亿美元，政府收入水平提高。2017 年，柬埔寨政府财政收入为 37.23 亿美元，占 GDP 的比重为 18.6%；政府支出为 39.03 亿美元，占比为 19.5%；财政赤字为 1.8 亿美元，占比为 0.9%。合理的财政政策，使以往的财政赤字状况得到极大改善。2016 年以来，财政赤字均低于 2%，政府收入占 GDP 比重普遍偏低，说明其 GDP 的增长对政府收入的依赖性小。

（二）柬埔寨投资状况

1993 年，经选举后人民党和奉欣比克党联合执政，正式确定了"市场经济"模式，以及"发展经济、消除贫困"的发展目标。2008 年获选的新政府宣布进一步深化改革，加强金融和财政监管，

健全财政税收及行政管理体制,继续推行"四角战略"。自1993年柬埔寨完成和平进程后,政府就把注意力集中在经济发展和社会转型上,通过采取自由开放的经济政策,经济等各方面都有较大程度的发展,并且由于其本身具有丰富的自然资源和廉价的劳动力等得天独厚的有利因素,投资、对外贸易和官方发展援助已成为柬埔寨重要的经济发展源泉和支柱。柬埔寨国外投资净流入从2000年的1.49亿美元发展到2011年的8.92亿美元,其间受金融危机的冲击,国外投资净流入经历了两年的衰退,2009年后又恢复增长。柬埔寨对外投资净流出在2000年至2011年基本保持平稳、缓慢的增长,由2003年的1000万美元发展到2011年的2400万美元(见图1-11)。

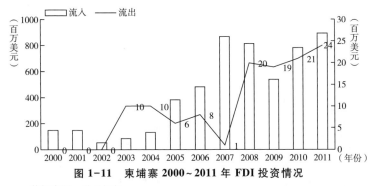

图1-11 柬埔寨2000~2011年 FDI 投资情况

数据来源:世界银行。

长期以来,柬埔寨是一个初级产品出口国以及制成品进口国。市场化改革之前,柬埔寨的主要贸易伙伴包括苏联、越南、东欧、日本和印度。1992年,美国取消对柬埔寨的贸易禁运。1993年柬埔寨改革后,国内市场逐渐对外打开,贸易自由化程度逐渐提高。基于丰富的自然及人力资源,对外贸易和投资、国际援助一起,逐渐发展起来并成为柬埔寨经济发展的重要动力。随着柬埔寨1999年加入东盟,2007年正式加入WTO,关税逐渐放开,贸易自由化程度进一步提高。1990~2015年,柬埔寨进、出口额均呈高速增长态势，其中，2001~2005 年，柬埔寨的外贸总额保持着每年高达 13.48% 的增速。柬埔寨进口总额由 1990 年的 1.64 亿美元增长为 2015 年的 118.71 亿美元；出口总额由 1990 年的 0.78 亿美元增长为 2015 年的 85.42 亿美元，贸易逆差由 1990 年的 0.696 亿美元增长为 2015 年的 33.28 亿美元（见图 1-12）。服装、鞋类、大米、橡胶和木薯等为柬埔寨的主要出口商品。其中最主要的是服装和鞋类，占比接近 80%。柬埔寨的主要进口商品包括服装原材料、建材、汽车、燃油、机械、食品、饮料、药品和化妆品等。其主要贸易伙伴包括美国、中国、欧盟、日本、韩国、泰国、越南和马来西亚等。

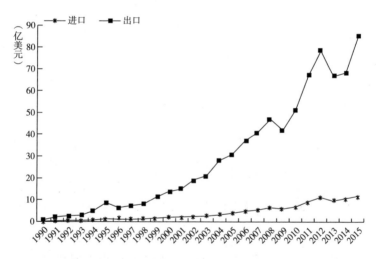

图 1-12　柬埔寨 1990~2015 年进出口情况（单位：亿美元）
数据来源：世界银行。

（三）柬埔寨劳动力参与情况

1. 人口数量持续上升，劳动力参与率经过一个阶段的波动后基本保持在 82.4% 左右

1990~2015 年，柬埔寨 15 岁以上人口不断增加，从 1990 年的

505.5万人上升到2015年的1081.1万人，2015年同比上年15岁以上人口数量增幅为1.81%。国际劳工局预计柬埔寨15岁以上人口数量将继续增加，到2019年，将达到1158.0万人。1990~2015年，柬埔寨15岁以上人口中劳动力数量在持续增加，1990年柬埔寨15岁以上人口中劳动力数量为404.7万人，2015年15岁以上人口中劳动力数量为891.5万人，同比上年增加1.79%。同时，1990~2015年，柬埔寨劳动力参与率波动较大，1990年劳动力参与率为80.1%，三年后，1993年上升为80.6%，随后直到2000年，柬埔寨的劳动参与率在不断下降，2000年下降为78.5%；2000年后，劳动力参与率经历了一个较为快速的增长阶段，直到2008年，劳动力参与率上升为82.4%；随后柬埔寨劳动参与率较为平稳，基本保持在82.4%~82.6%。国际劳工局预测2015年后，柬埔寨15岁以上人口中劳动力数量会继续增加，但增加幅度基本与人口增加幅度持平或略低于人口增加幅度，因此，劳动力参与率也将基本保持不变或略微下降，基本维持在82.2%~82.5%（见图1-13）。

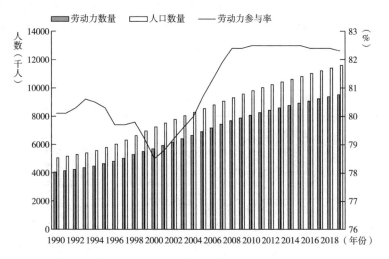

图1-13 柬埔寨1990~2019年劳动力参与率情况

数据来源：国际劳工局组织（KILM2015）。

2. 劳动力受教育程度不断改善，但大部分人群仍只接受过初等教育

2009~2012 年，柬埔寨总体劳动力人口先缓慢平稳增加，从 2009 年的 748 万人上升到 2011 年的 790.7 万人，之后到 2012 年，下降为 771.8 万人，同比上年下降 2.39%。与此同时，受初级教育人数在上升，2009 年柬埔寨劳动力人口中受教育程度低于初级的人数为 413.6 万人，占劳动力的比例为 55.3%；2012 年柬埔寨劳动力人口中受教育程度低于初级的人数为 375.4 万人，占劳动力的比例降至 48.6%。劳动力人口中受初级教育的人数及所占比例均在稳定上升，受初级教育的人数由 2009 年的 195.2 万人上升到 2012 年的 216.0 万人，所占劳动人口比例从 2009 年的 26.1% 上升到 2012 年的 28.0%。劳动力人口中受中级教育的人数及所占比例在 2009~2011 年稳定上升，但在 2012 年有所下降，受中级教育的人数从 2011 年的 164.5 万人下降为 2012 年的 158.5 万人，所占比例从 2011 年的 20.8% 下降为 2012 年的 20.5%。受高级教育的人数及所占劳动力人口比例在 2009~2012 年均稳定、缓慢上升（见表 1-3、图 1-14）。由此可以看出，柬埔寨在 2009~2012 年，教育状况在不断改善，受教育人数在不断增加，劳动力接受的教育层次在不断提高，但大部分人群仍只接受过低等教育，改善空间仍十分巨大。

表 1-3 柬埔寨 2008~2013 年劳动力受教育程度

年份	劳动力数量（千人）	受教育程度低于初级（千人）	受教育程度低于初级比例（%）	受初级教育人数（千人）	受初级教育比例（%）	受中级教育人数（千人）	受中级教育比例（%）	受高级教育人数（千人）	受高级教育比例（%）
2009	7480	4136	55.3	1952	26.1	1234	16.5	157	2.1
2010	7702	4074	52.9	2041	26.5	1425	18.5	162	2.1
2011	7907	3906	49.4	2159	27.3	1645	20.8	198	2.5
2012	7718	3754	48.6	2160	28.0	1585	20.5	217	2.8

数据来源：国际劳工局（2015）。

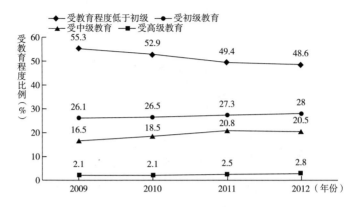

图 1-14 柬埔寨 2009~2012 年受教育程度比例趋势

数据来源：国际劳工局（2015）。

二 老挝

（一）老挝宏观经济现状

1. 经济总体呈上升趋势，但在 GMS 六国中排名落后

2004~2013 年，老挝 GDP 总量呈现上升趋势，平均年增长率达到 7.66%。2013 年，老挝 GNI 达到 113 亿美元，首次突破百亿美元大关，同年人均 GNI 达到 1450 美元，人均 GNI 增长率为 7.39%。2016 年，老挝实际 GDP 达到 111.02 亿美元，同比增长 7.02%（见图 1-15）。除此之外，老挝人均 GDP 同样呈上升趋势，2016 年的人均 GDP 达到 2338.63 美元，人均 GDP 增长率为 8.3%。虽然总体是增长的，但老挝的 GDP 在 GMS 六国中排名倒数第一，人均 GDP 排名倒数第三。

2. 通货膨胀影响明显

2004~2016 年，除 2009 年外，老挝的通货膨胀率总体呈先上升后下降趋势，平均通货膨胀率为 6.8%。受经济危机的影响，2009 年经济衰退中通货膨胀率为负。2016 年，老挝的通货膨胀率

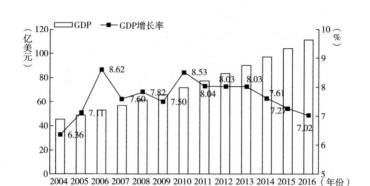

图 1-15 2004~2016 年老挝的 GDP 和 GDP 增长率
数据来源：世界银行。

为 3.02%（见图 1-16），在 GMS 六国中排名第三，仅次于柬埔寨和缅甸。2016 年老挝的名义 GDP 为 158.06 亿美元，名义人均 GDP 为 2338.63 美元，以 2010 年为基期，减去通货膨胀带来的影响，其实际 GDP 为 111.02 亿美元，实际人均 GDP 为 1642.73 美元，同比增长率为 5.53%。实际 GDP 与人均 GDP 受通货膨胀影响较大。

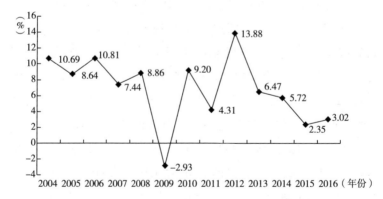

图 1-16 2004~2016 年老挝的通货膨胀率
数据来源：世界银行。

3. 老挝产业结构变化明显，产业比例趋于平衡

2002~2016 年，在三大产业对 GDP 的贡献中，农业占比持续下降，而工业占比呈增长趋势，且 2010 年以后工业比重高于农业。2011 年，农业占比骤降，2012~2016 年维持在 20% 左右。服务业占比在 2002~2011 年发展较为平稳，2011 年显著增长后趋于平稳，与此同时，工业占比有轻微下降，但总体趋于平衡。从图 1-17 可看出，农业对 GDP 的贡献比重从 42.69% 下降至 19.48%，工业比重从 19.48% 上涨至 32.51%，服务业在 2002~2011 年维持在 38% 左右，2011 年跳跃式增长后维持在 44%~50%。综上，老挝已从初级产品生产阶段发展到工业化初期阶段。

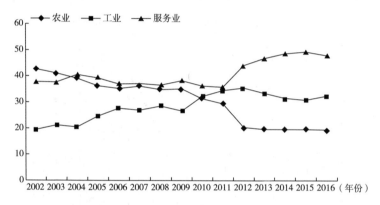

图 1-17 2002~2016 年老挝三产结构变化趋势
数据来源：世界银行。

4. 基础设施建设落后，贸易结构单一

2016 年，老挝人均 GDP 为 1642.73 美元，处于工业化发展初期阶段。老挝三产比例中，工业比例虽然明显大于农业比例，但 2017 年"五通指数"测算中老挝在 GMS 中总分排名倒数第二，其中设施联通指数在 GMS 中排名倒数第一，老挝基础设施还很落后；贸易畅通得分在 GMS 中最低（翟崑、王继民，2018），虽然 2015 年中老双边贸易额较 2006 年增长了 10 倍左右，但在 GMS 国家中仍是最低的，为 23.5 亿美元，其中进口产品以资本或技术密集型产品为主，如机械、钢铁、车辆、电子电器设备等，出口产品大多是资源密集型产品，老挝贸易结构单一，未来需调整进出口商品结构。

5. 老挝的债务持续性风险高

老挝的公共负债远超国际公认警戒线，2016 年外债为 74.22 亿美元，占 GDP 的 66.85%。老挝 2005～2010 年，财政赤字较为平稳，2011～2013 年财政赤字跨越式增长，2013 年政府财政收入18.45 亿美元，财政支出 31.08 亿美元，财政赤字 12.64 亿美元，占 GDP 的 12.4%（见图 1-18）。2013 年以后财政赤字骤降，2014～2016 年财政赤字呈平稳上升状态。2016 年，政府财政收入为26.4 亿美元，财政支出为 34.3 亿美元，财政赤字 7.59 亿美元。老挝在今后的发展中，需减少财政支出，制定相应税收政策。

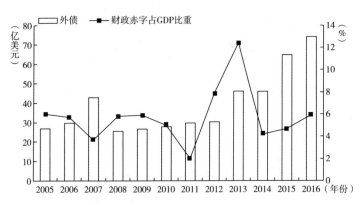

图 1-18　老挝 2005～2016 年外债和财政赤字占 GDP 比重
数据来源：亚洲开发银行。

（二）老挝投资状况

1988 年起老挝推行革新开放，调整经济结构，即农林业、工业和服务业相结合，优先发展农林业；取消高度集中的经济管理体制，转入经营核算制，实行多种所有制形式并存的经济政策，逐步完善市场经济机制，努力把自然和半自然经济转变为商品经济；对外实行开放，颁布外资法，改善投资环境；扩大对外经济关系，争取引进更多的资金、先进技术和管理方式。1991～1996 年，国民经济年均增长

7%。1997年后，老挝经济受亚洲金融危机严重冲击，政府采取加强宏观调控、整顿金融秩序、扩大农业生产等措施，基本保持了社会安定和经济稳定。2001~2007年，老挝经济年均增长6.8%，外国直接投资净流入在2005年后经历较快增长，对外直接投资净流出则基本保持不增长甚至倒退的趋势。2008年金融危机冲击后，外国直接投资净流入恢复增长，净流出仍基本保持不变（见图1-19）。

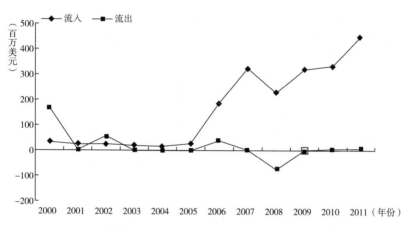

图1-19　老挝2000~2011年FDI投资情况
数据来源：世界银行。

进出口状况见图1-20，1990~2015年，国际贸易尤其是商品出口推动着老挝的经济发展。1995~2010年，其平均出口年增长率超过30%。2015年，老挝进出口贸易总额达到80.0179亿美元，其中进口52.328亿美元，同比增幅22.5%；出口27.6899亿美元，同比增幅4.02%，贸易逆差达到24.6381亿美元。出现贸易逆差的原因在于出口乏力，不升反降。

老挝同50多个国家和地区有贸易关系，与19个国家签署了贸易协定，中国、日本、韩国、俄罗斯、澳大利亚、新西兰、欧盟、瑞士、加拿大等35个国家（地区）向老挝提供贸易优惠关税待遇。主要外贸对象为泰国、越南等东盟国家，及中国、日本、欧盟、美国和加拿大。1994 年 4 月 21 日老挝国会颁布的新修订的外资法规定，政府不干涉外资企业的事务，允许外资企业汇出所获利润；外商可在老挝建独资企业、合资企业，国家将在头五年不向外资企业征税等。2005 年，老挝对外商投资法进行补充和完善，放宽矿产业投资政策。2007 年，老挝吸引外资合同额 12 亿美元，主要投资国家包括中国、泰国、越南、韩国、美国和澳大利亚等。

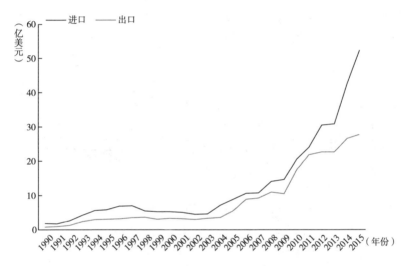

图 1-20　老挝 1990~2015 年进出口情况
数据来源：世界银行。

（三）老挝的劳动力现状

1. 青年劳动力数量充足，但青年劳动力参与率持续下降

根据国际劳工组织估计，老挝总人口从 1998 年的 272.2 万人增加为 2017 年的 451.3 万人，相应地，劳动年龄人口从 1998 年的 227.8 万人增加到 2017 年的 366.9 万人，劳动年龄人口占比由 83.7% 下降为 81.3%，其中，男性劳动参与率为 82.3%，女性劳动力参与率为 80.3%。青年劳动力人口（15~24 岁）由 1998 年的 73.4 万人增加到 2017 年的 96.1 万人。近 20 年，老挝青年劳动力占劳动年龄人口

的比例从 32.3% 下降到 26.2%, 青年劳动参与率同样出现下降, 由 1998 年的 71% 下降到 2017 年的 62.8% (见图 1-21), 其中青年男性劳动力参与率为由 1998 年的 64.7% 下降到 2017 年的 58.6%, 青年女性劳动力参与率由 1998 年的 78.9% 下降为 2018 年的 67%。由此, 总人口劳动参与率与青年劳动力参与率持续下降, 但是女性劳动参与率总体高于男性。

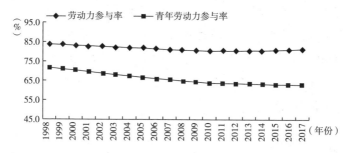

图 1-21 老挝 1998~2017 年劳动力参与率变化趋势

数据来源: 国际劳工组织 (KILM2015)。

2. 就业行业以农业部门为主, 青年就业率持续降低

据世界银行统计, 2010 年, 老挝从事农业的就业人数占总就业人数的 71.3%, 工业占比为 8.3%, 服务业占比为 20.4%。2003~2017 年, 老挝成人就业率持续上升, 但青年就业率持续下降。2017 年, 老挝的成人就业率为 85%, 而青年就业率为 60.3%; 失业率为 1.5%, 青年失业率为 3.9%。

3. 劳动力素质低下

老挝政府对教育的投资增加, 2014 年, 老挝在教育上的支出占政府总支出的 12.4%, 较 2009 年增长了近 4 个百分点, 但多数人仅完成了初级教育。1995 年, 老挝的文盲人口占总人口的 39.8%, 其中青年文盲率为 28.9%, 女性文盲率为 52.1%, 男性文盲率为 26.5%。2015 年, 文盲率下降至 20.1%, 其中青年文盲率为 9.8%, 男性文盲率为 12.9%, 女性为 27.2%。

三 缅甸

(一) 缅甸宏观经济现状

1. 近年来经济增长明显，但增长速度在逐渐放缓

2004~2016 年，缅甸的国内生产总值持续稳定上升，从 257.78 亿美元增长至 744.7 亿美元，但 GDP 增长率总体呈下降趋势，从 2004 年的 13.56%下降至 2016 年的 5.87%（见图 1-22）。可见，缅甸近十年经济基本实现了高速发展。2011 年，缅甸人均 GDP 首次突破 1000 美元。2016 年，人均 GDP 为 1195.52 美元。人均 GDP 增长率为 4.91%，GNI 为 611.4 亿美元。缅甸人均收入增长迅速，已步入中低收入国家。

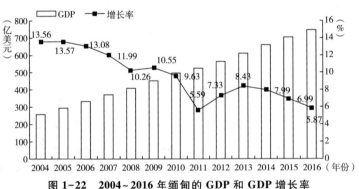

图 1-22　2004~2016 年缅甸的 GDP 和 GDP 增长率

数据来源：世界银行。

2. 通货膨胀率低，近几年保持稳定

2004~2007 年，缅甸通货膨胀率持续上升，2007 年，通货膨胀率高至 23.64%。2007 年以后，通货膨胀率骤降，2009 年降至 4.88%。2012~2016 年，通货膨胀率保持稳定。2016 年，通货膨胀率为 3.56%（见图 1-23）。缅甸通货膨胀率的降低，归功于缅甸公开透明的市场、轻工业和酒店行业等的快速投资。2017 年，缅币贬值，而缅甸经济依赖进口，汇率的波动会影响通货膨胀率，于是

通货膨胀率可能会上升。

图1-23 2004~2016年缅甸的通货膨胀率

数据来源：世界银行。

3. 近年来缅甸正在经历结构转型，工业迅速发展，经济结构中工业占比正在超过农业

缅甸自然资源丰富，是个农业大国。2002~2016年，缅甸农业占GDP比例持续下降，工业占比持续上升，服务业占比总体稳定。农业占比从54.53%下降至25.46%，工业占比从13.01%上升至35.02%，服务业占比从32.43%上升至39.53%（见图1-24）。2015年以后，缅甸进入民主化和工业化"双进程"发展时期。缅甸政府实施对外开放政策，对外开放水平不断上升，农业逐渐被工业替代。缅甸正从一个农业大国转型成为工业化初期的发展中国家。

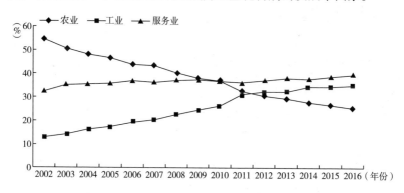

图1-24 2002~2016年缅甸三产结构变化趋势

数据来源：世界银行。

4. 出口以初级产品为主，贸易结构单一

2004～2016 年，缅甸人均 GDP 从 219.82 美元增长至 1195.52 美元，已处于工业化初级阶段。缅甸自然资源条件优异，石油、天然气丰富，森林覆盖率高，其选择出口导向型发展模式，出口以天然气、成衣、柚木等初级产品为主，充分发挥比较优势。2017 年，对外贸易总额为 240.67 亿美元，完成对外贸易目标的 82.99%，其中出口额为 104.56 亿美元，完成度为 74.67%，进口额为 136.11 亿美元，完成度为 90.74%。缅甸基础设施建设落后，需加大投资。中国是缅甸的第一贸易伙伴，中缅贸易中，缅甸进口机械设备、纺织、化工、金属和车辆配件等，向中国出口矿产、农产品、木材、水产和珠宝。在五通指数中，由于政局动荡，国内冲突不断，武装斗争频频发生，缅甸的贸易畅通指数、资金融通指数和政策沟通指数均在 GMS 国家中排名靠后，且均低于"一带一路"沿线国家平均水平。可见，缅甸需改善外商投资环境，制定明确的经济政策和经济计划。

5. 财政赤字过大，政治环境不稳定

2016 年，缅甸外债为 91 亿美元，占 GDP 的 15.25%，政府财政收入为 102.66 亿美元，政府支出为 130.12 美元，财政赤字为 27.46 亿美元，占比 4.6%。缅甸政府提高社会福利，如每个月为 90 岁以上老人提供 1 万缅元的生活补贴，每个月给予孕妇和 2 岁以下儿童补助等。除此之外，政府加大基础设施建设支出，在建设部下设立农村发展部，并提高农民的贷款金额。以上政策使政府财政支出增加，财政赤字扩大。针对这些问题，政府可通过增加税收来弥补财政赤字，如扩大税基和打击逃税。由于缅甸政治环境不稳定，外资对缅甸的信心下降，而缅甸资本匮乏，依赖外国投资、外援和对外借款来解决此问题，因此，政府需大力改善外部环境。

（二）缅甸投资贸易状况

1997 年亚洲金融危机爆发后，缅甸政府出台了一些新政策和措施,重视农业发展,大力发展工业,加强与周边国家的经贸关系,不断调整发展结构,努力吸引外资,扩大对外贸易,对外投资净流入从 2000 年的 2.08 亿美元增长为 2011 年 8.50 亿美元(见图 1-25)。

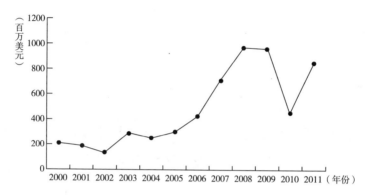

图 1-25 缅甸 2000 至 2011 年 FDI 投资流入情况
数据来源:世界银行。

在缅甸的国际贸易中,90% 的对外贸易都是与亚洲国家进行的,主要有东南亚、南亚和东亚三个地区,其中与东盟国家的贸易往来占一半以上。1988 年以来,外国对缅甸的投资大多来自亚洲地区和一些欧美国家。其中,亚洲的投资来自中国内地、日本、韩国、中国香港以及东盟国家,如新加坡、泰国、马来西亚、印尼、菲律宾;欧美国家主要有美国、英国、荷兰和法国。

1990~2015 年,缅甸进出口总额均呈现高速增长的态势,进口额由 1990 年的 2.7 亿美元增至 2015 年的 168.851 亿美元;出口额由 1990 年的 3.25 亿美元增至 2015 年的 114.288 亿美元(见图 1-26)。据缅甸计划财政官网数据,2015 年 4 月至 2015 年 12 月,缅甸对外贸易总额为 204.9 亿美元,其中出口 80.6 亿美元,进口 124.3 亿美元,逆差 43.7 亿美元。缅甸对外出口的产品以农产品、动物产品、矿产品、林产品及工业产品为主,具体包括天然气、大米、各种豆类、水产品、橡胶、皮革、木材、珍珠、宝石等。缅甸的进口产品以日用品、工业原料、投资类设备等为主，具体有燃油、工业原料、化工产品、机械设备、零配件、五金产品和消费品等。

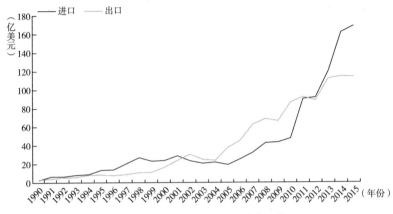

图 1-26　缅甸 1990~2015 年进出口情况

数据来源：世界银行。

（三）缅甸的劳动力现状

1. 劳动力人口增加，但青年劳动力人口大幅减少

根据国际劳工组织估计，缅甸总人口从 1998 年的 2920.2 万人增加为 2017 年的 3882.2 万人，相应地，劳动年龄人口从 1998 年的 2380 万人增加到 2017 年的 3194.9 万人，劳动年龄人口占比由 79.6%增加为 82.3%。其中青年劳动力人口（15~24 岁）由 1998 年的 500 万人增加到 2017 年的 530.8 万人，近 20 年，缅甸青年劳动力占劳动年龄人口的比例从 21%下降到 16.61%（见图 1-27）。

2. 劳动力参与率提升，但用工环境动荡

1998~2017 年，缅甸劳动力参与率持续提升，从 79.6%升至 82.3%（见表 1-4），与此同时，青年劳动力参与率从 56.6%升至 57.3%。青年劳动力人口数虽然减少，但青年劳动力参与率有微小上升趋势。2017 年，男性劳动力参与率为 85.4%，女性劳动力参与率为 79.4%。数据显示，劳动力参与率虽然在持续上升，但就业率却在持续下降。过去 20 年，缅甸失业率平均维持在 3.4%左右，

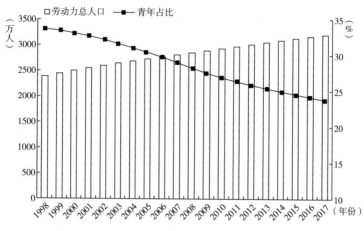

图 1-27 缅甸劳动力人口变化趋势
数据来源:国际劳工组织(KILM2015)。

青年失业率在东南亚国家中保持高位。2017 年,青年失业率为
10%,其中,年轻男性失业率为 8.7%,年轻女性失业率高达
11.3%。与 1998 年相比,上述失业率数据基本保持不变。

表 1-4　2008~2017 年缅甸的劳动力参与率与就业率

年份	2008	2009	2010	2011	2012	2013	2014	2015	2016	2017
参与率	81.6	81.7	81.8	81.9	82.0	82.0	82.0	82.1	82.2	82.3
就业率	83.7	83.7	83.6	83.6	83.5	83.4	83.3	83.1	82.9	82.6

数据来源:国际劳工组织。

3. 劳动力薪资低,教育水平低下,需要大幅提升

据世界银行统计,2017 年,缅甸登记注册的初级教育人数为
532.11 万人次,占总人数的 54.07%,登记注册的中级教育人数为
374.84 万人次,占比为 38.09%,登记注册的高级教育人数为
77.13 万人次,占比仅为 7.84%。2011 年,缅甸对教育的投资占政
府支出的 5.02%,其中,初级教育支出最多,为 2.72%。1983 年,
缅甸的文盲率为 21.4%,随着政府关于教育的政策的实施,2015

年，缅甸的文盲率降至 6.9%。2008 年，缅甸的月平均工资为 32332 缅元（22.71 美元），劳动力薪资低廉，有助于吸引大量外国企业来缅甸投资。

四　泰国

（一）泰国的宏观经济现状

1. 泰国经济总体呈上升趋势，但增长放缓

2004~2013 年，泰国 GDP 总量从 2723.61 亿美元增长至 4064.24 亿美元，GDP 增长率波动幅度大，2009 年最低，GDP 增长率为 -0.69%，2010 年最高，GDP 增长率为 7.51%（见图 1-28），平均年增长率为 3.64%，在 GMS 六国中最低，可见其经济增长在此六国中最为缓慢。2010 年，泰国人均 GDP 突破 5000 美元，为 5075.3 美元，同比增长 20.49%，同年 GNI 也首次突破 3000 亿美元，为 3268.16 亿美元，人均 GNI 增长率为 6.21%。2013 年，人均 GDP 达到 6171.26 美元，GNI 达到 3936.63 亿美元，但在 2014~2015 年，人均 GDP 和 GNI 持续降低，又在 2016 年出现回升。泰国经济总体呈上升趋势，但较 GMS 其他国家增长速度缓慢。

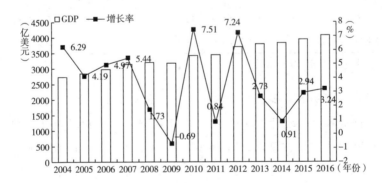

图 1-28　2004~2016 年泰国的 GDP 和 GDP 增长率

数据来源：世界银行。

2. 通货膨胀率走低

2004～2016 年，泰国的通货膨胀率总体为下降趋势，平均通货膨胀率为 2.82%（见图 1-29）。2016 年，泰国的通货膨胀率为 1.78%，名义 GDP 为 4070.26 亿美元，以 2010 年为基期，减去通货膨胀率之后，实际 GDP 为 4064.24 亿美元，实际人均 GDP 为 5910.62 美元，可见通货膨胀率对 GDP 和人均 GDP 的影响较小。通货膨胀率持续下降，也印证了泰国的经济增长疲软这一事实。

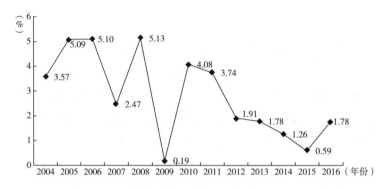

图 1-29 2004～2016 年泰国的通货膨胀率

数据来源：世界银行。

3. 工业和服务业占主导地位

由图 1-30 可知，2002～2016 年，泰国的三产比例总体平衡发展，已形成 "三二一" 产业结构。其中，农业占 GDP 比重维持在 10% 左右，均值为 9.82%，工业占比均值 38.03%，服务业占比均值高达 52.14%，除 2010 年为 49.46%，低于 50%，其他年份的服务业均占 GDP 的 1/2 以上。服务业占 GDP 比重是农业的 5 倍左右。泰国的服务业中，旅游业占有主导地位，2017 年入境游收入高达 1.82 万亿泰铢（约 547 亿美元），此外，泰国的电商市场正高速发展。

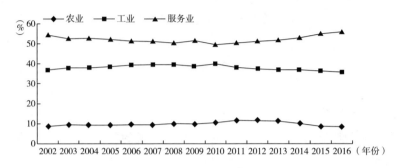

图1-30　2002~2016年泰国三产结构变化趋势

数据来源：世界银行。

4. 贸易增长势头良好，但易受世界经济波动影响

2016年，泰国人均GDP达到5910.62美元，根据钱纳里经济结构理论，泰国处于工业化高级阶段。泰国的工业主要体现为其汽车工业的强劲，2017年汽车消费高达87.1万辆。除此之外建筑业呈现高速增长态势，从而带动了水泥、钢材等建材销售的增长，但目前泰国建材市场出现短缺，需依靠进口补充不足。泰国主要的工业产品有服装、纺织、电机、电子设备以及运输设备等。五通指数中，泰国的贸易畅通指数总分为13.09分，居GMS各国首位，其中投资水平高达5.13分；资金融通指数排名第一，其中金融合作高达6分。以上说明中国与泰国在投资和金融方面发展态势良好。2017年，泰国全年贸易顺差为132.37亿美元，外贸总额高达4587.63亿美元，其中出口额为2360亿美元，进口额为2227.63亿美元。其中，中泰贸易额为806亿美元，出口额为388.1亿美元，进口额为417.9亿美元。中国已是泰国第一大贸易伙伴。2017年，泰国对中国出口大米1148万吨，总价值约为51美元。虽然泰国出口贸易势头良好，但仍需提升贸易便利化水平，泰国经济依赖外国消费，易受世界经济波动影响。

5. 泰国财政状况保持稳定

泰国财政状况稳定。2013~2016年，财政赤字波动幅度小，

2016年，政府财政收入为618.68亿美元，政府支出为736.72亿美元，财政赤字118.04亿美元。举债能力良好，2016年泰国外债为1321.91亿美元（见图1-31），占GDP的32.48%，远低于国际警戒线。2006年以后实施的中期财政支出规划效果显著，但由于贷款限额的规定，政府并不能完全刺激经济的增长。

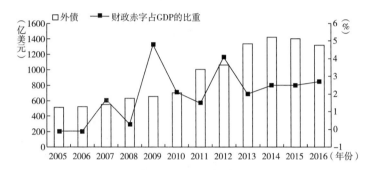

图1-31 泰国2005~2016年外债和财政赤字占GDP的比重
数据来源：亚洲开发银行。

（二）泰国投资状况

2000~2011年，泰国接受的外国直接投资净流入在2000~2004年在较低值上呈现不稳定的发展，2005~2007年经历了较为快速的增长，2008~2009年受金融危机影响，净流入值大幅下跌，2010年又缓慢恢复。对外直接投资净流出在2000年至2005年增长缓慢，2006年后增长较为迅速，2011年对外直接投资净流出值达106.34亿美元（见图1-32）。

泰国投资环境优良，建立了"引进外资的外向型经济"，吸引外资数量连年增加。泰国主要的投资来源国为日本、欧盟国家和新加坡等。其中，经合组织成员国的投资占较大比重，并主要集中在工业制造领域。中国企业近年来也逐渐对其进行投资，但规模仍然较小，具有很大发展空间。

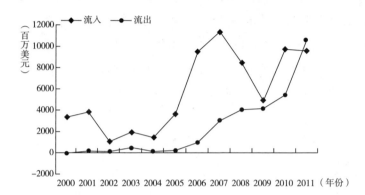

图 1-32　泰国 2000~2011 年 FDI 投资情况
数据来源：世界银行。

　　泰国是出口导向型国家，实行自由贸易政策，对外贸易在在国民经济中占有重要地位。外贸总额从 20 世纪 90 年代的 700 亿美元增长到 2010 年的 3777 亿美元（见图 1-33），年均增幅约 10%。外贸依存度超过 120%，出口依存度为 62%。泰国政府重视出口促进工作并采取了若干鼓励政策，以扩大出口拉动国民经济增长，创造更多就业机会。

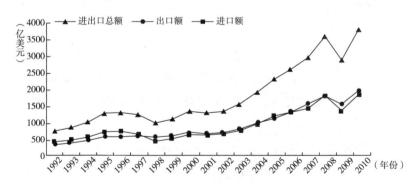

图 1-33　泰国历年贸易进出口情况
数据来源：泰国商务部。

1992~2010年，泰国进出口总额总体呈上升趋势。1992~2000年，政府加强农业基础投入，促进制造业和服务业发展，进出口总额增长较为平缓。1997年从泰国开始爆发的亚洲金融危机使泰国经济受到沉重打击，1998年经济下降10.8%；1999年经济开始复苏。进入21世纪，泰国政府将恢复和振兴经济作为首要任务，采取积极的财政政策和货币政策，扩大内需，刺激出口，并全面实施"三年缓偿债务""农村发展基金""一乡一产品""30铢治百病"等扶助农民计划，经济持续好转，进出口总额持续快速上升。2008年全球金融危机对外向型的泰国经济影响颇深，加之国内政局动荡，使泰国经济出现近年来最大幅度衰退，2009年泰国GDP下降2.3%，进出口总额下降19.8%。2010年，泰国经济全面复苏，尽管经历了政局问题和自然灾害等负面因素影响，但仍实现了7.8%的高增长，进出口总额同比上年增长31.94%。

（三）泰国劳动力情况

1. 劳动力参与率缓慢下降，人口数量进一步上升

根据国际劳工组织估计，1990~2015年，泰国15岁以上人口不断增加，从1990年的3948.3万人上升到2015年的5563.6万人，2015年同比上年数量增幅为0.68%。国际劳工局预计泰国15岁以上人口数量将继续增加，到2019年，将达到5693.9万人。1990~2015年，泰国15岁以上人口中劳动力数量虽然也在增加，但增幅小于人口数量增幅，1990年泰国15岁以上人口中劳动力数量为3218.9万人，2015年15岁以上人口中劳动力数量为4005.1万人，同比上年增加0.47%。泰国15岁以上人口中劳动力数量增幅小于人口增幅，导致泰国劳动力参与率下降，1990年泰国15岁以上劳动力参与率为81.5%，2015年下降为72.0%。1990~2015年，泰国15岁以上人口中劳动力参与率先经历了四年的剧烈下降，由1990年的81.5%下降为1994年的73.7%，随后至2007年，泰国劳动力参与率在波折中缓慢下降，2008年后，金融危机爆发，泰国劳动力参与率又进一步下

降，从 2008 年的 73.4% 下降为 2015 年的 72.0%。国际劳工局预测，2015 年后，泰国人口数量及劳动力数量都将继续增加，但劳动力数量增加幅度小于人口增加幅度，所以劳动力参与率将进一步下降，至 2019 年将下降至 71.2%（见图 1-34）。

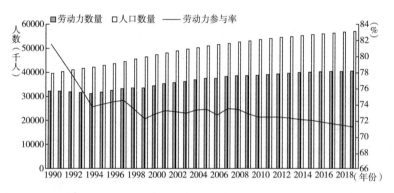

图 1-34 泰国 1990~2019 年劳动力参与率情况

数据来源：国际劳工组织（KILM2015）。

2. 劳动力受初等教育程度缓慢改善，受高等教育程度面临波动

根据国际劳工组织估计，2008~2013 年，泰国总体劳动力人口在缓慢平稳增加，从 2008 年的 3770 万人上升到 2013 年的 3946.7 万人，2013 年同比上年增幅为 0.15%。与此同时，受初等教育人数在上升，2008 年泰国劳动力人口中受教育程度低于初级的人数为 1270.1 万人，占劳动力比例为 33.7%；2013 年泰国劳动力人口中受教育程度低于初级的人数为 1007.8 万人，占劳动力比例降为 25.5%。劳动力人口中受初级教育及受中级教育的人数及所占比例均在稳定上升，受初级教育的人数由 2008 年的 1435.6 万人上升到 2013 年的 1642.8 万人，受中级教育人数由 2008 年的 486.6 万人上升到 2013 年的 770.5 万人。但泰国劳动力人口中受高级教育的人数在 2008 年至 2012 年上升后，在 2013 年有一个下降，2013 年劳动力人口中受高级教育的人数同比上年下降 171.2 万人，降幅为 25.4%（见图 1-35）。

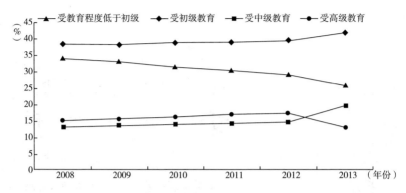

图 1-35 泰国 2008~2013 年受教育程度比例趋势

数据来源：国际劳工局（2015）。

第二章 "一带一路"沿线国家劳动力市场结构变动与技能供求分析

　　中国企业在"一带一路"沿线国家对外直接投资偏重于制造业与服务业的事实需要获得与企业发展相匹配的劳动力资源。但沿线各国的人力资本禀赋差异巨大,各国的人口规模、人口结构、人口素质等均直接影响中资企业在海外可持续发展的资本与劳动比结构。由于人口结构、沿线国家市场需求以及人口素质的影响,沿线国家的劳动力市场结构和劳动技能供求也呈现出各不相同的特点。

　　人口增长决定了一个地区或国家可以利用的人力资源的规模。"一带一路"沿线国家多处于人口红利上升期,基本保持较高的人口自增率。如图 2-1 所示,"一带一路"沿线国家按地区区分后,非洲国家的人口自增率一直保持在 20‰以上的水平,亚洲国家人口自增率自 1990 年以来一直有所减少,近年来保持在 10‰以上的水平,中东国家的人口自增率同样自 1990 年逐年下降,近年来稳定在 17.1‰左右的水平。尽管中东与亚洲地区人口自增率有所减缓,但依然保持了较高的人口增长速度。有研究表明发达国家基本保持在 5‰以下的人口自增水平,而发展中国家处在 12‰~28‰的高增长率。在这一增长水平下,"一带一路"沿线国家有着可利用的相对丰裕的人力资源规模,但可以利用的人力资源结构受制于年龄、性别与教育等因素,因此,本章将通过探讨"一带一路"沿线亚洲、非洲、中东三个地区国家的人口特征(性别结构、年龄结构、就业结构、受教育结构)、劳动力市场结构及其教育水平,从人口结构与人口素质的角度出发探讨"一带一路"沿线国家的劳动力供给结构,以期为后面的讨论提供背景支撑。

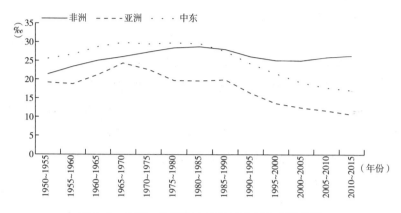

图 2-1 亚洲、非洲和中东地区人口自然增长率
数据来源:联合国人口署。

第一节 "一带一路"沿线亚洲国家人口
结构与劳动力构成分析

中国企业对外投资合作共赢的前提建立在互信、互通、互鉴的基础上,了解"一带一路"国家劳动力供给规模、就业结构是至关重要的。本节着重从人力资源禀赋、产业结构等角度分析"一带一路"沿线亚洲国家的劳动力市场。

一 "一带一路"沿线亚洲国家人口增长及人口年龄结构变化

图 2-1 显示了 1970 年后亚洲地区的人口增长率呈现下降的趋势,在近 45 年间,人口自然增长率下降了 13.69 个千分点。人口自然增长率下降意味着人口规模的扩张速度有所减缓,新增人口规模的减缓改变着整个社会的人口年龄结构,采用按 15 岁分组的人口数据绘制 2000 年及 2015 年的人口年龄金字塔如图 2-2、图 2-3 所示,可以看

到 2015 年的人口金字塔较 2000 年呈现出底部略有收缩的态势，经过 15 年的发展，亚洲地区的人口金字塔正在从青年型向成年型转变。0~14 岁少儿组的女性比重从 29.77% 下降到 23.96%，男性比重从 30.76% 下降到 25.1%，少儿组平均下降 5.735 个百分点。老年组的女性比重从 6.39% 上升至 8.27%，男性比重从 5.31% 上升至 6.91%。新生儿童比例降低，老年人口略有增加，是出生率和死亡率同时下降产生的结果，如果生育水平维持不变，则未来人口的发展趋势可能是负增长。2015 年亚洲 15~64 岁的劳动年龄人口约为 30 亿人，约占总人口的 67.87%，仍有比较丰裕的人力资源基础。因此亚洲地区劳动年龄人口基础依然庞大，劳动供给量充足。

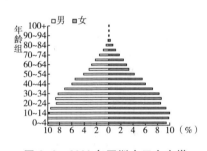

图 2-2　2000 年亚洲人口金字塔

数据来源：联合国人口署。

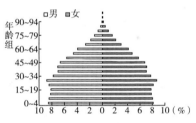

图 2-3　2015 年亚洲人口金字塔

　　由此，"一带一路"沿线的亚洲国家多数已进入或即将进入人口老龄化阶段，劳动力平均年龄趋势在近十五年内上升明显，尽管区域内大国人口政策的调整可能有助于中长期劳动力增长，但短期和局部地区的优质中青年劳动力资源仍然无法避免竞争（张原，2017）。人口出生总量下降，意味着劳动力要素的供给在未来会呈现下降趋势，但从当前的劳动供给上看，亚洲地区的劳动供给基数仍然很大，总量较为充裕。

二　"一带一路"沿线亚洲国家人口就业结构变动趋势

　　人口规模增长的减缓虽然在未来会改变劳动力池中的劳动力资

源规模数量,但十余年前的人口增长率决定了当前亚洲地区仍然有相当规模的可用劳动力。但是,亚洲各地区的经济发展程度差异较大,工业化进程各不相同,人口就业结构也各不相同,就业结构反映着某一地区或国家经济发展的劳动力需求结构,同时也反映了某一地区或国家过去经济发展历程中所储备的人力资本结构,这直接决定着外国直接投资企业在这一地区或国家可以匹配的劳动力资源及其质量构成,并进而对外国直接投资企业的投资模式产生影响。在亚洲地区,除新加坡已步入后工业化阶段外,其他国家或处于工业化阶段初期,或处于工业化较低水平。多数处于工业化阶段初期的亚洲国家正处于经济结构转型过程中,劳动力也会开始从第一产业转移到第二产业和第三产业,处于刘易斯二元结构转变的早期阶段。外国直接投资企业在该国投资建厂生产时可以获得的劳动力资源或是主要来自农业剩余劳动力,或是主要由具有初级技能的手工劳动者构成,分析亚洲地区人口就业结构对外国直接投资企业而言极为重要。

图2-4给出了"一带一路"沿线亚洲国家1995年、2005年和2015年三个时点的第一、二、三产业增加值占GDP比例的情况。堆积图由下而上依次为第一产业、第二产业和第三产业的增加值占GDP比例。由图2-4可以看到,部分亚洲国家农业占比较高,而部分国家则是第三产业占比偏高。整体来看,亚洲国家第二产业占比与发达国家相比属于偏低的状态。从第一产业增加值占比来看,亚洲国家第一产业占比减少是主要趋势。新加坡和文莱第一产业增加值占比一直稳定在一个极低的水平,对比图中1995年到2015年的变化,第一产业增加值占比相对较高的吉尔吉斯斯坦、塔吉克斯坦、柬埔寨、老挝、缅甸等下降速度颇为明显,但其他亚洲国家在20年内并没有明显波动,维持一个较低的速率缓慢下降,截至2015年,亚洲各国家第一产业增加值占GDP比例下降至30%以下。从第二产业变化的角度上看,经过20年的发展,各国第二产业增加值稳定在一定水平上,没有明显的变化,截至2015年,除马尔

代夫、尼布尔和巴基斯坦外，其他沿线国家第二产业增加值占 GDP
比例在 20% 以上。最后从第三产业的变化来看，亚洲除土库曼斯坦
和塔吉克斯坦外，其他国家均处于缓慢增长中，截至 2015 年，除
马尔代夫外，第三产业增加值占比平均增加至 40%。对比 1995 年
到 2015 年近 20 年的变化，可以看到亚洲国家结构转变较为缓慢，
工业化进程滞后，对应于第一章的总体判断，亚洲国家的工业化水
平除个别国家之外，整体处于工业化初期阶段。

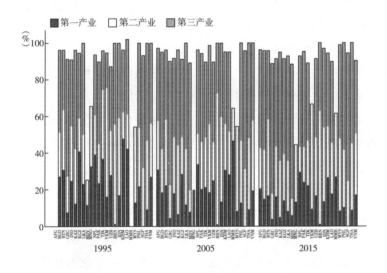

图 2-4　第一、二、三产业 GDP 增加值堆积图

注：①横坐标代表各亚洲国家的缩写，其中蒙古国-MNG；印度-IND；孟加
拉国-BGD；巴基斯坦-PAK；斯里兰卡-LKA；阿富汗-AFG；马尔代夫-MDV；
不丹-BTN；尼泊尔-NPL；哈萨克斯坦-KAZ；乌兹别克斯坦-UZB；土库曼斯
坦-TKM；塔吉克斯坦-TJK；吉尔吉斯斯坦-KGZ；菲律宾-PHL；文莱-BRN；
印度-IDN；柬埔寨-KHM；老挝-LAO；缅甸-MMR；马来西亚-MYS；新加坡-
SGP；越南-VNM。部分国家数据缺失，如缅甸。

②世界银行数据库中三次产业增加值占 GDP 的比例加总出现部分国家不为
100%，也有部分国家数据缺失。如图 2-4 所示。图 2-9 与国 2-14 由于同类原因
也现部分国家三次产业增加值占 GDP 的比例之和不为 100% 的情况，后文不再单
独说明。

数据来源：世界银行。

　　经济结构的缓慢转变背后是人口就业结构停留于第一产业难以转移的现实。图 2-5 所示是 1995 年、2005 年和 2015 年三年的第一、二、三产业就业人员比重堆积图。从整体上看，第一产业就业人员亚洲沿线国家主要分成三个梯队，第一梯队塔吉克斯坦、不丹、阿富汗和尼泊尔第一产业就业人员比重高于 60%；新加坡、文莱、马来西亚、蒙古国、斯里兰卡、乌兹别克斯坦、哈萨克斯坦、希腊、土库曼斯坦和马尔代夫为第三梯队，第一产业就业人员比重低于 30%；其余国家属于第二梯队，即第一产业就业人员比重处于 30%~60% 之间。一般情况下，第一产业就业比重越低，意味着该国家工业化发展进程及水平越高，比如新加坡、文莱等。"一带一路"亚洲沿线国家第二产业就业人员比重除柬埔寨和越南快速上升之外，其他国家在近 20 年内几乎没有变化。与之对应的，第二产业 GDP 增加值同样也没有较大波动，可以推测出从 1995 年至 2015 年，"一带一路"亚洲沿线国家正处于结构转变、工业化进程起步的阶段，第一产业的剩余劳动力向第二产业和第三产业转移的空间还比较大。

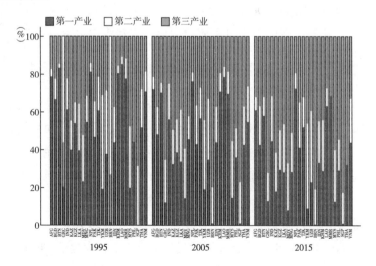

图 2-5　第一、二、三产业就业人员比重堆积图

数据来源：世界银行。

前述分析表明"一带一路"沿线各国家三个产业 GDP 增加值最高的是第三产业。但从图 2-5 可以看到,整体上第三产业就业人员比重也处于较高水平。截至 2015 年,马尔代夫、希腊和哈萨克斯坦第三产业就业人员比重在 60% 以上。与之对应的,马尔代夫、希腊和哈萨克斯坦的 GDP 增加值也分别高达 73.51%、70.77% 和 59.30%。需要特别关注的是尼泊尔第三产业就业人员比重虽然仅为 19.78%,但第三产业 GDP 增加值却高达 49.46%。

综上,"一带一路"亚洲沿线国家在近 20 年内,三次产业结构没有发生较大改变。第一产业就业人员比重及农业在 GDP 中的比重缓慢下降,农业人口转移速度缓慢;居于第二和第三梯队的国家具有产业结构相似、技术相近等特点,相比其他亚洲地区第一产业劳动力向其他产业转移更容易实现,但不难发现位于第二梯队的国家第一产业就业人数基数依然较大,意味着第三梯队国家的农村劳动力转移到第二、第三产业的难度依然较大,

因此大部分"一带一路"沿线国家的工业部门产值份额高于就业份额,可以利用的劳动力资源队伍比较丰裕,但对于工业部门企业而言有效的劳动力资源缺乏也是这些国家人口构成普遍存在的客观事实,这一点在以下人口素质的构成及变动当中也可以看到。

三 "一带一路"沿线亚洲国家人口素质变动趋势

对劳动力市场的分析不仅要从数量的角度上观测,同时也要关注劳动力供给的质量,劳动力受教育程度是产业结构转型中最重要的因素,这直接影响着对外直接投资企业是否能雇佣到合意的劳动力,即劳动力与企业是否匹配。伴随着经济和工业化进程的发展、经济结构和生产方式的转变,人力资本凸显出越来越重要的作用,"一带一路"沿线国家在向工业化转型的过程中对专业技术人才的需求也在不断提高,高新产业在经济发展的过程中扮演着越来越重要的角色。

"一带一路"沿线国家劳动力整体受教育水平如图 2-6 所示。由于单个年份数据缺失严重,因此本章采集 2010~2015 年的受教育程

度分类比例，但数据处理后发现缺失依然严重，部分缺失国家采用
2005～2010 年的数据补充。通过图 2-6 可以大致观测出亚洲地区沿线
国家劳动力的受教育水平。图 2-6 是 25 岁以上劳动力受教育水平的
堆积图，本章将教育水平在小学以下的劳动力定义为文盲，小学和初
中的劳动力定义为受基础教育人群，受高中教育的劳动力定义为受中
等教育人群。可以观测出，"一带一路"亚洲沿线国家中，数据缺失
严重，不丹（文盲占比 79.57%）、马尔代夫（文盲比率约 60%）、巴
基斯坦（文盲比率 51.88%）和印度（文盲比率 48.58%）劳动力的
文盲比率均处于一个较高的水平，乌兹别克斯坦（文盲比率 1%）、
蒙古国（文盲比率 4.51%）等地区平均受教育程度则处于亚洲地区
相对较高水平，特别是基础教育和中等教育普及程度要远高于其他区
域，其他国家中等教育和高等教育的水平甚至不及这些国家的一半。
因此从整体上看，亚洲国家平均有 70.81% 的劳动力受过基础及基础
以上的教育，受高等教育劳动人员的平均比例为 21.84%。一方面从
人口素质结构来看，亚洲国家面临着进一步提高人口素质的压力；另
一方面，就经济发展的高素质劳动力需求来看，目前劳动力素质低下
问题是亚洲国家普遍面临的问题。

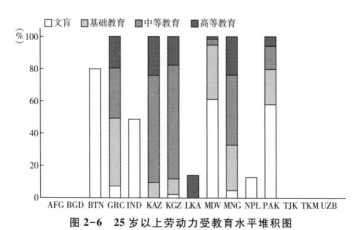

图 2-6　25 岁以上劳动力受教育水平堆积图

注：图中部分国家数据缺失严重。

数据来源：世界银行。

第二节 "一带一路"沿线非洲国家人口结构变动及劳动力供给分析

一 "一带一路"沿线非洲国家人口增长及人口年龄结构变化

由图 2-1 可以观测到非洲地区的人口增长率自 1980 年后，一直处于平稳上升趋势，与亚洲和中东地区呈现出截然不同的趋势，人口自然增长率不断上升使该地区人口年龄结构呈现出年轻化的特征，这种特征决定非洲劳动力规模会不断扩大。

非洲国家 2000 年、2015 年的人口金字塔如图 2-7、图 2-8 所示。可以观测到 2000 年与 2015 年的人口金字塔均表现为扩张型的结构，在 15 年间，非洲人口整体上维持着持续增加的态势，整个人口结构呈现出少年儿童人口比重大，老年人口比重小的趋势，这是出生率和人口自然增长率不断提高的结果。0~14 岁少儿组的女性比重从 20.25% 升至 40.45%，男性比重从 20.79% 上升为 41.65%，少儿组平均上升 20.52 个百分点。老年组的女性比重维持在 3.73% 左右，老年组男性比重维持在 3.04% 至 3.12%。可见新生儿童比例升高，老年人口比重变化不显著，劳动力人口充足，如果生育水平维持不变，则未来人口的发展趋势是人口迅速增长、抚养比降低、社会负担降低。

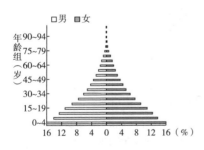

图 2-7 非洲 2000 年人口金字塔

数据来源：联合国人口署。

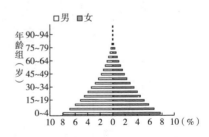

图 2-8 非洲 2015 年人口金字塔

尽管"一带一路"沿线的非洲国家正处于人口扩张阶段,出生率在近十五年均维持在较高水平上,年轻人口的持续增长有助于中长期劳动供给增长,可以利用的劳动力规模将持续扩大,可以带来更多就业机会的劳动力密集型产业将可能吸纳不断增长的人口中的适龄劳动人口,但非洲国家的教育投入长期以来很难覆盖全部适龄儿童,在非洲国家可获得的高素质的中青年劳动力资源对比需求可能仍然有所欠缺。

二 "一带一路"沿线非洲国家人口就业结构变动趋势

图 2-9 包含了"一带一路"沿线非洲国家 1995 年、2005 年和 2015 年三年的第一、二、三产业增加值占 GDP 比例的变化情况。从第一产业的占比来看,除肯尼亚有略微回升之外,其他非洲国家并没有较大变动。坦桑尼亚的第一产业增加值在 1995 年占比最高,达到 43.65%,在 2005 年下降至 28.62%,但在 2005 年之后的十年里,坦桑尼亚第一产业增加值比例仅下降 0.38 个百分点。南非和吉布提的第一产业增加值占比在 20 年内维持在较低水平的 2% 左右,并呈现出缓慢下降的趋势。从第二产业增加值占比来看,第二产业增加值占比从高至低的顺序依次为南非、坦桑尼亚、肯尼亚和吉布提。其中,南非第二产业增加值占比呈现出逐年降低的趋势。其他非洲国家则和南非相反,第二产业增加值占比保持缓慢增加的趋势。从第三产业增加值占比来看,非洲地区第三产业发展最快的国家是吉布提,第三产业增加值占比高达 70.43%,其次是南非,也同样高达 61.37%。,肯尼亚在 20 年间均维持在 46% 左右,而坦桑尼亚表现为先增加后减少的趋势。

从整体上看,非洲国家产业结构转型较为缓慢,从 1995 年至 2015 年各产业结构几乎没有变化。从第一产业增加值占比来看,各非洲国家均处于缓慢下降的趋势,第二产业出南非表现为去工业化的状态外,其他国家有小幅增长。第三产业一直是非洲国家的主要产业,截至 2015 年,非洲各国第三产业增加值占比均在 40% 以上。

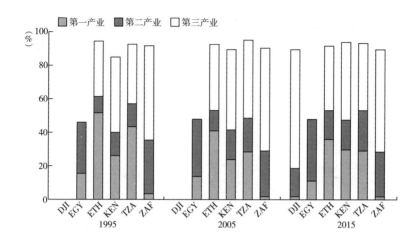

图 2-9　第一、二、三产业增加值占 GDP 比例堆积图

注：横坐标代表各非洲国家的缩写，其中 DJI-吉布提；肯尼亚-KEN；坦桑尼亚-TZA；南非-ZAF；埃及-EGY；埃塞俄比亚-ETH。部分国家数据缺失。

　　图 2-10 描绘了"一带一路"沿线各国第一、二、三产业就业人员比重的变化。从第一产业就业人员比重的角度上看，非洲沿线国家第一产业就业人员比重是缓慢下降的，埃塞俄比亚第一产业就业比重最高，在 1995 年高达 89.39%，20 年后埃塞俄比亚第一产业就业人员比重依旧以 69.89% 的比重位列第一名。坦桑尼亚第一产业就业人员比重紧随其后位列第二，1995 年达到了总就业人数的 78.04%，虽然 20 年间占比不断下降，但到 2015 年比重仍然达到了 67.65%。第一产业就业人员比重最小的是南非，在 1995 年其他国家第一产业就业人员比重平均值为 52.49% 的时候，南非第一产业就业人员仅为 10.61%。在余下 20 年内，南非第一产业就业人员比重继续下降至 5.61%。结合上一部分的第一产业 GDP 增加值来分析，高比重的就业人员比重和处于低水平的 GDP 增加值形成了鲜明的对比，高比例的第一产业从业人员但低水平的产出意味着农业技术水平低下，非洲农业发展水平还处于初级阶段，以至于非洲国家的农业现代化水平都还不高，发展进程也很慢。加上气候、耕地

等一些客观因素的影响,非洲国家的产业结构转型阻滞是经济发展面临的最为突出的结构问题。从工业化的角度上看,吉布提工业化程度相对于其他非洲国家最高,第二产业就业人员比重由 1995 年的 21.77% 增长至 2015 年的 30.14%。其他非洲国家第二产业就业人员比重几乎没有变化,变化的幅度仅在 2% 以内。但特别值得关注的是,南非在 20 年之间工业化程度并没有随着时间的推延而增加,反倒呈现出减少的态势,第二产业就业人员比重由 1995 年的 25.21% 降低至 2015 年的 23.83%。坦桑尼亚和肯尼亚第二产业就业人员比重一直处于较低的水平,但从 GDP 增加值占比的增长速度上看,这两个国家并不逊于非洲其他国家。

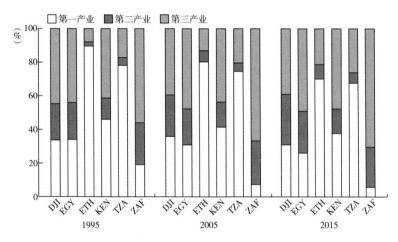

图 2-10　第一、二、三产业就业人员比重

数据来源:世界银行。

综上,从 GDP 增加值上看,"一带一路"沿线非洲国家在 1995 年之后的 20 年期间,三次产业结构并没有显著改变,截至 2015 年,非洲国家第三产业占 GDP 比重增加最快。其中,南非第一产业 GDP 增加值与就业人员比重均处于一个较低水平,往其他两个产业转移的空间不大,坦桑尼亚和肯尼亚的第一产业仍保有大量的劳动力,并且第二产业 GDP 增加值仍有很大的提升空间。吉布提

拥有较高数量的第一产业就业人员，但其第一产业 GDP 增加值处于较低水平，出现了第一产业劳动力比重多于 GDP 增加值比重的现象，从而可以推测，吉布提的第一产业就业人数基数依然较大，因此"一带一路"沿线的非洲国家工业部门具有很强的吸纳就业能力。

三 "一带一路"沿线非洲国家人口素质变动趋势

非洲地区 25 岁以上劳动力受教育程度如图 2-11 所示，数据处理方法和亚洲类似，除吉布提数据缺失之外，我们可以观测到，南非、埃及、肯尼亚和坦桑尼亚的基础教育水平基本保持一致，埃塞俄比亚教育水平相对较低，小学以下比例的平均值为 75.37%。但从中等教育的角度来看，肯尼亚、埃及和南非的中等教育普及度相对较高，埃塞俄比亚、坦桑尼亚普及度则相对较差，25 岁以上受中等教育的劳动人员比重甚至不及肯尼亚的 1/2。非洲受高等教育的劳动人员更为稀缺，远远低于其他地区，平均值仅为 4.59%左右。若说亚洲国家劳动力素质水平偏低，非洲国家的高素质劳动力则极度缺乏，整个教育体系极不完整，相应的劳动力素质水平较为低下。

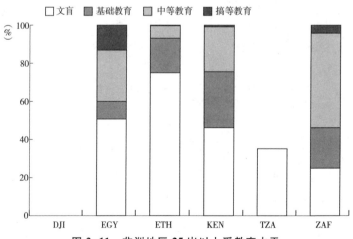

图 2-11 非洲地区 25 岁以上受教育水平

注：吉布提数据缺失，坦桑尼亚数据不全。

数据来源：世界银行。

第三节 "一带一路"沿线中东国家劳动力
人口变动及劳动力供给分析

从图 2-1 中可以发现中东地区的人口增长率以 1990 年为分界点，在 1990 年之前中东地区保持了较高的生育水平，一度超过非洲。但在 1990 后，中东地区的人口增长率一直处于下降趋势，不过仍高于亚洲平均水平约 5 个百分点。不难看出，人口增长率整体上和亚洲人口增长率曲线几乎平行，呈现出下降趋势。

一 "一带一路"沿线中东国家人口增长及人口年龄结构变化

从图 2-1 中可以观测到中东地区的人口增长率自 1985 年后和亚洲地区一致，处于平稳下降趋势，介于亚洲与非洲之间。接下来将利用中东地区的人口金字塔来观测其人口年龄结构的变化。

从图 2-12、图 2-13 中可以观测到 2015 年的人口金字塔较 2000 年呈现出底部萎缩的态势。经过 15 年的发展，中东地区的人口金字塔演变成静止型金字塔。0~14 岁少儿组的女性比重从 36.01%下降到 30.01%，男性比重从 36.39%下降到 29.54%，少儿组平均下降 6.42 个百分点。老年组的女性比重从 4.98%上升至 5.57%，男性比重从 4.12%上升至 4.49%，总体上老年组上升了 0.48 个百分点。可见新生儿童比例不断降低，老年人口比重变化不大，出生率和死亡率差别不大使人口增长表现为静止型，如果中东地区生育水平维持不变，则该地区未来人口的发展趋势会稳定在零增长左右，如果出生率进一步下降，则人口金字塔会过渡到收缩型。但从劳动年龄组占总年龄段百分比来看，中东地区劳动年龄人口规模依然庞大，占 65.20%，劳动供给量充足。

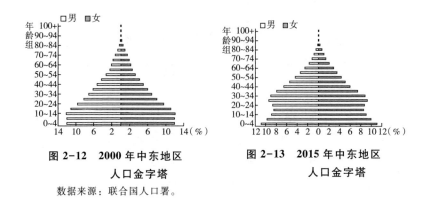

图 2-12　2000 年中东地区
人口金字塔

图 2-13　2015 年中东地区
人口金字塔

数据来源：联合国人口署。

二 "一带一路"沿线中东国家人口就业结构的变化

图 2-14 包含了"一带一路"沿线中东国家 1995 年、2005 年和 2015 年三年的第一、二、三产业 GDP 增加值的占比。从第一产业变化的角度上看，中东地区大部分属于热带沙漠气候，因此中东地区第一产业 GDP 增加值占比平均要低于其他地区，在 1995 年叙利亚、伊拉克和也门三个国家第一产业增加值占 GDP 的比例相对较高，但平均水平仅为 9.95%，低于同年的亚洲的 25.24%和非洲的 28.23%。并且在 20 年间，原本第一产业 GDP 增加值占比相对较高的国家呈现持续下降的趋势。截至 2015 年，中东地区第一产业增加值占 GDP 的比例平均降至 3.9%，第一产业增加值占 GDP 比例最高的国家也门也仅为 10.35%。

从第二产业增加值占 GDP 的比例来看，中东地区蕴含着丰富的石油资源，石油工业是中东第二产业的主要组成部分，因此中东地区第二产业增加值均处于较高水平，1995 年中东地区第二产业增加值占 GDP 的比例达到了 35.02%，高于亚洲和非洲 2015 年的平均水平。当然，20 年间，中东地区第二产业增加值占 GDP 的比例变化不大，2015 年第二产业增加值占 GDP 的比例仅增加了 2%。

从第三产业增加值占 GDP 的比例来看，中东地区 1995 年到 2015 年第三产业的增加值占 GDP 的比例分别为 44.47%与 53.72%，

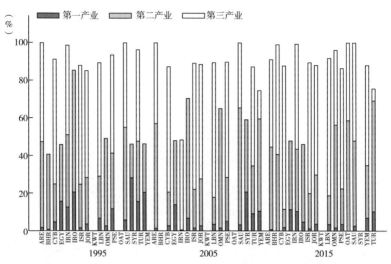

图 2-14 第一、二、三产业增加值占 GDP 比例堆积图

注：横坐标代表各中东国家的缩写，沙特阿拉伯-SAU；伊朗-IRN；土耳其-TUR；伊拉克-IRQ；叙利亚-SYR；约旦-JOR；黎巴嫩-LBN；以色列-ISR；巴勒斯坦-PSE；也门-YEM；阿曼-OMN；阿联酋-ARE；卡塔尔-QAT；科威特-KWT；巴林-BHR；塞浦路斯-CYP；西奈半岛-EGY。部分国家数据缺失。数据说明见图 2-4。

数据来源：世界银行。

经济增长中第三产业的增加值占比增长了近 8 个百分点。

综上，中东国家产业结构在 20 年间基本保持稳定，三次产业增加值占 GDP 的比例基本维持在 1995 年水平略有变动。20 年间，第一产业增加值的比重已经降至一个较低的水平，第二产业和第三产业是中东国家发展的主要支撑产业。截至 2015 年，中东各国第三产业增加值占比均在 40% 以上。

图 2-15 是第一、二、三产业就业人员比重。在中东地区第一产业就业人员比重的平均值为 15.80%，其中也门、土耳其、埃及和叙利亚的第一产业就业人员比重在中东地区保持在相对最高的水平，在 1995 年也门第一产业就业人员比重达到了 55.44%。第一产业就业人员比重处于低位的国家是巴林、科威特和以色列，均在

3%以下，平均值仅为 2.31%。在 2015 年，第一产业就业人员比重整体上呈现出下降的趋势，平均值为 10.25%，下降了 5.55 个百分点。在 2015 年也门、埃及和叙利亚依然保持在较高水平，但与第一产业 GDP 增加值比重相比呈现出高投入低产出的现象。

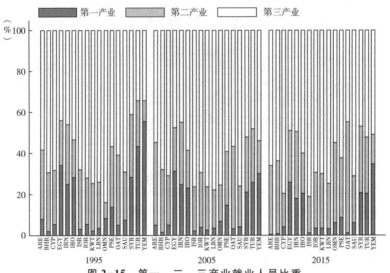

图 2-15 第一、二、三产业就业人员比重

数据来源：世界银行。

从第二产业就业人员比重的角度看，在 1995 年平均值为 24.25%，在 2015 年平均值为 27.62%。可见在 20 年间，第二产业就业人员比重并没有太大变动。参照卡塔尔第二产业 GDP 增加值比重的变化，可以观测到中东地区各国第二产业比重变动较小，仅卡塔尔一个国家增长相对较快，在 20 年间增长了 19.9 个百分点。但中东地区第二产业就业人员比重各国家之间差距甚大，比重最低国家也门的 14.42% 和比重最高国家卡塔尔的 54.14% 相差 39.72 个百分点。但对比第二产业 GDP 增加值的比重，也门的 58.78% 和卡塔尔的 58.50% 相差仅为 0.28 个百分点。其原因可能是也门地区第二产业基数相对其他中东国家较小，因此 GDP 增加值的比重比基数大的国家波动更为敏感。

从第三产业就业人员比重的角度看，不论是 1995 年还是 2015

年，中东地区大部分劳动力均集中在第三产业上。截至 2015 年，中东地区第三产业就业人员比重仍然维持在 1995 年的水平上没有下降，反倒呈现出略微上升的趋势，1995 年第三产业就业人员比重平均值为 59.95%，截至 2015 年第三产业就业人员比重高达 62.13%。

三 "一带一路" 沿线中东国家人口素质变动趋势

人口素质是产业结构转型的基础，高素质的劳动力在产业转型中会起到决定性的作用。图 2-16 是中东地区 25 岁以上劳动力受教育水平的平均值，处理方法与上文相似，中东地区的基础教育、中等教育和高等教育的覆盖率均比其他地区要高，基础及基础以上的教育覆盖程度介于 50% 至 90% 之间。但中东地区受教育水平依旧存在很大差距。塞浦路斯和以色列的受教育水平显著高于其他国家，基础教育及以上的劳动力覆盖程度接近 90%。此外，中东地区的劳动力受高等教育水平虽然普遍高于大部分亚洲和非洲国家，但由于人口总量较低，需要更多的高等教育劳动力来进一步推进和适应中东地区的产业结构转型。

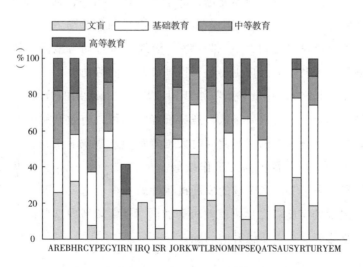

图 2-16 中东国家 25 岁及以上劳动力受教育水平堆积图
注：部分国家数据缺失。
数据来源：世界银行。

第四节　小结

本章分别按亚洲、非洲与中东地区分类，对"一带一路"沿线国家的人口结构、产业结构、就业结构及劳动力受教育程度的变动情况进行了描述。综合起来，非洲国家人口结构属于增长型，中东国家人口结构进入静止型，亚洲国家人口结构开始出现老龄化趋势。尽管人口结构处于不同的增长类型，但总体上，沿线国家劳动力资源丰裕，可利用的劳动年龄人口总量多，人口红利的作用尚未充分发挥。进一步从产业结构与就业结构来看，"一带一路"沿线国家除个别国家实现了经济结构转变之外，大部分国家处于工业化发展初期，甚至是工业发展刚起步，缺乏足够的工业发展需要的人才，而农业增加值比重在逐年下降，也因此在这些国家出现了服务业高比重的现象。与产业结构相对应的是人口就业结构，显然"一带一路"沿线国家的劳动年龄人口就业基本停留于第一产业，囿于第二、三产业就业机会不充足，囿于个人技能水平，难以从第一产业转移到第二、三产业当中。最后，从沿线国家劳动力的受教育程度分类比例可以看到，"一带一路"沿线国家劳动力整体受教育程度偏低，劳动年龄人口主要是获得基础教育的劳动力。

归结起来，"一带一路"沿线国家具有充裕可用的劳动力资源，但是整体上劳动力素质偏低，意味着经济中可以有效利用的劳动力资源实际上是有限的，与此同时大量劳动力从事农业工作，难以通过"干中学"获得更高的工作技能。尽管"一带一路"建设为沿线国家带来了劳动力市场的发展机遇即就业机会增长，但"一带一路"建设的实施者在提供就业机会的同时还需要考虑这些国家在中国企业的劳动力素质提升的问题。

第三章　中国企业海外投资的雇工问题

——理论基础与研究框架

中国企业海外直接投资（简称OFDI）是全球对外直接投资的"后来者"与"跟随者"。但是，自2008年以来，中国企业海外直接投资的投资规模、投资类型发生极大变化，特别是"一带一路"倡议提出之后，2014年中国企业对外直接投资首次超过外来资本投入，成为资本净流出国，并且近两年来OFDI得以快速增长。OFDI推进经历了盲目跟风的热潮之后，经历了早期的基于劳动力成本的投资动机之后，到现在中国OFDI的非理性投资得遏制。但是在"一带一路"沿线国家投资过程中，除了要应对当地营商环境的制度性约束、政治稳定风险之外，中国企业海外投资可持续发展一个重要的方面就是有效的本地化雇佣，实现企业生产经营本地化，履行"一带一路"倡议中"民心相通"的重要内容。

第一节　中国企业海外投资理论演进及分析视角转变

对外直接投资（out forward direct investment，OFDI）理论最早源于发达国家20世纪60年代对外直接投资迅速发展，要素禀赋理论难以完全解释对外直接投资的企业行为，衍生出的不同分析视角的对外直接投资理论，包括垄断优势论、内部化理论、产品生产周期理论、比较优势理论以及国际生产折衷理论；后期根据发展中国家的对外直接投资特点提出了小规模技术理论、技术地方化理论和技术创新产业升级理论等。中国企业近年来对外直接投资规模迅速扩大引起了国内学者对中国企业对外直接投资的行为、原因及其影响等方面研究的浓厚兴趣。

一 中国 OFDI 投资动机研究：制度环境到企业性质

正如第一章中所谈到的，中国的发展水平处于沿线国家的中间位置，中国在参与国际分工的过程中，通过引进消化吸收再创新的过程，完善了自身的产业结构，成为东亚地区产业结构最为齐全的国家。一则，中国与发达国家之间形成了以产业分工、贸易、投资、资本间接流动为载体的价值链，二则，中国与发展中国家形成了以贸易、直接投资为载体的价值链（张辉等，2017）。在这样的国际分工体系下，中国 OFDI 的流向及投资动机有着与发达国家不同的机理。

首先将 OFDI 企业分为两类，针对发达国家进行的 OFDI 以学习型为主，针对发展中国家的则是竞争策略型（冼国明、杨锐，1998）。基于邓宁（2006）国际生产折衷理论，国内外学者讨论了中国企业海外投资的动机。国外学者认为中国进行的 OFDI 多为获取当地资源（Joana，2006），近年来投资领域以资源型为主的行业弊端逐渐显示出来，国内学者则综合了国际生产折衷理论提出了大国综合优势理论，认为中国的 OFDI 呈现出动机多元化、投资主体与区位选取多元化的特征（欧阳晓，2011），中国产业结构不合理与区域发展不均衡的特征决定了中国企业进行海外投资时，同明具有发达国家 OFDI 的特征与中国自身的特点。

其次，在中国自身的国情与发展阶段影响下，中国对外政策与国内社会制度直接影响中国 OFDI 的规模与投资区位。中国 OFDI 自身的特定优势有别于其他国家的 OFDI 投资行为，特别是中国政府给予的制度便利和政策优惠极大地推动了中国企业的海外直接投资（Cai，1999），可将其称为政府塑造型的 OFDI（Carvlho and Goldstein，2008）。第一，从母国制度的影响来看，政府的支持程度、企业的国有化程度对中国的 OFDI 行为有重要影响（Wang et al., 2012），以国有企业为主的对外直接投资行为引起了东道国的不安；第二，从国内政府决策、税收政策等因素来看，国内宏观政策因素的变化会对企业的 OFDI 行为产生很大的影响，国内制度调整对中国企业 OFDI 起到了主导性作用（姜亚鹏，2011），中国政府会利用审批核准、外汇控制、税收贷款等政策工具对 OFDI 进行调节（潘镇等，2015）；第三，从空间角度来看，文化临近性、东道国的地理距离对中国 OFDI 起着决定作用（Buckley et al., 2007），因此，从投资规模角度探讨中资企业对外直接投资的区位选择时，可发现大部分中资企业最偏好向东南亚投资（刘小凤、葛岳静、赵亚博，2017）。

多数中国 OFDI 同时受到母国政策和东道国政策的双重影响（裴长洪等，2010），因此东道国制度环境也是驱动中国 OFDI 的重要因素。基于中国早期的 OFDI 数据研究，东道国较高的政治风险并没有阻碍中国投资的流入（Buckley et al., 2007；Ramasamy, 2012），而且中国 OFDI 倾向于投资那些市场规模较大、拥有大量自然资源以及制度质量较差的国家（Kolstad and Wiig, 2012）。最近的研究从两个方面讨论了东道国制度对中国 OFDI 的影响，一方面最近的中国 OFDI 研究发现东道国政治的不稳定、苛刻的法律制度和政府的监管能力不足、效率低下及贪腐行为，都在严重阻碍中国企业的海外投资和建设（何茂春，2016）；另一方面，在制度风险较大的东道国，良好的政治关系作为一种替代性的制度安排，减弱了 OFDI 的不确定性，有效地促进了 OFDI，而在制度风险小的东道国，良好的政治关系没有带来 OFDI 的明显增加，仅更多地起到了对东道国环境的补充作用（潘镇等，2015）。中国与东道国正式制度的距离会阻碍中国的 OFDI 投资，与东道国的外交合作改进会推动 OFDI（张建红、姜建刚，2012），当然非正式制度作为有益的补充（如海外关系资源）也是中国 OFDI 投资的一个重要动机，一个重要的非正式制度安排即海外华人网络促进了中国的 OFDI，而且在海外华人分布密集的地区更容易实现 OFDI，特别是在制度距离比较远的东道国，海外华人网络能够弥补这一距离（吴群锋等，2015）。

最后，在最新的研究中，企业异质性问题进入了中国 OFDI 研究的视野。2003 年 Melitz（2003）的经典文献将企业异质性问题从贸易延伸到对外直接投资，发现生产率最高的企业选择对外直接投资，生产率居中的企业选择出口，生产率最低的企业只能服务于本国市场。在验证上述观点时，国内学者发现投资收入高的中国国有 OFDI 企业生产率不一定高，越有效率的企业不一定越进行市场寻求型投资，但越有可能进行技术研发类投资，对外投资的国有企业可能不比其他类型的对外投资企业生产率更高（蒋冠宏，2015）。

二 中国 OFDI 投资效率研究：母国效应到东道国效应的转变

尽管投资动机一直是对外直接投资研究中的主要关注点，但随着中国企业"走出去"的深度与广度不断增强，中国 OFDI 的投资效率开始引起国内学者关注。

关注中国 OFDI 对企业自身的影响是投资效率研究首先要探讨的问题，研究显示企业对外直接投资提升了企业生产率，但这一作用随时间推移逐渐降低（蒋冠宏，2014），中国企业在"一带一路"沿线国家投资规模快速增长的同时，面临着企业投资效率低下的难题（谭秀杰等，2015，程中海等，2018）；另外，中国 OFDI 在投资过程中的技术效应也是国内学者关注的重点之一，一个重要的问题就是 OFDI 对母公司的技术逆向溢出效应，对这一问题的研究没有一致的结论，有支持逆向技术溢出效应的（赵伟等，2006；刘明霞，2010；陈岩，2011；沙文兵，2014），也有人认为中国 OFDI 并未产出逆向技术溢出效应（谢申祥等，2009）。但是，中国对外直接投资总体上促进了企业出口，出口效应呈现先升后降的倒 U 形特征，中国 OFDI 同时增加了企业出口的深度与广度（蒋冠宏，2014）。

近两年，国内学者开始关注中国 OFDI 产生的宏观影响，中国

OFDI 的母国效应是当前研究的主要切入点，重点探讨了中国 OFDI 对国内的就业与收入效应，发现中国企业 OFDI 对国内就业产生了显著正向促进作用（卫瑞、庄宗明，2015；李磊、白道欢、冼国明，2016），不同投资动机的 OFDI 产生的国内就业效应存在差异，采矿业的资源寻求型 OFDI 对于母公司就业的影响并不显著，非采矿业的资源寻求型 OFDI 的就业效应则显著为正；水平型 OFDI 由于进口最终品的增加，降低了母公司的劳动力雇佣；垂直型 OFDI 则可能通过增加低成本中间品进口，而增加母公司的劳动力雇佣（李磊、白道欢、冼国明，2016），而且对外直接投资企业母国员工结构中生产人员数量的增长速度快于销售、技术和管理人员，员工结构的改善作用较弱（阎虹戎、冼国明、明秀南，2018）。母国员工收入方面，OFDI 显著提高了员工平均工资，但拉大了员工的工资差距（毛其淋、许家云，2014；2014；阎虹戎、冼国明，2018），这一扩大作用在跨国并购型的 OFDI 中同样存在（阎虹戎、冼国明，2018）。

此外，有学者开始探索中国 OFDI 对东道国产生的影响，关注中国 OFDI 的第三国效应成为一个新的研究视角，结果发现中国在东道国的 OFDI 存在显著的第三国效应，第三国 OFDI 对外直接投资对东道国 OFDI 会产生空间互补效应（谢杰、刘任余，2011），进一步地，研究引入市场潜力之后显示第三国对东道国的 OFDI 会产生挤出效应（马述忠、刘梦恒，2016）。

三 中国 OFDI 研究述评

上述研究从国家、地区以及企业的微观数据出发探讨中国企业对外直接投资的动机及投资效率问题，较少学者探讨已经"走出去"在海外落地生根的中资企业如何发展的问题，探讨中资企业与东道国共生发展的问题。"一带一路"建设的主题是同沿线国家谋求合作的最大公约数，关注中资企业的海外可持续发展及其对沿线国家的福祉提升，是"一带一路"走深走实、构建人类命运共同体的必然要求。要实现这样的目标，从研究视角上看，有别于发达国家专注于投资区位选择的研究，客观分析海外投资企业对东道国产生的社会、经济影响有助于正面回应当前针对中国"一带一路"，针对中国企业海外投资的负面评论。

2015 年以来中国商务部、联合国开发计划署每年发布《中国企业海外可持续发展报告》，认为"走出去"的中国企业，既是落实"一带一路"倡议的支柱性主体，也扮演了在当地促进实现联合国 2030 议程及其各个目标的重要角色，是在东道国提升基础设施、强化产业带动、增加就业机会、促进技术转移、发挥社会贡献和建设生态文明的践行者。这些目标中，中资企业履行社会责任，创造就业机会、建立和谐劳动关系是"一带一路"倡议中"五通"之"民心相通"的重要组成。在可获得的数据资料中，中资企业在海外面临的雇工难题因数据或资料的缺乏，可获得的研究借鉴较少，部分研究者基于沿线国家人口结构的数据（潘玥，2017），及沿线国家劳动力市场结构的差异性探讨了不同劳动力市场的风险水平对"一带一路"倡议的影响（张原等，2017）。

本研究将针对中资企业的海外雇工问题特别是东道国劳动力雇佣问题进行研究。有效劳动力雇佣是在一国劳动力制度约束下实现的，有必要进一步考察东道国劳动力制度及其影响。

第二节　中国企业海外投资中的东道国劳动政策及其影响

长期以来，国别劳动政策的研究主要是以发达国家为对象的，以发展中国家为对象的研究还相对缺乏，以"一带一路"沿线国家为对象的研究就更为匮乏。这一方面是因为发达国家在劳动政策的构建与研究等方面均处于领先地位，另一方面是因为劳动政策研究需要较为完善的统计，只有发达国家才能很好地满足这种研究要求（都阳，2014）。进入 20 世纪 90 年代之后，伴随全球化的快速推进，尤其是全球价值链在世界范围内的片段化布局，对外直接投资迫切需要了解发展中国家的劳动力市场政策及其可能产生的影响，这才推动了劳动政策的跨国研究（欧盟委员会，1994；1995），并使针对发展中国家的劳动政策研究逐渐丰富（Djankov & Ramalho，2009）。综观这方面的文献，涉及"一带一路"沿线国家劳动政策的研究主要有如下内容。

在规范集体（劳－资）关系的政策方面：现有文献（常凯，2013）认为，大多数东南亚国家均出现了从个别劳动关系规范调整向集体劳动关系规范调整的演变，并表现出了对国家经济社会环境的逐渐适应。与发达国家相比，亚洲国家的工会和集体谈判的重要性相对较小，而政府的作用更为突出（Freeman，2009）。就前者而言，越南境内工业化比较发达的四个省，只有6%的企业实现了集体谈判制度（ILO，2011）；就后者而言，印度政府在劳－资－政府三方协调机制中的作用就十分突出，并明确规定未经批准的罢工与集会是非法的（吴涛等，2008）。其他的一些亚洲国家也具有同样的特征，并不同程度地强调要通过政府创造有利于集体谈判在内的社会对话环境等措施，鼓励用新形式合作解决劳动者与企业之间的劳－资争端（ILO，2006）；只有类似于新加坡这样的国家，集体谈判才能一定程度地覆盖（ILO，2011）。整体而言，亚洲国家的这些做法尽管限制了工会的激进主义式活动（如罢工），但并没有减少劳工标准与人权，反而有助于维护国家层面的经济稳定并促进了国内产业结构的转型升级（Anis，2010）。对中东欧的转型国家而言，大多数国家工会和集体谈判的覆盖率并不高，并呈现出明显的国别差异（安增科，2010）；部分国家的工会会员比例还不到50%，其力量实际上相当小；集体谈判也以企业层次为主，关注的重点也仅是劳动者的就业保护和工资增长问题，更多的时候仍然高度依赖政府与雇主之间的集体谈判（Cazes & Nespovova，2003）。在2008年的金融危机发生之后，这些国家不但对集体谈判采取了放松管制和分散化的措施，而且明显减少了工人的代表权并限制了劳动者举行罢工的能力。其中匈牙利、罗马尼亚、立陶宛等国家的放松管制最为明显（ILO，2012）。

在劳动政策的严格性与灵活就业等方面：Cazes & Nespovova（2003）对中东欧、独联体等转型国家进行了深入研究，发现这些国家劳动政策的严格程度，尤其是就业立法保护的严格程度等出现了普遍向欧盟看齐的发展趋势。这降低了中东欧、独联体等转型国家内部的劳动力变动率，一方面使某些特定的劳动者群体（通常为签订了长期劳动合同的劳动者）的工作更为稳定，另一方面也使更多的弱势群体只能谋求各种各样的临时就业，如临时劳动、派遣劳动、非全日制就业、兼职等（Beleva & Tzanov，2001）。在亚洲地区，Besley 和 Burgess（2004）关于印度的劳动政策及其对经济绩效产生影响的研究也显示出了同样的结论，即劳动政策规制严格的邦，其投资率、就业水平、生产率和产出水平都明显较低。在这样的背景下，尤其是 2008 年金融危机发生之后全球就业创造十分疲软，绝大多数国家均采取了放松规制的做法，并重新在雇主对"效率和灵活性"的需求与劳动者对"就业稳定性、更多的社会保护和扩大生活标准覆盖面"的需求之间寻找平衡（ILO，2012）。其中，俄罗斯开始了重新协调企业利益和劳动者获得就业（或稳定就业）利益之间的关系，并对就业保护法规进行了较大幅度的修改（张在范，2011）；中欧、东南欧和独联体等国家则在就业保护法规中也明显减少了就业保护措施，进行这种修改的国家比例高达 60%；在东亚和东南亚、南亚，国家层面对永久性劳动合同进行这种修改的国家也分别占到了 30%、14%（ILO，2012）。

在劳动技能方面：现有文献（Zhu，2005）认为伴随对外直接投资带来的技术进步与贸易扩张，对高技能劳动力的需求在发展中国家也开始明显上升，劳动者的技能短缺已成为发展中国家吸引外来投资的重要障碍。根据世界银行、国际劳工组织对老挝、柬埔寨、缅甸的劳动技能与工作质量评价的报告，技能短缺已经是外资企业在这些国家开展生产经营活动的首要问题（WB，2014；ILO，

2013）。目前，亚洲一些国家，尤其是一些欠发达国家普遍存在劳动力过剩与劳动力短缺并存的奇怪现象。其中一个重要的原因就是劳动者的基本技能难以满足某些空缺岗位（尤其是具有一定技术含量的工作岗位）的工作需求（ILO，2007）。这种现象在中东欧、独联体等经济转型国家也普遍存在，如捷克、波兰、爱沙尼亚、罗马尼亚等国家就一方面存在大量的技术陈旧的蓝领工人，另一方面在新兴行业也出现了就业岗位的大量空缺（Cazes & Nespovova，2003）。出现这种状况的原因既有国民教育体系的改革滞后于劳动力市场需求的变化从而妨碍了从学校到工作的过渡，也与劳动力的受教育程度普遍较低且缺乏高质量的企业技能培训等有关（ILO，2015）。在这样的背景下，亚洲的一些国家开始了改革的尝试，如新加坡就推动企业扩大人力资源部门，并要求这些部门通过一个长期的、大量的、基于实际操作并由市场主导的成人教育和培训计划，以满足经济发展对高技能劳动力的需求（ILO，2006）。

在劳动标准方面，尽管绝大多数发展中国家都希望自己能够决定在发展进程中最符合自己需求的劳动标准（Kao，2000），但经济全球化把原本一个国内社会问题的劳动标准塑造成了一个具有政治、经济、法律甚至伦理属性的国际问题（李春林，2014）。在这样的背景下，现有文献更多是从区域或次区域的视角进行研究并出现了劳动标准跨国协调的发展趋势，其目的是通过跨国协调的劳动力市场政策促进外国直接投资在劳动力市场中发挥积极作用（ILO，2016）。其中，在 20 世纪 90 年代后期中东欧、独联体等经济转型国家就在最低工资条件、雇佣条件或劳动者权利的基本标准、国家劳动法及其实施条例提供的工作者保护规范等方面出现了向欧盟等发达经济体看齐的发展趋势（Cazes & Nespovova，2003）；东盟各国在 2007 年也通过了一项有关职业安全和劳动健康的行动计划，要求所有成员国制定一份基于国际劳工组织的国家劳工标准以及最佳实践的检查清单，其目的是统一成员国的相关政策（ILO，2009）；中东的阿拉伯国家近年来也开始强调劳动者在工作过程中的基本权利,并承诺为所用工人(包括移民、女性劳动力以及不稳定就业人员)创造安全和有保障的工作环境(ILO,2011)。

其他方面的文献主要集中于积极的劳动力市场政策、最低工资、劳动移民政策等方面:在积极的劳动力市场政策方面:为了减轻劳动力市场的就业压力并为劳动者提供稳定的收入支持,中东欧和独联体等经济转型国家设计并执行了一系列积极的劳动力市场计划,包括职业中介、劳动力市场培训、创造新的工作岗位、岗位补贴、促进劳动力流动等以年轻人或弱势群体为目标的政策措施(Nesporova,1999)。近年来,为了改善青年的奋斗前景,包括中东欧国家在内的大多数欧洲国家每年都在积极的劳动力市场计划(ALMP)上花费大量资源(Caliendo et al.,2016)。在最低工资政策方面,现有文献(ILO,2011)认为大多数亚洲国家都制定了最低工资标准政策,有的国家甚至按照不同行业、区域、投资渠道(内资或外资)制定了多层次标准。在劳动移民政策上,绝大多数东盟国家对外资企业或合作经营企业雇佣非本国劳动力都有比较明显的限制政策,只有老挝可以自由雇佣国外劳动力(欧阳华等,2011);中东的一些国家也是优先考虑本国劳动者的就业,如黎巴嫩就只允许将外国劳动力用于黎巴嫩工人短缺的部门或岗位(ILO,2016)。

以上所述劳动政策涵盖的范围较为广泛,对东道国劳动政策的熟悉与了解是中国企业海外投资有效雇佣的前提。但是,即使前期对东道国劳动政策做过较为深入的了解与学习,在实际投资过程中,一些中资企业也往往因东道国员工薪酬增长速度过快、东道国劳动制度超前于东道国发展水平而在东道国生产经营过程中面临更多的雇佣问题。近年来在新闻媒体及海外报道中,中资企业面临的工会及罢工问题增加了企业生产经营的成本,如何持续发展成为一个难题。在东道国人口素质既定、劳动制度既定及劳动力市场条件短期难以发生变化的背景下,有效雇佣、改善东道国劳动力对中资企业的认可程度,着力于东道国劳动力素质的提升是化解当前由劳动争议引起的各类不利于中国企业生产经营问题的一个切实有效可行的途径。

第三节　海外雇工问题研究设计：
技能提升与中资企业

针对中国 OFDI 的研究已经由宏观分析、政策讨论、观点探讨转入基于微观个体的效应分析，同时，开始由区位选择、投资效率转入可持续发展的问题研究。世界银行在对老挝（WB，2014）与柬埔寨（WB，2014）的发展报告中指出，制约这些国家发展的一个重要方面就是劳动力素质整体偏低，劳动生产率水平难以提升。同时，由于文化因素和不了解当地习俗对建立和谐劳工关系的影响（中国企业海外可持续发展报告，2017），这些国家的劳动力流动率普遍高于其他国家，这使投资于这些地区的中国企业在"落地生根"之时就不得不面对解决劳动力技能不足的问题，这一问题的解决不仅仅是中资企业在东道国创造就业机会，而且是中资企业在东道国持续提供"体面就业机会"，实现"一带一路"倡议共赢发展的重要内容。本研究正是基于"一带一路"倡议的大环境、东道国劳动力市场的基本特征以及中资企业"走出去"的现实难题、已有 OFDI 研究为本研究提供的理论框架以及东道国现实，探讨中资企业中东道国劳动力技能短缺及技能效率的问题。

一　中资企业海外雇工问题：技能短缺与技能提升

本地化用工是 OFDI 海外生产经营首要面临的问题。本土化用工是指跨国企业的海外企业按照所在国家（地区）相关法律法规的规定，根据企业实际需要，就地直接雇佣或间接使用当地人力资源（李雪梦，2015）。当前中资企业海外业务快速增长，对本土化劳动力的合理使用与管理，已成为这些企业面临的现实问题（沈琴琴，2012）。郭圣乾、刘婧（2011）以我国海外石油企业为例，认为本土化用工不仅是建设中资跨国企业的必然要求，也是企业需要面对的现实性问题，即要在满足东道国劳动法律政策需要的条件下，建立灵活多样的用人机制，加强人力资源管理能力建设，提升员工技能素质。除了引进高素质员工配置到相应的岗位上，更重要的是加强海外雇员的基础技术能力和素质能力培养。李雪梦（2015）以中国有色集团在赞比亚投资的企业为例，发现大力推广本土化用工的管理，能有效降低劳动成本，激励本土员工工作热情，为公司的海外开发进程节省时间与资金。就企业本身来说，民营企业在海外投资的过程中，如果经济上处于得不偿失的状态，可以考虑控制损失立即撤资，而国有企业由于代表国家形象、国家战略等因素，即使亏损也只能继续经营（郑斯予，2014）。另外，有效本土地化用工也是化解当前中国企业海外投资中的劳资纠纷的一个重要途径。在中资企业海外扩张的过程中，应做好人员本土化、管理本土化、文化本土化，在劳动用工和薪酬分配等层面统筹推进。

如前所述，"一带一路"沿线国家一方面需要通过吸收外国直接投资，引进先进生产技术，实现经济结构转型；另一方面往往劳动力素质偏低，经济转型需要的人力资本或技能劳动力缺口较大。对于外国直接投资而言，东道国针对外资的严格的劳动力市场制度也限制了外国直接投资企业"进口"本国或其他国家高素质劳动力替代东道国劳动力，外国直接投资有效的生产经营管理模式就是在现有的法律法规框架下，充分有效地利用东道国劳动力素质。区分东道国劳动力素质的能力结构，针对具体的能力结构识别东道国劳动力能力的优势与短板，有针对性地解决能力缺口，是有效本土化用工的重要内容。中国企业在"一带一路"沿线国家投资过程中也因此需要面对东道国劳动力能力结构中技能短缺的部分，并提出实现技能提升的方向与内容。

二 研究设计与技术路线

本书研究结构如图 3-1 所示，首先识别"一带一路"建设中的内外环境，从中国企业"走出去"海外投资的方向转变及中国企业在全球价值链中的位置，明确中国企业海外投资的用工需求，这一部分内容形成本书的第一章，随后从东道国外国直接投资需求及东道国劳动力构成出发，讨论东道国劳动力素质结构对外国直接投资的影响，本部分内容分布于本书的第一章与第二章；基于上述分析，提出本书的理论框架、分析思路及具体实施方法，提出中国 OFDI 企业海外雇工问题，并明确本书重点讨论海外雇佣中的技能短缺与技能提升问题，该部分内容形成本书的第三章；由于讨论"一带一路"沿线国家的中国OFDI 雇佣问题是一个比较复杂的系统工程，囿于研究经费与时间，本研究在 2016 年选择了泰国、柬埔寨与老挝三国进行了中国企业雇主—雇员匹配调查，分别识别中国 OFDI 企业的技能需求、技能短缺及其影响，该内容形成本书的第四章、第五章；识别中国 OFDI 企业的东道国员工技能提升策略及重点，该内容形成本书的第六章；同时在调查过程中，本研究对中国企业进行了深度访谈，形成典型案例，通过案例探讨中国企业海外用工难的解决思路，该内容形成本书第七章。最后，对本研究进行总结，以三国数据为例，提炼出"一带一路"沿线国家中国 OFDI 企业海外雇工问题的解决途径，该内容形成本书的第八章。

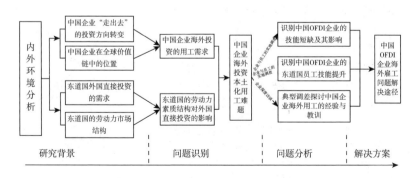

图 3-1 研究设计与技术路线

三 基本概念与框架

研究范围、研究思路确定之后，本部分将重点界定本研究中的基本概念及具体研究框架。

1. 技能与技能的测量

经济学中技能或能力一词来源于人力资本理论，人力资本理论认为人身上所具有的能力或技能就是人力资本，过去很长时间里技能或能力的定义比较模糊。近年来以 Heckman 为主的经济学家努力将技能的定义清晰明确化。综合上述定义，本研究将技能①定义为执行给定工作任务与责任（duties）的能力。技能可以在学习过程中获得并得到发展。就个人而言，技能为个人找工作、保留工作、职业生涯晋升以及获得体面工资或收入提供了机会。从雇主的视角来看，给予一份工作合同和一定程度的工资或收入水平取决于他或她对潜在员工的信任程度，这种信任来源于雇主认为这些员工具有工作所需要的有价值的技能。

在劳动力市场中，技能可以通过各种渠道得以识别。最可靠、最准确也是最昂贵的测量方法就是直接观察工作技能的方式，另外还有面试的方式以及采用大家认定的标准进行技能测试。此外，由于技能的直接测量很难获得，为使招募过程更为有效及有灵活性，需要找到其他技能测量的替代变量。间接的测量可以采用专业经验、资质等形式来代表技能。个人技能以及能力可以通过正式的资格证书——资质——加以认证。越来越多的就业机会要求有资质，而且资质也是正式就业进入的先决条件，但"资质"并不一定与技能同步。最为广泛采用的代理变量就是正规教育。当然正规教育不

① OECD 2012 年的报告中将技能定义为"完成一项任务或活动所必须具备的知识、特征与潜能的集合。一个国家在一定时间内所具有的技能总和便构成其总的人力资本"。其他类似的研究将"技能"定义为"能够执行特定的任务"（United Kingdom Commission Employers Skills Survey, 2010），或执行"专业生产的某种能力"（Shah and Burke, 2003; Trendle, 2008）。

是人们提升技能的唯一途径，他们也会在工作中、培训中、个人生活经验以及更多非正规学习环境中获得技能的提升。由于直接测量技能的难度较大，本项目在正式调查前曾与中资企业及部分员工尝试进行技能的直接测量，但企业提出影响正常的生产经营，要求缩短员工的访谈时间，因此，本项目将综合直接与间接的技能测度方法获得中资企业中员工的技能水平。

2. 技能的区分

Heckman 在 2005 年的著作《美国的不平等：何为人力资本政策的角色？》中对于传统研究中只关注认知水平对于个人成就影响的观点进行了强有力的驳斥，结合其多年的研究，Heckman 认为技能包含认知技能与非认知技能两个方面，并且非认知技能对于个人长期成就的影响不小于认知技能，他还强调孩子早期成长时期的家庭环境与孩子今后的认知与非认知技能的培养呈正相关关系。早在 1999 年 Heckman 就提出：“在评价那些旨在提升劳动者人力资本项目的效果时，如果我们只一味地强调分数表现或者学术性能力，而不考虑动机、社会技能等非认知性因素，那么我们得到的结果将存在严重的偏差。” Shury、Winterbotham 和 Oldfield（2010）对于 2009 年度英国全国雇主技能调查进行了研究，他们发现绝大部分的雇主对于雇员的担忧在于非认知技能上，如：顾客问题处理、团队合作和参与工作的热情度等。研究个人特质的著名心理学家 Roberts（2009）将人格特质（Heckman 认为非感知技能等同于此）定义为“人格特质（personality traits）是思想、感觉和行为相对持久的模式，反映了在特定情况下以某种方式反应的倾向”。早期的研究从数据的可得性角度考虑，大多是关于认知技能的衡量，其中相当多的文献使用受教育年限及 IQ 水平等较为易得的测量数据，而对非认知技能衡量的困难随着近年来心理学中大五人格理论（外倾性、情绪稳定性、开放性、宜人性和尽责性）等非认知水平测试的发展逐渐降低。Almlund（2011）利用德国社会经济面板数据（GSOEP）对 21~94 岁成人的受教育年限与五种人格和智力水平进行分析，他发现尽责性（conscientiousness）和智力水平对于受教育年限的预测能力一致。Heckman 和 Kautz（2013）认为五种人格中的尽责性（conscientiousness）是教育成就、工作表现等的最佳预测指标，而 IQ 对工作表现的影响可能逊色于尽责性。他们总结到，认知技能随着工作复杂程度的上升而越来越凸显其重要性，如教授、科学家和高级管理者的认知技能程度相对于其他低技术职业就更为重要，但非认知技能对于绝大多数职业的重要程度不会因为工作复杂程度不同而不同。这也就意味着利用非认知技能能制定不同种类工作对于技能的需求的统一标准。可以这样肯定地说，将认知技能和非认知技能共同纳入技能错配的考虑已经成为现今研究的新趋势。

实际上著名的教育家 Ralph Tyler 早期在研究考试测试结果时就发现了单单根据认知技能衡量的弊端，因此他建议可以利用如平时表现、出勤率和其他老师与管理者能观测到的行为来完善衡量的方法。最近的众多研究关注特定行为对于人力资本的非认知技能的衡量。不同于大五人格中自我报告型的研究调查，对于特定行为的观测可以排除被调查者由于主观因素影响产生的误差，从而更加精确地对非认知技能进行测度。Heckman、Pinto 和 Savelyev（2013）研究发现小学老师对学生行为表现的总体评分对于这些学生成年后的表现具有强预测性，并且根据这一评分机制进行早期儿童干预可以提高儿童的非感知技能。Lleras（2008）利用十年级孩子参加运动、学习小组和艺术活动的参与度对他们的非感知技能进行衡量，发现即使在控制了感知技能的前提下，利用这些活动的参与度也能够对今后十年的教育程度进行预测。受 Heckman 研究的启发，Jackson（2013）在分析教师对于学生感知技能和非感知技能的影响的研究中，将考试成绩作为感知技能的衡量指标，而将缺勤率、质疑能力和进取心作为衡量非感知技能的指标。这些利用非感知技能指标对于成年后表现预测的有效性和利用感知技能一样，并且数据的可得性得到改观，研究中的非感知技能衡量指标都可以从学校的记录中获取。

3. 技能的测度

（1）认知技能得分的度量

世界银行在组织劳动力技能测试时将技能分为认知技能、非认知技能和职业技能三类。在该分类中，身体技能属于非认知技能。都阳（2017）在研究劳动力市场变迁过程中，按照解决任务时所需要的技能不同将个人技能分为认知技能和操作技能，其中，认知技能包括：阅读能力、写作能力、数学运算能力和学习新知识的频率。在研究劳动收入回报影响时，程飞（2013）将认知技能分为语言能力、记忆能力、计算能力、推理能力、决策能力。Cattell（1987）将认知技能分为流体智力和晶体智力。流体智力是一种以神经生理发展为基础的认知技能，如：记忆、运算速度和推理能力等；晶体能力是由后天学习知识积累得来的，如：词汇、知识、计算、语言理解、常识等。根据已有研究的认知技能测度方法，本研究把劳动者的阅读能力、写作能力和数学计算能力作为衡量认知技能的指标。为简单起见本研究中的认知技能得分为标准化得分，具体测度方法见表 3-1。

（2）非认知技能的测度

非认知技能与认知技能相对，指个人所具备的非生产性技能。C. Jencks（1979）在控制了受教育年限和工作经验后，发现勤劳、坚持不懈和好的人际关系等个人特征对劳动者的收入有显著影响。在心理学界，以个人特征为中心研究出了很多测度非认知技能的工具。目前被广泛接受的有罗特的内外点控制点、罗森堡的自尊量表和大五人格量表。本研究将采用大五人格量表来测度非认知技能，将非认知技能分为宜人性（包括友善、利他、富有同情心、温和）、外向性（包括待人接物、热情、社交、有活力并乐于助人）、尽责性（包括努力、坚持不懈、追求成就、深思熟虑）、开放性（包括具有创造能力、审美、想象力、尝鲜等）、神经质即情绪稳定性（包括敏感及神经紧张、焦虑等）。

4. 技能错配与技能短缺

工人只有有效地利用他们所具有的技能才能使个人获得足够的收入，而这又会促进经济增长。我们所说的技能错（不匹）配是个人所拥有的技能低于或高于工作要求的技能水平，因此技能错配是指劳动力市场中技能供给与技能需求之间的各种不平衡，[①] 也是一个内涵较为广泛的术语（encompassing term）。现实中技能错配比技能匹配更为常见，工人可能要么是技能过度（over-skilled）（即工人拥有的技能水平高于工作实际需要），要么是技能不足（under-skilled）（即工人拥有的技能不足以支持工作需要）（Quintini，2011b）。国际劳工组织（ILO）2014 年关于欧洲技能错配的报告中对于技能错配的各种类型进行了归纳（表 3-1）。

表 3-1　技能错配的几种典型类型

类　型	释　义
技能短缺（剩余）	对特定种类技能的需求（供给）超过对该种技能持有者（需求者）的供给（需求）
技能缺口	技能的类型或水平与充分执行工作所需的技能不同
垂直不匹配	受教育水平或资质水平低于或高于要求水平
水平不匹配	对于某份工作来说，教育或技能的类型/领域是不适合的
过度教育（教育不足）	工人的受教育年限高于（低于）工作所需
资格过度（资格不足）	工人的资质水平高于（低于）工作所需
技能过期	之前在工作中所需的技能已不再被需要，技能随着时间而损失

来源：ILO（2014）。

[①] 基于职业分析的视角，Guvenen、Kuruscu、Tanaka 和 Wiczer（2015）认为技能错配是基于一个职业（完成能产生结果的任务）所需技能组合和一个工人所拥有的技能组合之间的矛盾。也就是说一个职业所对应的技能需求可能高于或者低于工人所具有的技能水平，造成工人供给技能与职位需求技能之间的冲突。基于宏观经济资源配置的视角，Sahin、Song、Topa 和 Violante（2011）认为技能错配是可观测到的部门间失业的分配与可在部门间自由调配劳动力的计划者所选的最优分配方案之间的差距。

根据表 3-1，技能短缺是技能不匹配的突出现象之一，技能短缺是指由"超额需求"且雇主没有能力去转换他们的需求构成或短期内应聘者信息不对称导致寻找替代生产要素存在困难（如劳动力在不同的位置或采购部门）或是雇佣决策的既定收益可能产生风险规避行为并导致技能短缺（Shah & Burke，2003；UKCES，2010）。在企业层面，技能短缺实际上表现为企业缺乏可用的劳动力资源，以及由此产生的招聘困难问题。技能短缺之所以会出现，一个重要的原因是企业在招聘员工时面临难以招募到所需技能工人的难题。求职者技能缺乏或没有达到岗位资格条件或经验不足会产生企业面临的技能短缺问题，也有另外一些原因，诸如求职者的工作态度或个性特征，或者是申请该职位的人数不足会产生技能短缺问题。另外的一种情况是企业空缺岗位是由一些资格不够或技能不足的工人填充的。

四　问卷设计与抽样

1. 问卷设计

本项目关注中资企业在老挝、泰国与柬埔寨三国投资过程中的劳动力素质与企业的匹配问题。长期以来由于能力构成的数据采集比较困难，众多研究往往忽视教育获得、实际技能持有，工人经验以及人们随生命周期从事正规与非正规工作时在工作内外的学习，而采用教育作为代理变量。OECD（2012）认为之所以这样是因为人们倾向于做那些最容易做而且可以做的事情，而不是考虑应该测量什么以及这样做的可行性。一个可分的及可能是更为实质性的原因限制了对技能不匹配或技能短缺的理解，即人们没有更为仔细地考虑劳动力市场中供给和需求双方对技能不匹配或技能短缺产生所起的作用。

因此，项目调查同时设计了企业与员工相匹配的问卷。企业问卷设计考虑了技能构成与短缺测量的可用性。问卷翻译成当地语言以便于受访者和企业理解。企业层面的问卷设计借鉴世界银行

STEP 调查的企业问卷模板,在获取企业基本特征之外,设计了企业员工构成的"存量和流量"问题。员工问卷设计同样借鉴了世界银行 STEP 的问卷模板,在获取员工的基本特征之外,设计了员工职业流动、技能构成等问题。在最终问卷使用之前,项目组在中国云南省进行了五家企业的问卷测试,以确定问卷中问题的措辞是否恰当,问卷中问题的顺序是否可以理解。问卷在使用之前进行了反复修改。

企业问卷的主体结构分为六个部分,覆盖以下领域:受访者及企业的基本信息、企业的劳动力数量和结构、企业的培训投入及内容、企业不同员工类型的技能使用情况、对企业绩效的主观评价以及访员观察。员工问卷的主体结构分为五个部分,覆盖以下领域:受访者个人基本特征信息、受访者教育经历、受访者职业类型及其职业流动情况、受访者工作中的能力使用情况(含认知与非认知能力)以及访员观察。

2. 抽样框及样本分布

本研究尝试从技能需求(企业层面)及技能供给(劳动力角度)两方面收集数据。为此,本研究通过收集企业基本信息、员工构成类型及其过去 12 个月的变化情况,提供了就业岗位和就业周转率数据,并且提供了未来 12 个月的技能需求的粗略信息。企业数据收集过程包括:(1)收集企业数量的基本信息,包括每个企业的所有权、范围、生产类型和区位;(2)决定哪种企业的类型应该被包含在调查中;(3)对样本企业建立列表。本项目主要收集以下行业的企业数据:农业、矿产业、制造业以及服务业。考虑中资企业的主要分布地区,在老挝我们将重点定在老挝首都万象及以北的地区,最终选择主要以琅南塔、琅勃拉邦、万象为调查地区,兼顾甘蒙、沙湾拿吉两个南方地区作为调查点;在柬埔寨分别选择金边、西哈努克港、暹粒三个地区作为调查点;在泰国因为调查成本的问题,以曼谷为主要调查地区,选择泰中罗勇工业园区作为调查地点。

不可否认的是，项目组通过整理商务部备案的企业名录，发现2014 年后在泰国、柬埔寨、老挝 三国备案的中资企业共有 221 家，但在调查执行过程中，部分备案企业难以联系，部分备案企业拒访，可以接触并联系到的在东道国投资的企业有部分未作备案。在本研究随后的联系过程中，有企业只有办事点没有生产，有企业已经撤出当地市场，有的企业拒绝调查，最后在经费与时间允许的条件下，可以联系并能进入调查的企业样本为 118 家，占所获备案企业名单总数的 53.4%。此外，由于部分资源型大企业投资地较为偏远，调查成本超出项目经费预算，本项目未能完全覆盖计划访问的中资企业，但样本从行业及规模构成上可以作为中资企业的代表。

五　实地调查执行

项目实地调研是通过有组织的访谈进行的，访谈是针对企业管理者展开的面对面访谈，受访的企业管理者或是企业所有者，或是人力资源经理，或是企业董事，或是高级管理人员。面对面访谈的优点是可以分别收集定量与定性的信息。实地调查执行时间为 2016年 7 月 26 日至 8 月 10 日在老挝进行调查访谈，2016 年 9 月 10 日至 9 月 25 日在泰国进行调查访谈，2016 年 11 月 9 日至 11 月 20 日在柬埔寨进行调查访谈，平均每个企业的管理者采访时间为 60 分钟，相对应的平均每家企业访问员工数量为 7~8 人，以获得在三个国家投资的中国企业的劳动力技能数据。本研究于 2016 年年底结束数据清理工作，最终在老挝获得的调查数据来自 43 家中国企业，以及相匹配的 313 名员工，泰国来自 55 家中国企业，及相匹配的 192 名员工，柬埔寨来自 20 家中国企业，以及相匹配的 346名员工。受访中国企业在老挝投资的平均年龄为 7.7 年，年限最长的为 27 年，企业平均规模为 107 人，小企业① 9 家，占比为

---

① 企业规模分类参考世界银行企业营商环境的分类方法：小企业（5~19 名雇员）、中型企业（20~99 名雇员）、大企业（100 名雇员及以上）。

22.5%，中等企业 22 家，占比为 55%，大企业 9 家，占比为 22.5%；受访中国企业在柬埔寨投资的平均年龄为 6.05 年，年限最长的为 23 年，企业平均规模为 359 人，小企业有 1 家，中等企业有 5 家，大企业有 14 家；相应地，受访中国企业在泰国投资的平均年龄为 5.55 年，年限最长的为 16 年，企业平均规模为 133 人，小企业有 13 家，中等企业有 20 家，大企业有 22 家。按行业大类分的中资企业样本类型如表 3-2 所示。

表 3-2　按行业及规模的企业分布情况

单位：家

规模 行业	泰国				柬埔寨				老挝			
	10~19人	20~99人	100+人	小计	10~19人	20~99人	100+人	小计	10~19人	20~99人	100+人	小计
农业	—	—	—	—	1	—	—	1	—	1	1	2
采矿业	—	—	—	—	—	—	—	—	—	1	1	2
工业	4	16	19	39	—	1	11	12	5	15	7	27
服务业	9	4	3	16	—	4	3	7	5	5	2	10
总计	13	20	22	55	1	5	14	20	10	22	11	43

　　此外，在对企业员工进行调查时按企业规模小企业抽取 2~3 个东道国员工，中等企业抽取 5~10 个东道国员工，大型企业抽取 11~20 个东道国员工的规模进行调查。实地调查中根据企业生产经营现状略有调整，最终调查的员工数量为 851 人。调查过程中对东道国访员进行了面对面的问卷访谈。采访的平均时间为 30 分钟。本项目的企业调查更多关注中资企业的当地劳动力，因此受访对象更多的是生产中的一线员工、工艺及相关行业人员、服务与销售人员（见表 3-3）。

表 3-3 中资企业受访员工职业构成

职业类别	泰国		柬埔寨		老挝	
	样本数	百分比	样本数	百分比	样本数	百分比
管理者	22	11.52	18	5.23	6	2.32
专业人员	33	17.28	25	7.27	33	12.74
技术及相关专业人员	28	14.66	24	6.98	32	12.36
行政人员	25	13.09	20	5.81	19	7.34
服务及销售人员	34	17.8	45	13.08	39	15.06
农、林、牧、渔技能熟练工	—	—	—	—	2	0.77
工艺及相关行业人员	20	10.47	154	44.77	43	16.6
工厂设备及机器操作员、装配工	15	7.85	16	4.65	24	9.27
一线工人	14	7.33	42	12.21	61	23.55
总计	191	100	344	100	259	100

注：本表未包含受访的后勤人员等，因此数量比总受访人数少。

以上部分为本书主要调查的内容设计及样本分布的基本描述，第四章、第五章与第六章内容将基于东南亚三国的调查数据分别从中资企业用工需求、员工技能短缺及技能提升的角度展开分析，由于各国情况存在差异，第四章与第五章将分别就三国的数据进行分析，第六章侧重于从员工流动与职业培训的角度探讨东道国员工技能提升的问题，将把三国调查数据合并起来分析。

第四章　中国企业海外投资的用工类型与用工需求分析

——东南亚三国调查数据分析

识别中国企业的用工类型与用工需求有助于针对各国劳动力技能供给状况确定技能缺口。尽管泰国、老挝、柬埔寨三国相邻，但发展阶段各不相同，中资企业在三国的投资行业存在显著差异，三国中资企业雇主—雇员匹配数据合并分析难以识别在各国政治、经济发展状况下的用工需求，因此，本部分将分别对三国的企业数据进行分析。

第一节　中国企业海外投资的用工类型与用工需求分析：老挝

中国企业在老挝投资可以追溯到 20 世纪 80 年代，但 2005 年之后中资企业的投资规模才迅速增长，近年来在老挝投资的中国企业正逐渐倾向于劳动力需求规模较大的制造业及服务业。在本项目组与企业负责人或管理层的访谈中了解到，中资企业普遍面临技能熟练劳动力雇佣不到，及非技能熟练劳动力流动率偏高的现象。

一　老挝中资企业员工构成情况

企业调查数据显示，来自老挝的一线工人作为体力劳动者是中资企业的主要员工来源，较少比例的老挝员工能进入企业中高管理层，分布于中高层管理岗位与技术岗位的外国员工是中资企业的核心。

如表4-1所示，老挝中资企业的员工中一线工人占比最高达66.16%，其次是技术人员与中高层管理人员，占比分别为13.27%与11.6%，行政人员与销售人员的占比比较接近，分别为8.47%与8.57%；从性别分布来看，受访中资企业员工中女性员工占比为42.97%。进而，考察中资企业中的老挝员工与外国员工占比情况发现，受访企业中老挝员工占比达80.54%，外国员工占比为19.47%。老挝《外国投资促进管理法》规定，外国投资者使用长期工作者、体力劳动者的外籍员工不能超过本企业劳工总人数的10%，脑力劳动者不能超过20%。将中高层管理者、技术人员、销售人员及行政人员视为脑力劳动者。根据表4-1，中资企业中的外国员工以脑力劳动者为主，这四类外国员工的占比分别为10.05%、9.06%、4.97%以及2.42%。项目组在调查过程中发现中资企业中高层管理者、技术人员及销售人员往往是一人身兼数职，故四类员工比例不可相加，剔除这一因素之后，中资企业雇佣外国员工的数量比例符合老挝法律要求。从老挝员工的构成来看，中资企业员工中有65.97%的老挝员工从事生产一线的工作，而且有资质的一线老挝员工占比为5.3%，受访企业中有5家企业的一线老挝员工有技能资质，这些企业的行业分布为汽车配件销售、烟草制品业、服装皮具制造业以及印刷行业，这些企业相对更需要生产一线的工人具备专业技能。

表4-1　老挝中资企业员工构成情况

员工类型	占全部员工比例（%）	老挝员工占全部员工比例（%）	外国员工占全部员工比例（%）
全部员工	100	80.54	19.47
中高层管理	11.60	1.56	10.05
行政人员	8.47	6.78	2.42
技术人员	13.27	3.94	9.06
销售人员	8.57	3.60	4.97

续表

员工类型	占全部员工比例（%）	老挝员工占全部员工比例（%）	外国员工占全部员工比例（%）
一线工人	66.16	65.97	1.13
一线工人有资质的	5.42	5.30	0.37
其他员工	7.13	4.50	0.76
女性员工	42.97	38.52	4.28

数据来源：本研究调查收集整理。有效样本数 40。

　　尽管中资企业本土化用工符合老挝法律规定，但仍有误解中资企业雇佣中国员工放弃老挝员工，采用"技能进口"替代老挝员工的现象。一个重要的原因就是中资小企业使用外国员工的比例偏高，中型及大型企业使用外国员工比例符合老挝法律法规要求，随企业规模扩大中资企业融入当地的趋势越来越明显。表 4-2 显示，小企业雇佣外国员工比例达 25.96%，中型企业及大型企业的这一比例分别为 19.09% 与 15.75%。此外，在项目组访谈过程中，云南城建公司曾经使用外国路工比例达 50%。在建设东盟体育馆过程中云南建工集团得到了老挝政府支持，从云南雇佣了有技能的工人，主要原因在于建设的工期限制以及老挝本身没有足够有资质的擅长焊接、钢筋弯曲的工人。

表 4-2　按企业规模分的中资企业员工构成情况

单位：%

企业规模	员工类型	全部员工	中高层管理	行政人员	技术人员	销售人员	一线工人	一线工人有资质的	其他员工	女性员工
小企业（<20）	占全部员工比例	—	19.34	13.15	32.85	23.22	61	4.63	12.81	33.31
	老挝员工比例	74.04	1.78	10.19	10.86	6.98	59.7	5.21	1.79	22.46
	外国员工比例	25.96	17.56	2.96	21.99	16.24	0	0	0.95	4.29

续表

企业规模	员工类型	全部员工	中高层管理	行政人员	技术人员	销售人员	一线工人	一线工人有资质的	其他员工	女性员工
中型企业（20~99）	占全部员工比例	—	10.32	3.82	10.08	6.58	71.38	4.2	4.4	46.06
	老挝员工比例	80.91	1.52	3.23	1.8	2.84	73.98	4.06	4.21	43.4
	外国员工比例	19.09	8.79	2.09	7.78	3.74	0.38	0.14	0.22	4.18
大型企业（100+）	占全部员工比例	—	6.18	10.93	7.26	3.72	67.52	8.99	5.21	42.23
	老挝员工比例	84.25	0.68	8.12	3.79	3.26	62.87	8.16	3.57	40.3
	外国员工比例	15.75	5.49	2.8	3.47	0.46	3.77	1.15	1.64	2.1

数据来源：本研究调查数据。

二　中资企业员工技能培训效果及其原因分析

以上分析表明，老挝员工大部分分布于一线生产部门，外国员工主要分布于管理与技术岗位，这与国际上 FDI 进入东道国的员工分布基本一致，差别在于管理与技能岗位的本地化用工过少。由于中资企业在老挝"技能不足"的背景下进行投资，加之企业与当地的适应问题，在我们的走访中，诸如某橡胶企业有限公司管理层表示，老挝当地的员工缺乏基本的技能，橡胶树割胶技术基本都是从头学起，每年都把当地劳动力集中到中国的西双版纳进行培训，这一过程从 2005 年开始一直反复实施，现在到割胶季节还是缺少可用的割胶工。而某烟草生产公司在成立初始时将经验老到的中国技术人员"进口"到老挝，通过师带徒的方式提高老挝员工的技能，现在除高技术人员之外，基本的技术或质量控制都用的是老挝员工。某银行因行业的特殊性，早期进入时雇佣的员工多为在中国有留学经历的大学生或硕士研究生，除对专业技能进行培训之外，其他方面的技能基本能满足企业的生产经营需求。

调查数据显示，近三年有94.35%的企业都对老挝员工进行了培训，每个企业的平均培训人数约为70人，最少的培训3人，最多的累计培训约1000人，近三年的培训频率为平均每年4.75人次。此外，中资企业特别关注一线老挝员工的技能培训，在培训的总人数中90.39%为一线员工，3.97%的培训是针对管理人员的。根据培训内容，中资企业对员工的主要培训内容包括三个方面：一是企业安全生产与质量控制；二是企业生产所需要的专用技能，包括割胶技术、打磨、配料、色选机调整、故障处理、雕刻、齿轮操作、服务规范、服务礼仪等；三是其他培训如语言能力的培训。另外，中资企业派遣员工到国外培训的经验不多，在受访的企业中，近三年有4家中资企业派遣员工到国外培训，企业派遣员工数量平均为12人，一线员工数平均为10人，管理层约2人，近三年的培训频率为平均每年1.25人次，主要培训内容是关于安全管理、财务管理、企业归属感、产品设计、企业文化、控制技术等方面的经验与技能提升。

但是对企业的访谈显示中资企业的培训效果不太理想，有三方面的原因削弱了培训的效果：其一是企业中的老挝员工流动性太高，参与培训的员工很可能在培训结束后离开企业，这会成为损害企业生产效率的重要原因；其二是老挝员工的人力资本水平普遍偏低，培训起来难以达到预期的效果；其三是企业部分员工没有提升自己能力的意识，部分农业企业表示一些老挝员工要求企业为员工培训支付误时薪酬，学习积极性不高。

首先从高流动率来看，高的员工流动率正逐渐损害企业生产效率，受访中资企业老挝员工高流动性特别是高辞职率是中资企业员工流动率畸高的主要原因，一线老挝员工高辞职率是导致这一问题的关键原因，而稳定流入中资企业的老挝技术员工与中高层管理人员有助于中资企业的用工本地化。老挝员工的时间观念正在形成当中，这也是高流动率产生的重要原因。

稳定的员工队伍是企业生产经营得以持续的基础，此次受访的老挝中资企业的员工流失率为 21.48%，[①] 这超出已有研究结果的企业员工流动率的范围上限。图 4-1 显示，近一半的企业员工流失率在 20% 以下。从企业规模来看，小企业员工流失率为 30.73%，中型企业员工流失率为 23.22%，大企业员工流失率为 12.21%，中小企业员工流动率偏高。

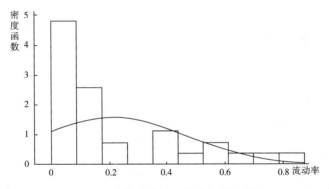

图 4-1　中资企业员工流动率直方分布

老挝员工与外国员工分类的员工流失率核密度图表明（图 4-2），全部员工的流失率核密度图的趋势受老挝员工的流失率影响较大，图中显示外国员工的流失率远低于老挝员工的流失率。进而给出中高层管理者、技术员工以及一线工人的老挝与外国员工的核密度图比较，由图 4-3、图 4-4 和图 4-5 可以看到，一线老挝员工的流失率是造成中资企业员工流失率偏高的重要原因。

---

① 根据已有调查及相关文献资料显示，一个企业的员工流失率保持在 10%~20% 之间是有利于企业的长期发展的。员工流失率＝流失员工人数/（期末企业员工人数+新增企业员工数）。

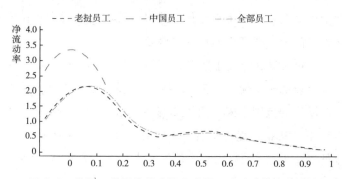

图4-2　按员工类型分的中资企业员工流动率核密度分布

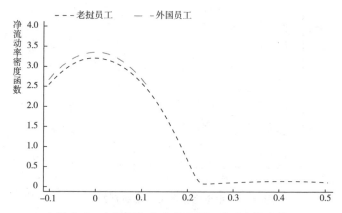

图4-3　老挝中资企业管理员工流动率核密度

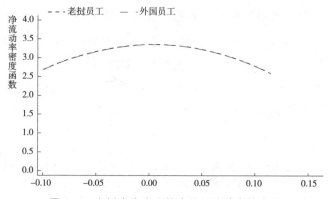

图4-4　老挝中资企业技术员工流动率核密度

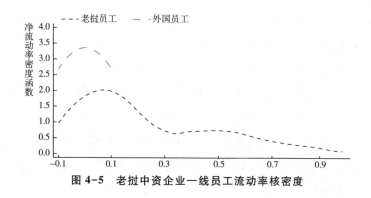

图 4-5　老挝中资企业一线员工流动率核密度

其次，在企业访谈过程中，某橡胶企业表示，将老挝员工集中到中国西双版纳进行培训时，老挝员工学习割胶不太认真，返回老挝后割胶技术不达标，往往按中国工人经验可以割三十年的橡胶树，老挝员工最多十年就割完；某咖啡企业谈到，企业进入老挝丰沙里投资后，培训当地工人的咖啡种植技术时，当地工人没有意识到种植技术的重要性，培训过程中经常让家人来代替参加培训，最后学栽种咖啡的另有其人，咖啡种植效率一直很低下。

根据中资企业的调查与访谈资料，中国企业尽可能本土化用工以符合老挝政府制定的关于外国直接投资的法律规范，但是中国企业用工过程中面临着劳动力生产效率低下的问题，对此中资企业采取了一系列培训措施，效果不甚理想，较高的员工流动率、员工缺乏个人能力长期提升的意识、员工人力资本水平低下是产生这一结果的原因。

三　老挝中资企业员工技能需求分析

团队合作能力是企业中所有员工都较为常用的能力之一，有别于 STEP 对老挝企业的调查，我们的调查显示，老挝中资企业对高技能员工（经理、专业人员及技术人员）的技能使用程度更高，特别是数字计算、团队合作与解决问题的能力是中资企业更为频繁使用的个人能力，中资企业一般员工（服务人员、销售、农业生产、工厂组装等一线生产的职业）要求使用的技能是数字计算、阅读以

及生产过程中解决问题的能力。对于计算机的使用，显然中资企业
的高技能工人使用更为频繁。

　　沿用世界银行STEP的企业调查将企业中的工作分为两个类
型，A类为技能要求较高的工作类别，即管理者、专业化工作者
以及技术及相关专业工作者；B类为文员或办事员、服务类工作
人员、有技能的农林牧渔技能工作者，建筑、手工艺以及相关的
贸易工作者，工厂及机器操作及装配者以及基本工作者等。我们
针对两类工作者的认知能力、与工作相关的操作能力就企业需求
展开了调查。

　　图4-6与图4-7分别给出了STEP对老挝企业与本项目对中资
企业关于A类工作者与B类工作者的工作技能使用程度的调查结
果，由图4-6与图4-7可见，本项目的调查与STEP的结果相一
致，不论是中资企业还是老挝企业团队合作能力在所有企业中几乎
都是使用最为频繁的能力，这一点值得关注。但有别于STEP老挝
企业的调查，本调查的中资企业中A类工作者各类能力的使用频繁
程度都高于STEP的调查结果，需要关注的是中资企业（A类工作
者）在数字计算、问题解决以及口头表达能力方面使用更为频繁。

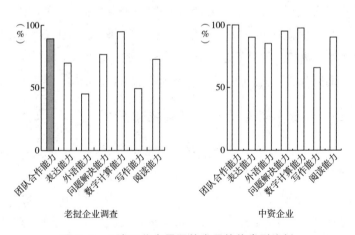

图4-6　A类工作者需要的常用技能类型比例

左图数据来源：STEP调查2011/2012；右图数据来源：本研究调查。

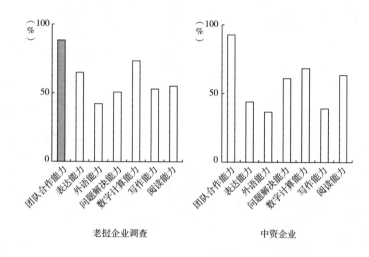

老挝企业调查　　　　　　　　中资企业

图 4-7　B 类工作者需要的常用技能类型比例

左图数据来源：STEP 调查 2011/2012；右图数据来源：本研究调查。

对于 B 类工作者而言，各类能力的使用程度与 STEP 的很接近，略有差异的地方在于中资企业中 B 类工作者的问题解决能力与阅读能力使用程度更高，而对口头表达能力的使用程度没有 STEP 的调查结果显著。中资企业中的 B 类工作者在能力使用上较为常用的包括团队合作能力、数字计算能力、问题解决能力以及阅读能力。

企业工人的计算机使用方面（图 4-8 与图 4-9），不同于 STEP 的结果，中资企业中 A 类工作者的计算机使用较为常见，STEP 的调查中 A 类工作者对计算机的适度使用率为 36.4%，中资企业调查的适度使用率为 57.5%，STEP 调查中 A 类工作者中有 14.1%的比例使用复杂的计算机软件及程序，中资企业调查的这一比率为 12.5%。B 类工作者计算机的使用程度两个调查的结果差别不大。

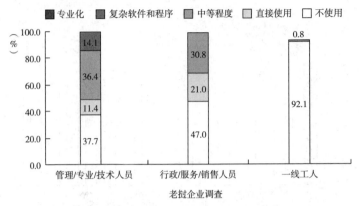

图4-8 STEP调查老挝企业A类与B类工作者的计算机使用程度

数据来源：STEP调查2011/2012。

注：因存在样本未应答，故各项加总之和不等于100%。

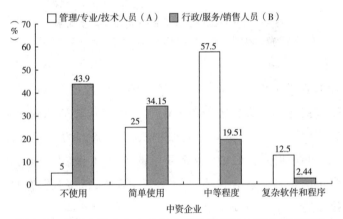

图4-9 老挝中资企业A类与B类工作者的计算机使用程度

数据来源：本研究调查。

第二节 中国企业海外投资的用工类型与用工需求分析：泰国

在调查的三个东南亚国家中，泰国是东南亚仅次于印尼的第二大经济体，是新兴工业化国家。但是，统计数据显示，2015年接受过高等教育的劳动力占比只有 12.8%。根据经济合作与发展组织最近的国际学生评估项目的研究成果，泰国学生阅读水平、数学水平和科学水平的排名都很靠后。且泰国功能性文盲（缺乏生活工作常识）的学生比例从 2012 年的 33% 上升到了 2015 年的 50%（张辉等，2017）。本部分将根据调查数据分析泰国中资企业的用工类型及用工需求状况。

一　泰国中资企业员工构成情况分析

1. 泰国中资企业尽可能实行本地化雇佣，并尽可能使雇佣员工职业多样化，为泰国员工提供可预期的职业阶梯

根据泰国法律，除外国员工不能从事 39 项特定职业，包括劳工、秘书和建筑工作外；外资企业每 200 万泰铢已付注册资本，可以雇佣 1 个外国工人，但最多不能超过 10 个。若雇主想雇佣超过 10 个外国工人，须满足下列条件之一：

（1）该公司在上一年已支付至少 300 万泰铢的所得税；

（2）该公司在上一年通过出口引入 3000 万泰铢；

（3）该公司在前一年已经吸引至少 5000 名外国旅客到泰国；

（4）该公司雇佣了至少 100 个泰国公民。

本研究调查的在泰国投资的中国企业雇佣员工结构如图 4-10 所示。由图 4-10 和图 4-11 可知，调查的 55 家中资企业的全部雇佣规模为 7317 名员工，泰国籍员工占总雇佣规模的 81.06%，外国员工（主要是中国员工）占 18.94%，整体上符合泰国的法律规定。泰国相关的劳动法律规定较为严格，如果雇主不满足相关规定可能会面临高达 10 万泰铢（约合人民币 20730 元）的罚款。

进一步，将主要员工构成根据国籍按高层管理、技术人员和一线工人进行分类，同时根据泰国《劳工法》的相关规定进行对比，如图 4-11 所示。从高管的角度上看，在接受调查的 55 家企业中，共有 391 名泰国籍高管，平均而言每家中国企业雇佣的泰国籍高管员工为 7 人，共有中国高管 384 人，平均而言每家中国企业雇佣的

中国高管也接近 7 人；受访中国企业共有泰国籍技术人员 250 人，平均而言每家中国企业雇佣的泰国籍技术人员约为 5 人，共有中国技术人员 162 人，平均而言每家中国企业雇佣的中国技术人员约为 3 人；受访的中资企业泰国籍一线工人为 2446 名，平均而言每家中国企业雇佣的泰国籍一线工人为 44 人，雇佣的中国一线工人为 770 人，平均而言每家中国企业雇佣的中国一线工人为 14 人。

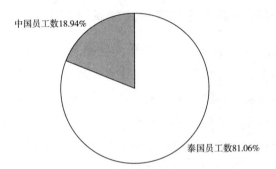

图 4-10 中资企业东道国与外国员工饼状图

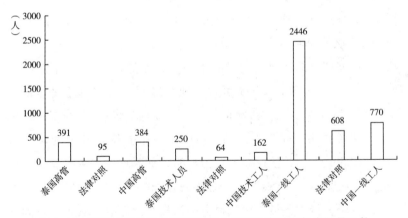

图 4-11 泰国中资公司按国籍与职业类型分东道国与中国员工数

注：此图员工分类不全，故总和不等于全部员工人数。

从中资企业人员雇佣情况上可以看到，对于管理层和技术人员企业以雇佣泰国籍人员为主，外国国籍人员为辅。从技术人员和一线工人的雇佣结构来看，外国人员的人数符合法律规定的数量，可以看出在泰国的中资企业尽可能多地雇佣本地人以实现本土化经营，而且在生产经营过程中尽可能实现东道国员工在不同职业中的分布。

2. 与老挝调查数据的结果相一致，企业规模越大，本地化雇佣程度越高

按照企业规模，将受访企业分成小、中、大三种不同类型企业，不同规模企业雇佣员工构成如图 4-12 所示。

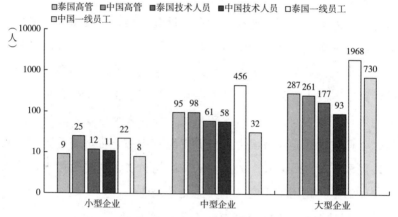

图 4-12　按企业规模划分各类企业员工分布

注：本图未使用全部分类的员工，故员工总和不等总员工数量。

在调查的 55 家中资企业中，小型企业有 13 家（员工总人数少于 19 人），小型企业泰国高管共 9 人，中国高管数量为 25 人，小型企业共有 12 名泰国技术人员，11 名中国技术人员，22 名泰国一线员工和 8 名中国一线员工。小型企业中，企业发展规模限制了对高管的需求，因此小型企业的高管大部分由企业投资人担任，中国籍高管的数量高于泰国籍高管。

本次调查的 20 家中型企业中，平均拥有中国高管数量为 5 人，泰国高管 5 人，泰国技术人员 3 人，中国技术人员 3 人，泰国一线员工 23 人，中国一线工人 2 人。在中型企业的三类工种中，一线员工本地化雇佣率较高，但泰国本土高管和技术人员的数量与中国

的一致。

在余下的 22 家大型企业中, 平均而言, 中国高管数量为 12 人, 泰国高管 13 人, 泰国技术人员 8 人, 中国技术人员 4 人, 泰国一线员工 90 人, 中国一线工人 33 人。在大型企业中, 泰国高管和中国高管人数的比率接近 1:1, 技术人员的比率接近 2:1。对于一线工人的雇佣, 大型企业本地化雇佣执行的情况优于中型企业和小型企业。

根据对小、中、大型企业高层管理人员和技术人员数量的分析, 不难发现, 小型企业高管大多由投资人出任, 技术人员采取雇佣泰国和外国人员并重的策略, 对于一线员工, 则采取以雇佣泰国员工为主的本地化雇佣策略, 因此小型企业在生产技术和生产成本的约束下, 较少雇佣东道国员工在高层管理职位上工作, 在一线工人的雇佣上泰国本土员工占比较高。中型与大型企业不论从生产规模、生产技术还是经济实力上均占有绝对优势, 可以吸引到较多泰国籍高层管理人员和技术人员。从泰国籍员工占比的角度上看, 大型企业的本土化用工程度高于其他类型企业。

3. 制造业本地化雇佣程度仍有提高的空间

接下来, 按照不同的产业进行区分, 观测不同行业对高层管理人员以及技术人员的需求。

图 4-13 反映了调查企业中按照行业划分的高管、技术人员与一线员工的分布。不难发现, 制造业中泰国本土的高层管理人员和技术人员数量更多, 泰国高管和中国高管的数量接近 1:1, 中方技术人员的数量超法律规定的数额, 但制造业雇佣了大量的泰国籍一线员工, 中国员工的数量也维持在一个较高的水平。总的来说, 不论是高管、技术人员还是一线员工, 泰国本土的劳动力供给均无法满足其需求。服务业和其他行业的泰国一线员工的数量均远超中国员工, 可见这两个行业的中资企业在本地化经营的过程中均尽可能地进行本地化雇佣。

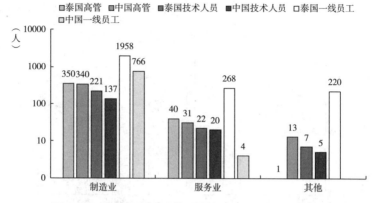

图 4-13　按行业划分高管、技术人员与一线员工分布

二　泰国中资企业用工需求状况分析

为识别中资企业的用工需求状况，在调查问卷中本研究设计了企业分别对两类职业劳动者的需求状况，并在老挝问卷的基础上进一步细化了相关问题。

1. 泰国中资企业用工需求状况分析：受教育程度的需求

由图 4-14 可见，泰国中资企业对东道国劳动力的教育程度需求为，A 类工作者需要的受教育程度以学士和硕士研究生为主，有 52.38％的中资企业需要受过高等教育获得学士学位的工作者，有 19.05％的中资企业需要受过高等教育获得硕士学位的工作者。此外，有 11.9％的中资企业需要具有专科学历的工作者，而其他受教育程度的 A 类工作者需求比例相对较低。

就 B 类工作者而言，有 28.57％的中资企业需要具有专科学历的劳动者，有 33.33％的中资企业需要具有大学学士学位的劳动者，当中各有 11.9％的中资企业认为 B 类工作者应该具有高中学历或硕士研究生学历；同时也有约 10％的中资企业认为 B 类工作者只需要小学或初中受教育程度。B 类工作者由于涵盖的范围较广，因此对受教育程度需求的差异性较大。

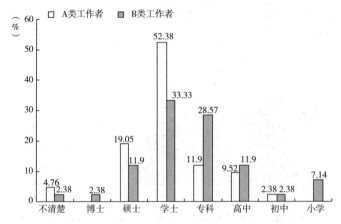

图4-14 按 A 类与 B 类工作者及受教育程度分的中资企业用工需求

总体而言，受访的泰国中资企业普遍认为从事 A 类工作的劳动者应该具有大学或硕士研究生学历，从事 B 类工作的劳动者应该具有专科或者大学学历。按受教育年限粗略折算，受访泰国中资企业认为 A 类工作者平均受教育年限应该为 15 年，B 类工作者平均受教育年限应该为 14 年。对比老挝的用工需求状况，泰国中资企业需要更高受教育程度的工作者。

2. 泰国中资企业用工需求状况分析：认知技能

按照认知能力的分类，受访泰国中资企业对 A 类与 B 类工作者认知技能在工作中的重要性进行了评价，以下将分别对阅读能力、写作能力与数学运算能力对两类职业工作的重要性进行分析。

首先，从阅读能力来看，如图4-15所示，受访中资企业管理者认为阅读能力对 A 类工作者非常重要或极其重要的比例分别为45.45%与38.64%，近80%的中资企业认为阅读能力对 A 类工作非常重要，按重要性得分1~5分计算，对 A 类工作者而言应该具备的阅读能力得分值为4.2分；认为阅读能力对 B 类工作者重要的比例为38.64%，非常重要、极其重要的比例分别为29.55%和27.27%，不重要的比例为4.55%，按重要性得分1~5分的分值计算，对 B 类工作者而言应该具备的阅读能力重要性平均得分值为 3.75 分。对于 B 类工作者而言，阅读能力在工作中的重要性低于 A 类工作者。

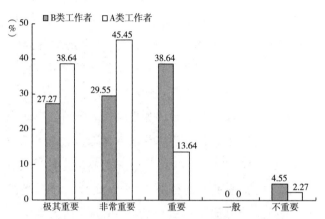

图 4-15　按 A 类与 B 类工作者分的泰国中资企业用工技能需求：阅读能力

其次，从写作能力来看，如图 4-16 所示，受访中资企业管理者认为写作能力对 A 类工作者非常重要或极其重要的比例分别为 34.09% 与 27.27%，约 60% 的中资企业认为写作能力对 A 类工作非

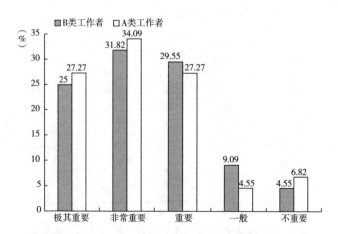

图 4-16　按 A 类与 B 类工作者分的泰国中资企业用工技能需求：写作能力

常重要，按重要性得分 1~5 分计算，对 A 类工作者而言应该具备的写作能力得分值为 3.61 分；认为写作能力对 B 类工作者重要的比例为 29.55%，非常重要、极其重要的比例分别为 31.82% 与 25%，不重要的比例为 4.55%，按重要性得分 1~5 分的分值计算，对 B 类工作者而言应该具备的写作能力重要性平均得分值为 3.45 分。对于 B 类工作者而言，写作能力在工作中的重要性低于 A 类工作者。

最后，从数学运算能力来看，如图 4-17 所示，受访中资企业管理者认为数学运算能力对 A 类工作者非常重要或极其重要的比例分别为 34.09% 与 47.73%，80% 多的中资企业认为数学运算能力对 A 类工作非常重要，按重要性得分 1~5 分计算，对 A 类工作者而言应该具备的数学运算能力得分值为 4.23 分；认为数学运算能力对 B 类工作者重要的比例为 34.09%，非常重要、极其重要的比例分别为 43.18% 与 15.91%，不重要的比例为 2.27%，按重要性得分 1~5 分的分值计算，对 B 类工作者而言应该具备的数学运算能力重要性平均得分值为 3.57 分。对于 B 类工作者而言，数学运算能力在工作中的重要性低于 A 类工作者。

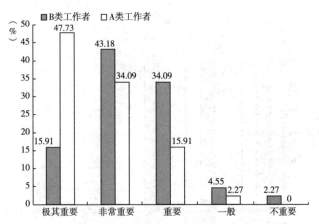

图 4-17 按 A 类与 B 类工作者分的泰国中资企业用工
技能需求：数学运算能力

从阅读能力、写作能力与数学运算能力在工作中重要性的区分来看，泰国中资企业认为认知技能在 A 类与 B 类工作者工作中均具有重要性，但是数学运算能力最为重要、阅读能力次之、写作能力重要性相对弱于前两类能力。

3. 泰国中资企业用工需求状况分析：非认知能力

在调查中企业管理者很难对两类工作者的非认知能力需求进行区分，因此，对非认知能力需求的调查采取总体评价的方式，这反映了中资企业总体上需要什么样的员工。由图 4-18 可知，受访泰国中资企业主对员工的责任心最为看重，该项平均分数为 4.7 分，其次是情绪稳定性，平均得分为 3.86，宜人性或亲和力得分平均为 3.61 分，性格外向得分平均为 3.34，开放性位居最后，得分平均为 3.30。可见在泰国投资的中国企业也同样更关注员工的责任心、忠诚度及稳定性，而对于员工的创新性和社交能力则关注度较弱。

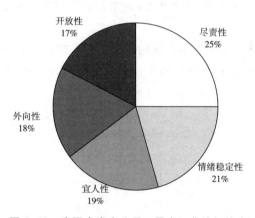

图 4-18 泰国中资企业用工需求：非认知能力

4. 泰国中资企业用工需求状况分析：工作技能

如图 4-19 所示，团队合作能力在 A 类工作者的工作重要性中得分平均为 4.39 分，沟通能力的重要性得分平均为 4.41 分，问题解决能力的重要性得分平均为 3.86 分，表明泰国中资企业要求 A 类工作者具有较高的协调沟通能力与团队合作能力，问题解决能力相对次

之。而团队合作能力在 B 类工作者的工作重要性中得分平均为 4.2
分，沟通能力的重要性得分平均为 3.56 分，问题解决能力的重要性
得分平均为 3.23 分，表明泰国中资企业要求 B 类工作者具有较高的
团队合作能力，协调沟通与问题解决能力的重要性没那么突出。

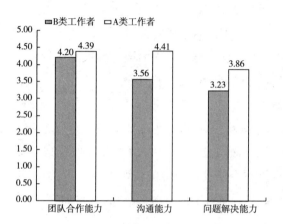

图 4-19　泰国中资企业用工需求：工作技能

此外，从工作中的语言使用要求来看，受访泰国中资企业管理
者认为英语对 A 类工作者的工作任务重要性高于 B 类工作者（见
图 4-20）。

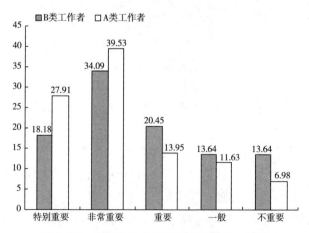

图 4-20　泰国中资企业用工技能需求：英语

　　图 4-21 给出了受访中资企业对 A 类与 B 类工作者计算机使用的需求程度。受访泰国中资企业对 A 类与 B 类工作者的计算机使用需求程度差别不大，A 类工作者的使用复杂程度略高于 B 类工作者，显然在泰国不论是 A 类还是 B 类工作者在工作中都已普遍使用计算机。

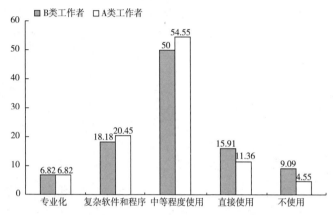

图 4-21　泰国中资企业用工技能需求：电脑使用程度

　　英语语言能力在 A 类工作者的工作重要性中得分平均为 3.7 分，计算机使用能力的重要性得分平均为 3.09 分，而英语语言能力在 B 类工作者的工作重要性中得分平均为 3.09 分，计算机使用能力的重要性得分为 2.98 分。对比 A 类与 B 类工作者这两类能力的需求重要性来看，在中资企业中这两类能力的重要性远没有前述沟通能力、团队合作能力以及问题解决能力那么重要，且受访中资企业对 A 类与 B 类工作者这两类能力的需求差异性不大。

三　泰国中资企业用工培训的偏向性

　　通过上文分析，可以观测到泰国中资企业对 B 类工作者的用工需求偏向于尽责性与协作程度较高，且能有一定阅读能力的劳动者。以下将考察泰国中资企业在进行职业培训时会注重员工的哪些技能，同时，世界银行在 2016 年对泰国进行了企业调查，可以获得同一时点泰国企业（含外资企业但不能区分出是否有中国企业）的培训内容侧重性。根据调查数据，每个中资企业对其员工均有不同种类、不同程度的培训，在过去的三年中平均每家企业培训 18 次，平均培训人数 32 人。其中，对泰国员工的培训以专业技能为主，占主要培训内容的 64.22%，集中在机器操作技能的培训上，以职业道德为辅，管理和领导技能次之。另外，数据显示中资企业尤其注重对员工消防安全和安全管理规范（图 4-22 将消防安全类培训归入其他类别中）的培训。

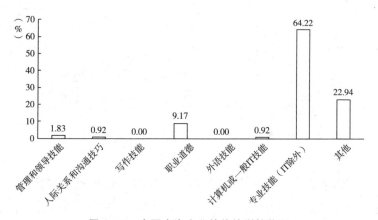

图 4-22 泰国中资企业技能培训柱状图

进而对比世界银行的泰国企业调查结果，如图 4-23 所示，与本研究的中资企业调查结果相一致，企业培训均较为关注员工专业技能的提升；同样泰国企业也比较关注员工职业道德的培训，相比之下，受访的泰国中资企业尽管也注重员职业道德的培训，但占比较低，仅为 9.17%，而泰国企业对员工进行职业道德的培训占比在 24.1%。同时，对比图 4-22 与图 4-23，显然，除了专业技能的培训上中资企业占比高于世行调查的泰国企业，受访中资企业较少对员工进行其他技能的培训。这意味着，泰国中资企业在未来需要对东道国员工进行更多有指向性的技能培训，在后面一章中关于泰国中资企业员工技能构成及其短缺状况的分析反映了提升员工技能需要的培训内容与企业会提供的培训之间存在什么样的差距。

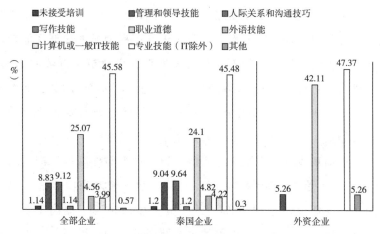

图4-23　泰国企业技能培训内容柱状图
数据来源：世界银行。

第三节　中国企业海外投资的用工类型与用工需求分析：柬埔寨

柬埔寨与老挝一样，是东盟最贫穷的国家之一。在过去的15年中柬埔寨经济表现良好，经济结构的持续变化对未来的增长和就业产生了影响。柬埔寨人口密度相对较低，农村人口规模较大。过去十多年柬埔寨成功地复制了该地区现有的增长模式而获得快速增长，但在多样化和价值链的提升方面却相对缓慢（ADB，2013）。近年来，柬埔寨经济结构以农业、服装制造业、建筑业和旅游业为主，且大部分增长都是由外国直接投资于服装制造业和旅游业产生的。中国是柬埔寨最大的外国直接投资来源国，考察中国企业在柬埔寨的用工类型与用工需求有助于中国企业更好地融入柬埔寨的发展。

一 柬埔寨中资企业员工构成情况分析

1. 柬埔寨本土高层管理和技术人员的缺乏是企业实现本地化雇佣的绊脚石

柬埔寨的雇佣政策原则上要求海外投资企业优先雇佣柬埔寨人，企业可以雇佣外国人作为专业人士、工程师或者从事其他专业工作。雇佣的外国人一般不能超过所雇佣的柬籍员工总数的10%，具体细分为：办公室雇员不超过3%；专业人员不超过6%；非专业人员不超过1%。因此，中国在柬埔寨投资的企业需要雇佣大量的柬埔寨籍员工，从而引发了一系列用工需求问题。

在柬埔寨投资的中国企业雇佣东道国员工与外国员工构成如图4-24所示。受访的20家中资企业的雇佣总规模为6812名，柬埔寨籍员工占雇佣规模的84.38%，外国员工占15.62%，略高于柬埔寨法律规定比例。造成这一现象的主要原因可能是柬埔寨劳动力供给结构无法满足中资企业生产的需求。根据世界银行及联合国人口署的数据，截至2015年，柬埔寨人口年龄结构呈现出年轻化特点，10~35岁的人口超过总人口的一半，柬埔寨现有1300万人口中劳

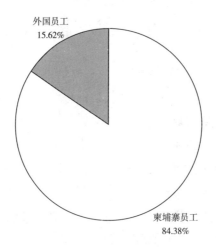

图 4-24 中资企业东道国与外国员工分布饼图

动力达 720 万人，约为总人口的 55.5%，且劳动力年增长率约为
2.7%。面对丰富的劳动供给，中资企业仍超额雇佣外国人员，不
难推测出柬埔寨劳动供给和企业用工需求存在一定程度上的差异。

　　为探究上述问题，将数据中的高层管理、技术人员和一线工人
按照员工国籍分类，同时根据柬埔寨《宪法》和《劳工法》的相
关规定引入对照组，如图 4-25 所示。

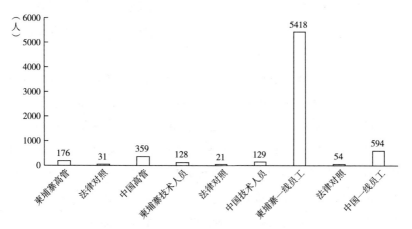

图 4-25　柬埔寨公司高管、技术人员、一线员工东道国与外国员工数
注：本图员工分类不全，故加总员工数量不等于员工总数。

　　法律规定雇佣数量和实际雇佣数量的差额代表着现实中柬埔寨
劳动力供给与中资企业需求的差距，整体上中资公司对于高管和技
术人员的需求量均维持在一个较高的水平上，且对于高管的需求甚
于技术人员。

　　从高管的角度上看，在受访的 20 家企业中，共有 176 名柬埔
寨籍高管，每个企业平均泰国籍高管数量为 9 名，按照柬埔寨相关
法律的规定，外资公司所能雇佣的中国高管人员总数应该控制在 31
人以下，但图 4-25 显示中国籍高管数量为 359 人，平均而言中国
籍高管数量为 18 人，数量甚至已经超过雇佣的柬埔寨高管人数的
一倍。

　　从技术人员的角度上看，20 家调查企业共有 128 名柬埔寨籍技

术人员，平均而言每个企业拥有 6 名柬埔寨籍技术人员。根据相关法律计算得出，外资公司可雇佣的中国技术人员总数应在 21 人以下，但实际中国技术人员数量已经达到 129 名，是法律规定的 6 倍，平均每个企业拥有中国技术人员 6 名。

从一线员工的角度上看，20 家调查企业共有 6012 名一线工人，其中外国员工为 594 人，占柬埔寨员工的 10.96%。平均而言，每家企业拥有 271 名柬埔寨员工和 30 名中国员工。相比于高管和技术人员，中资公司在一线工人的雇佣上，本地化雇佣率较高，柬埔寨本土员工比率极大提升。

一方面，中资企业初入柬埔寨时，对当地法律环境、投资政策等不熟悉给中资企业在柬埔寨的投资经营带来了巨大挑战。另一方面，柬埔寨人均受教育程度还处于较低水平，25 岁以上劳动力平均受教育年限仅为 4.8 年，因此外资企业不得不雇佣一定数量的外国员工。在不存在"招工难"的情况下，中资企业均会选择尽可能多地利用当地资源和劳动力，尽可能多地实行本地化雇佣以降低生产成本，与当地共同发展的属地化经营战略已经成为中资企业在海外发展的重要手段之一。

2. 在柬埔寨投资的中资企业规模与本土化雇佣率正相关

一般地，企业规模和对人才的需求会呈现正相关的关系，企业规模越大，对于管理和技术性人才的需求越高，企业的规模与实力也会对人才形成吸引力。因此不同规模的企业面临的管理和技术性人才的短缺问题可能会在一定程度上存在差异。小型企业由于生产规模、生产成本、生产技术的局限性，在很大程度上会由企业投资人同时担任高层管理人员，并雇佣当地技术人员。中型、大型企业在高层管理者和技术人员的雇佣上，本土员工的比例增加会降低企业生产成本，因此多采取以雇佣东道国员工为主、以外国人为辅的策略。为探究这一现象是否也同样存在于在柬埔寨投资的中资企业中，本章将中资企业按照企业规模进一步细化，分成小、中、大型企业，如图 4-26 所示。

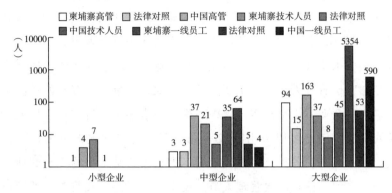

图 4-26　按企业规模划分高管与技术人员分布

在调查的 20 家中资企业中，小型企业仅为 1 家（员工总人数小于 19 人），该企业高层管理人员全部由中方投资人担任，值得注意的是，该小型企业的技术人员均来自柬埔寨。

本次调查的 4 家中型企业中，中国高管数量为 37 人，柬埔寨高管数量仅为 3 人，是中国高管数量的 8.11%。中型企业柬埔寨技术人员有 21 人，中国技术人员共 35 人，远超柬埔寨法律规定的 5 人，柬埔寨一线员工有 64 名，中国一线员工仅有 4 人。仅一线工人数量符合法律规定。

在余下的 15 家大型企业中，柬埔寨籍高管人数达到了中方高管数量的 57.67%，相比于中型企业，柬埔寨籍高管占比显著提高了 49.56 个百分点，但中方高管数量依然远超当地的法律规定，大型企业的柬埔寨籍技术人员占中国技术人员数量的 82.22%，共 37 人。大型企业的柬埔寨籍一线工人数量略显不足，共 5354 人，根据法律外资企业仅能雇佣 53 个外籍员工，但数据显示中国员工有 590 人。

根据对小、中、大型企业高层管理人员和技术人员数量的分析不难发现，小型企业高管均由投资人担任，且就地雇佣当地技术人员以节约成本，因此小型企业在生产技术和生产成本的约束下，有很大概率不会面临高层管理人员和技术人员的短缺问题。但对于中型企业来说，高层管理和技术人员的短缺问题相对比较严重，特别是高层管理人员。中型企业在生产规模上比小型企业更大，但对于人才的吸引不及大型企业，相比大型企业，中型企业较难雇佣到柬埔寨籍高层管理人员，但中型企业并不缺乏从事体力劳动的一线员工。大型企业不论是从生产规模、生产技术还是经济实力上均处于绝对优势，因此可以吸引到较多柬埔寨籍高层管理人员和技术人员，从柬埔寨籍各类员工占比上看，大型企业基本上均高于其他类型企业，但不论是高层管理人员、技术人员还是一线员工，外籍员工的数量超过法律规定，可见虽然大型企业可以吸引到更多的人才，但仍然无法满足企业发展的需求。

3. 在企业努力实现本地化雇佣的同时，制造业的高管和技术人员仍存在用工缺口

接下来，按照不同的产业进行区分，观测不同行业对高层管理人员以及技术人员的需求。一般地，第一产业对于高层管理和技术人员的需求量最小，第二产业对高层管理和技术人员的需求量较大，第三产业最大。

图4-27反映了调查企业中，按照行业划分的高管、技术人员与一线员工的分布图。不难发现，农业对于高层管理和技术人员的

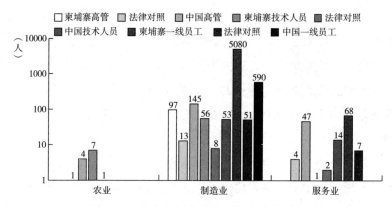

图 4-27　按行业划分高管与技术人员分布

需求较低，且调查中农业的高管均来自中国，技术人员全部来自柬埔寨。制造业对于高管和技术人员的需求量是最大的，但从数量上看，制造业的高管大部分来自中国，而技术人员则呈现出柬埔寨员工与中国员工的数量接近 1：1 的情况。最后，服务业呈现出高管和技术人员均以中方为主导，一线员工以柬埔寨本土员工为主的现象。

从行业雇佣情况分析，中资企业投资以制造业为主，服务业次之，对柬埔寨技术人员和一线人员需求较大。但从国家整体上看，柬埔寨产业结构以农业为主，第二产业发展程度较差，因此技术人员的供给无法满足中资企业的需求。

二　柬埔寨中资企业用工需求状况分析

1. 柬埔寨中资企业用工需求状况分析：受教育程度的需求

从图 4-28 可见，柬埔寨中资企业对东道国劳动力的受教育程度需求为：A 类工作者需要的受教育程度以专科与学士为主，有 50% 的柬埔寨中资企业需要受过高等教育获得学士学位的工作者，有 25% 的柬埔寨中资企业需要受过高等教育获得专科学历的工作者。此外，有 15% 的中资企业需要具有高中学历的 A 类工作者，而其他受教育程度的 A 类工作者需求比例相对较低。

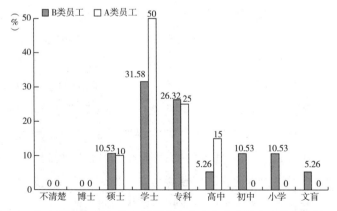

图 4-28　按 A 类与 B 类工作者及受教育程度分的柬埔寨中资企业用工需求

就 B 类工作者而言,有 26.32% 的中资企业需要具有专科学历的劳动者,有 31.58% 的中资企业需要具有大学学士学位的劳动者,当中各有 10.53% 的中资企业认为 B 类工作者应该具有小学、初中或硕士研究生文化程度,有 5.26% 的中资企业可以接受不受教育的 B 类工作者。同样地,B 类工作者由于涵盖的范围较广,因此对受教育程度需求的差异性较大。

总体而言,受访的柬埔寨中资企业普遍认为从事 A 类工作的劳动者应该具有大学学历,从事 B 类工作的劳动者应该具有比高中略高的学历程度。按受教育年限粗略折算,受访柬埔寨中资企业认为 A 类工作者平均受教育年限应该为 17.5 年,B 类工作者平均受教育年限应该为 13 年。对比老挝、泰国的用工需求状况,柬埔寨中资企业对工作者受教育程度的需求差异较大,但总体低于泰国,高于老挝。

2. 柬埔寨中资企业用工需求状况分析:认知能力

按照认知能力的分类,受访柬埔寨中资企业对 A 类与 B 类工作者认知技能在工作中的重要性进行了评价,以下将分别对阅读能力、写作能力与数学运算能力对两种职业工作的重要性进行分析。

首先,从阅读能力来看,如图 4-29 所示,受访柬埔寨中资企业的管理者认为阅读能力对 A 类工作者非常重要或极其重要的比例分别为 25% 与 70%,几乎受访的全部柬埔寨中资企业都认为阅读能力对 A 类工作非常重要,按重要性得分 1~5 计算,对 A 类工作者而言应该具备的阅读能力得分值为 4.65 分;认为阅读能力对 B 类工作者重要的比例为 25%,非常重要、极其重要的比例分别为 25% 与 20%,不重要的比例为 15%,按重要性得分 1~5 分的分值计算,对 B 类工作者而言应该具备的阅读能力重要性平均得分值为 2.9 分。对于 B 类工作者而言,阅读能力在工作中的重要性远低于 A 类工作者,受访的柬埔寨中资企业管理者认为阅读能力对 A 类工作者极其重要。

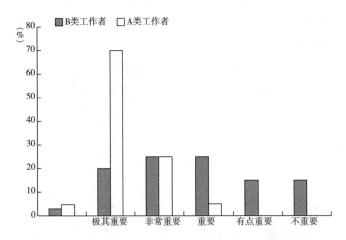

图4-29　按A类与B类工作者分的泰国中资企业
用工技能需求：阅读能力

　　其次，从写作能力来看，如图4-30所示，受访柬埔寨中资企业的管理者认为写作能力对A类工作者非常重要或极其重要的比例分别为25%与30%，55%的中资企业认为写作能力对A类工作非常重要，按重要性得分1~5分计算，对A类工作者而言应该具备的写作能力得分值为3.2分；认为写作能力对B类工作者重要的比例为25%，非常重要、极其重要的比例分别为5%与35%，不重要的比例为5%，按重要性得分1~5分的分值计算，对B类工作者而言应该具备的写作能力得分值为2.75分。相比较泰国而言，受访的柬埔寨中资企业认为写作能力对于A类与B类工作者的重要性都要弱一些，当然对于B类工作者，写作能力在工作中的重要性是低于A类工作者的。

　　最后，从数学运算能力来看，如图4-31所示，受访柬埔寨中资企业的管理者认为数学运算能力对A类工作者非常重要或极其重要的比例分别为15%与35%，约50%的中资企业认为数学运算能力对A类工作非常重要，同时也有35%的柬埔寨中资企业认为数学运算能力对A类工作者重要。按重要性得分1~5分计算，对A类工作者而言应该具备的数学运算能力得分值为 3.2 分；认为数学运算能力对 B 类工作者重要的比例为 25%，非常重要、极其重要的比例分别为 5% 与 35%，不重要的比例为 5%，按重要性得分 1~5 分的分值计算，对 B 类工作者而言应该具备的数学运算能力得分值为 3.05 分。柬埔寨中资企业认为数学运算能力对 A 类与 B 类工作者的重要性差异不大。

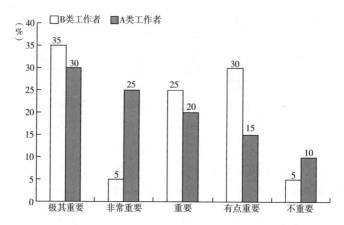

图 4-30　按 A 类与 B 类工作者分的泰国中资企业
用工技能需求：写作能力

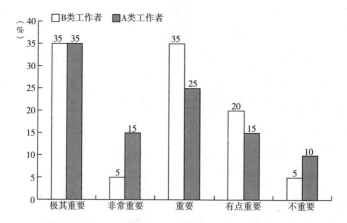

图 4-31　按 A 类与 B 类工作者分的泰国中资企业
用工技能需求：数学运算能力

从阅读能力、写作能力与数学运算能力在工作中重要性的区分来看，柬埔寨中资企业认为认知技能在 A 类与 B 类工作者的工作中均具有重要性，但阅读能力最为重要，数学运算能力次之，写作能力的重要性相对弱于前两类能力。

2. 柬埔寨中资企业用工需求状况分析：非认知能力

由图 4-32，从 20 家中资企业的平均得分来看，企业主对员工的责任心最为看重，该项平均分数为 4.7 分，其次是稳定的情绪，平均得分为 3.55，亲和力以 0.1 分之差位居第三，平均得分为 3.45 分，性格外向次之，开放思维位居最后，平均得分仅为 3 分。

受访的柬埔寨中资企业更偏好有责任心、忠诚度及稳定性的员工，而对于员工的创新性和社交能力则关注度相对要低。其原因可能是柬埔寨平均受教育水平较低，员工对于工作的责任心较低，从而流动性较强，企业更希望可以雇佣到对企业忠诚且技能发挥稳定的员工。

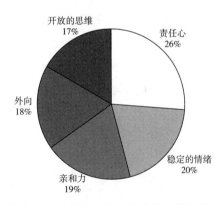

图 4-32 柬埔寨中资企业非认知技能需求

3. 柬埔寨中资企业用工需求状况分析：工作技能

从工作技能来看，受访柬埔寨中资企业对 A 类工作者在沟通、团队合作与问题解决能力上的要求都比较看重，三类能力的重要性得分都非常接近，对 B 类工作者而言，团队合作能力的重要性得分最高，平均分值为 4.15，其他两类的得分分别为：沟通能力的重要

性平均得分为 3.6，问题解决能力的重要性平均得分为 3.1。显然
与老挝、泰国相似的是，中资企业对 B 类工作者更为看重团队合作
能力，不同的是，柬埔寨中资企业认为要胜任 A 类工作者，三类能
力是同等重要的。

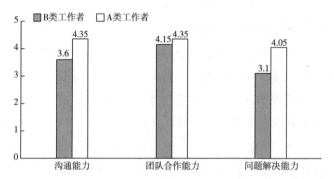

图 4-33　按 A 类与 B 类工作者分的柬埔寨中资企业能力需求

此外，从工作中的语言使用要求来看，受访柬埔寨中资企业管
理者认为外语对 A 类工作者工作任务的重要性低于 B 类工作者，中
资企业管理者认为对 B 类工作者而言外语能力是极其重要的。语言
的熟悉程度决定了企业在生产经营过程中沟通成本的高低。这一问
题侧面反映出柬埔寨中资企业管理者本身在语言沟通上存在一定的
困难。

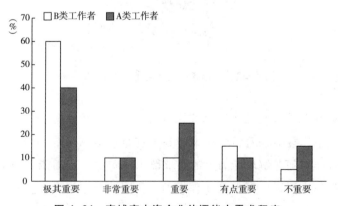

图 4-34　柬埔寨中资企业外语能力需求程度

图 4-35 给出受访中资企业对 A 类与 B 类工作者计算机使用的需求程度。受访柬埔寨中资企业要求 A 类工作者的计算机使用程度总体上反而低于 B 类工作者。

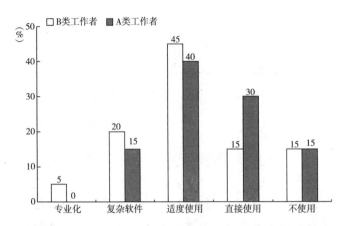

图 4-35　按 A 类与 B 类工作者分的柬埔寨中资企业用工技能需求：计算机使用程度

三　柬埔寨中资企业用工培训的偏向性

通过上文分析，可以观测到柬埔寨劳动力供给结构和企业用工需求之间存在一定的差异，这是影响企业内部东道国和外国员工比例的直接原因。在中资企业需要大量当地劳动力的前提下，技能型工人的缺乏，不仅无法满足中资企业在柬埔寨的发展，同时也提高了中资企业的生产成本。很多企业选择对东道国的劳动力进行技能培训，这不仅创造就业岗位，还提升了当地劳动力的技能。中资企业技能培训状况如图 4-36 所示。

数据显示，每个中资企业对其员工均有不同种类、不同程度的培训。中资企业最主要的三项培训内容中，以专业技能为主，以外语技能和管理技能为辅。对于柬埔寨劳动者外语技能的培训主要是针对企业与柬埔寨本土工人沟通较为薄弱的问题，多数企业在对员

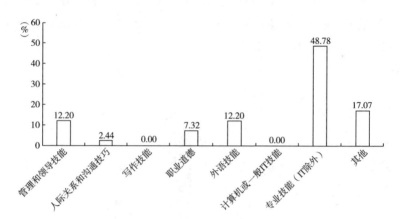

图 4-36　柬埔寨中资企业技能培训情况

工进行外语技能培训的同时也会加上中柬文化差异的培训。特别地，数据显示中资企业尤其注重对员工消防安全和安全管理规范的培训（图 4-36 中安全培训计入其他类别）。

图 4-37 是世界银行 2016 年对柬埔寨本国企业和外资企业对员工技能培训的分布图，全部调查企业数为 373 家，其中 88 家企业对其员工进行了培训，263 家企业没有对员工进行培训，余下 22 家尚未反馈培训情况，世界银行将培训内容分为八大类别：管理和领导技能、人际关系和沟通技巧、写作技能、职业道德和业绩、外语技能、计算机或一般 IT 技能、专业技能（IT 除外）以及其他技能。

由图 4-37 可知，柬埔寨本土企业更注重对员工的管理和领导技能培训，其次是对专业技能的培训，人际关系和职业道德次之，通过企业对培训类别的侧重点可以看出，柬埔寨本土企业缺乏管理型人才甚于技术型人才。外资企业反馈的数据极其有限，仅有写作技能、计算机技能和专业技能的培训，外资企业的数据显示，有30%的员工表示没有受到任何培训，外资企业对专业技能的培训最为看重，其次是计算机技能和写作技能。与柬埔寨本土企业不同的是，外资企业并不缺乏管理型人才，外资企业缺乏的是柬埔寨本土的技术型人才。这也同时验证了上文的观点，外资企业中外国技术人员的数量远远高于东道国技术人员的数量，这在一定程度上提高了企业的生产成本，因此为了降低成本，外资企业会将培训的重点放在对东道国工作人员的专业技能培训上。

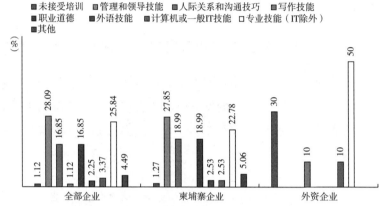

图 4-37　世界银行调查的柬埔寨企业培训情况

数据来源：世界银行。

第四节　小结

　　企业对员工技能的需求往往是异质的，加上各国的文化习惯、工作习惯及经济发展阶段的不同，在不同国家投资的中资企业在用工类型及用工需求上既有相同的特征，也存在完全异质性。本章分别对东南亚三国的中国企业的用工类型、用工需求及培训偏向性进行分析，有以下主要结论。

一　中国 OFDI 企业的海外用工类型大同小异

　　第一，中国 OFDI 企业尽可能实现本地化雇佣，老挝、泰国、柬埔寨三国受访中资企业雇佣的员工中东道国员工比例均超过80%，同时，这也符合东道国外资企业用工的法律法规。

第二，投资于经济发展程度高的国家的中国 OFDI 企业雇佣的东道国管理人员、专业人员及技术人员的比例更高，而投资于欠发达国家的中国 OFDI 企业难以雇佣到达到企业需求的东道国管理人员、专业人员及技术人员，因此，这些人员构成中的中方、外方比例略高。

第三，投资于极不发达国家的中国企业往往面临着较高的劳动力流动率。

二 中国 OFDI 企业的用工需求存在国别差异

根据东南亚三国的企业管理者用工需求调查数据分析结果，老挝、泰国与柬埔寨处于不同的发展阶段，在这些国家投资的中国企业的用工能力需求也因此存在差异。将三国用工能力需求特征总结归纳见表 4-3。

表 4-3 中国 OFDI 企业用工能力需求：东南亚三国调查

	A 类工作者	B 类工作者
老挝		
受教育程度		
认知能力	数学运算>阅读、写作	数学运算>阅读>写作
非认知能力	未做调查	
工作技能	团队合作与问题解决能力同等重要	团队合作>问题解决能力
计算机使用程度	中等程度作用	简单使用
泰国		
受教育程度	大学与硕士研究生	大学为主、辅之中学
认知能力	数学运算、阅读>写作	阅读>写作、数学运算
非认知能力	尽责性>情绪稳定性>宜人性（亲和力）>外向性>开放性	
工作技能	沟通能力>团队合作能力>问题解决能力	团队合作能力>沟通能力>问题解决能力
计算机使用程度	较为复杂的软件，甚至是专业运用	中等程度使用

	A 类工作者	B 类工作者
柬埔寨		
受教育程度	大学为主	各类需要较为均匀
认知能力	阅读>写作、数学运算	数学运算>阅读>写作
非认知能力	尽责性>情绪稳定性	宜人性（亲和力）>外向性>开放性
工作技能	沟通、团队合作与问题解决同等重要	团队合作能力>沟通能力>问题解决能力
计算机使用程度	中等程度使用	使用较为复杂的软件

　　第一，需要何种受教育程度的劳动力在一定程度上取决于东道国经济发展中的产业结构。第一章中分别分析了三国的产业结构状况，三国第三产业比重均较高，柬埔寨和老挝第二产业发展缓慢，且第二产业更多是由外国直接投资推动而得到发展的。与此同时，中国在三国的 FDI 投资中，除资源型产业之外，占比最高的是商贸和服务业，前者需要较高教育程度的员工，后者不需要较高教育程度即可从事。但近年来，中国 FDI 中的制造业投资在这三国增长幅度也较大，由于东道国可雇佣的制造业需要的专业人员与技术人员缺乏（当然，制造业中的普通生产工人对教育程度的需求不高，这也是东道国劳动力供给最为有力的部分），随着中国制造业企业不断到海外投资，拉高所需劳动力的教育程度成为必然，这在一定程度上揭示了东道国在更高教育程度劳动力供给方面是短缺的。

　　第二，劳动者具备的认知能力通常是带有常规任务性质的工作岗位的基本要求，东道国员工在中国企业以一线工人为主，更多的是从事常规任务性质的工作，但不同行业或不同发展程度的企业对认知能力的需求有所不同。这里侧重讨论 B 类工作者，老挝和柬埔寨的受访中资企业更强调员工需要具备一定的数学运算能力，而泰国的中资企业则更强调阅读能力在工作中的重要性。

　　第三，非认知能力在劳动力市场中的重要性不言而喻。三国受访中资企业在员工非认知能力即人格特征的需求上更为需要尽责性高的员工。调查中未能识别出 A 类与 B 类工作者的非认知能力需求，只能给出一个总体的需求结果。

第四，在具体的工作技能需求上，三国受访中资企业更为侧重需要具有团队合作精神的员工。可以这样初步理解，最为急需那些能与中资企业融为一体、具有使命感的员工。但对于 A 类工作者即管理者与技术人员，在泰国与柬埔寨，沟通能力更为重要，而在老挝则是团队合作与问题解决能力更为重要。有必要说明的一点是，中国与老挝有着世代友好的关系，在企业生产经营过程中也得到体现，在本研究调查过程中，老挝中资企业管理者表示与当地居民及员工的沟通不太困难，而在柬埔寨与泰国调查时，受访者普遍反映国内外生产经营理念与文化的差异使沟通能力成为管理者、技术人员在生产经营过程中较为重要的能力，且越来越成为对海外投资中国企业管理者的刚性要求。

第五，技术的进步使企业在生产经营过程中采用计算机处理工作任务的普及性越来越高。三国受访中资企业对 A 类劳动者的计算机使用程度需求表现为，泰国需要会运用计算机的一些复杂功能甚至是专业高级软件，而老挝与柬埔寨则只需中等程度使用，意味着对现有办公软件、财务软件及网络会使用，能处理基本业务即可；对 B 类劳动者的计算机使用程度需求则表现为，泰国与柬埔寨只需要 B 类劳动者会使用办公软件、财务软件或通过网络处理工作任务，而老挝则只需要初级使用。

三　中国 OFDI 企业的培训侧重于员工的专业技能培训

对照世界银行在东道国的企业调查可发现，外资企业、中国企业比本土企业更强调专业技能的培训，而东道国企业培训内容因本国经济发展水平而各有不同，经济发展程度越高，企业对技能的需求越倾向于软技能（soft skill）如职业道德与企业管理方面的能力，在发展中国家或欠发达经济体中，企业对技能需求倾向于硬技能（hard skill）。

四 经济发展阶段、世界技术进步对企业技能需求的基本判断及对中国 OFDI 企业的启示

UNIDO（2013）和 UNESCO（2012）[①] 提出不同发展阶段的经济体对技能的总体需求分为：在工业化早期的要素驱动阶段，经济以国内低水平简单加工业为主，生产中的技能需求为基本的识字能力及基本的数字运算能力，以及简单的技术与管理能力；在经济结构转型与产业升级阶段，经济以出口导向的活动为主，轻工业得以迅速发展，经济发展处于中等水平，需要相对高一层次的认知、非认知能力，技术技能以及基本的工业设计与科学技术能力，以及企业家精神（这一点特别适用于小型和中型企业）。

此外，从技术进步来看，当前世界上即使是最不发达的国家也深受世界技术进步的影响，因此会出现技术进步的工作需求与极不发达国家基本生产的工作任务需求相叠加的现象，有必要在此略微探讨这一趋势对中国企业未来在"一带一路"沿线国家投资时面临问题的影响。在发达国家，计算能力的增长降低了日常任务的相对价格，并导致机器能够替代承担常规工作任务的工人（Autor，Levy & Murnane，2003）。在日益全球化的经济中，技术进步增加了对非常规任务的相对需求，这些任务需要解决问题的技能和创造力，具有专业、管理、技术和创造性职业的特点，同时导致了手工和日常工作的转移（ILO，2015）。因此，企业高度重视工人适应新挑战的能力，掌握与计算机和自动化相辅相成而不是与之竞争的技能，如创意、复杂的沟通等。

由此，中国企业在投资"一带一路"沿线国家时，既要考虑东道国的发展水平，也要关注技术进步与东道国发展阶段相叠加时产生的产品新需求，并会因此衍出新的用工需求。

[①] 转引自 Sungsup Ra et al.（2015），Challenges and Opportunities for Skills Development in Asia，ADB。

第五章　中国企业海外投资的劳动力技能构成与技能短缺

——东南亚三国调查数据分析

尽管企业调查显示中资企业在海外投资过程中尽可能实现本土化用工，80%以上的雇员来自东道国，东道国员工在中资企业中分布于各类岗位，企业也尽可能为员工提供各类技能培训。但是要了解东道国员工的真实情况，有必要从雇员结构出发，分析东道国劳动力的技能构成及其短缺情况，方能为海外中资企业培训、东道国劳动力技能提升以及中资企业海外雇佣问题提供方向性改进，确定融入东道国实现"民心相通"的方向及具体措施。本章将根据本研究在东南亚三国的中资企业雇主—雇员匹配的调查数据，及三国员工的调查数据，分析东道国劳动力的技能构成与技能短缺问题。

第一节　中国企业海外投资的劳动力技能构成与技能短缺分析：老挝

上一章探讨了中资企业针对两类劳动者的技能需求，本部分将重点关注在老挝投资的中国企业雇佣的老挝员工的能力构成及技能短缺问题。

一　中资企业老挝员工的职业能力分布：短板与优势

中资企业雇佣了老挝劳动力队列中受教育程度偏高的年轻人。根据中资企业的老挝员工调查数据，老挝员工的平均年龄为 30.7

岁，与 2012 年世界银行 STEP 调查的劳动力平均年龄 35.8 岁相比，中资企业的员工更为年轻。中资企业中老挝员工的平均受教育年限为 9.22 年，约有 9.21% 的老挝员工为文盲，接受过中学教育（包括初中和高中）的员工占比超过 47%，而接受过中小学教育的员工比例高达 74%，拥有大学及以上学历的员工比例也超过 12%。而 STEP 的调查数据表明，老挝劳动力的平均受教育年限为 7.78 年，当中不识字或未完成小学教育的比例为 19.54%，而且 30% 的 2 年级老挝人口不能读出单词，在那些能读出单词的人当中，有 57% 不能理解他们所读到的词的含义。这样的反差表明，中资企业对劳动力素质要求较高，而平均来说，老挝劳动力供给满足不了这种较高素质要求的劳动力需求。世界银行 2012 年的老挝企业调查数据结果显示，老挝所有企业都面临这种招工难与技能短缺的问题。2012 年调查数据显示，所有过去一年有招聘经历的企业中，老挝本土企业招工难的占比为 49%，相应的外资企业占比为 41%；所有老挝企业招工中应聘者技能缺乏的占比为 65%，外资企业为 71%。中资企业是老挝外资的最大来源，上述分析再次表明中资企业中的技能短缺问题更为严重。而项目团队在中资企业管理层的访谈资料显示，企业生产经营所面临的最大难题就在于老挝劳动力的技能问题，本部分将利用中资企业老挝员工的调查数据探讨这一问题。

1. 中资企业老挝员工的认知能力分布：短板

通常研究者通过直接测度基础的认知能力与非认知能力获知劳动者的能力水平。就业劳动力属于已经完成或退出正规教育体系的人口队列，尽管有可能基础能力的水平偏低，但认知基础能力积累的阶段已经结束。对听说读写的直接测度可以获得能力水平的测量结果，但中资企业或老挝政府①很难投资于就业劳动者基础能力的

---

① 世界银行（2014）的老挝发展报告提到，针对老挝人口教育水平低下的问题，政府确保基本识字能力的政策包括扩大并深化早期儿童发展与教育，确保在二年级结束时可以阅读，并形成与工作相关的技术技能。

培训。与工作相关的技能对于中资企业与老挝劳动力更为重要，而这些技能是可以通过"干中学"获得的。通过"干中学"获得符合企业需求的劳动力队伍更能提高企业的生产效率。一方面劳动者的个体特征如工作的专注程度、数学逻辑能力以及对待工作的认真程度是"干中学"能力的重要体现；另一方面劳动者在生活中基础能力的使用程度越高，能力水平也越高，相应地工作中基础能力的使用程度越高，通过工作经验积累的基础能力越多，能力提升也越快，越有利于提升企业生产效率。为此，本项目将利用工作或生活中老挝劳动力听说读写能力的使用程度、反映专注程度的记忆力水平、反映数学逻辑及反应速度的计算能力以及反映对待工作认真程度的非认知能力水平作为中资企业中老挝劳动力的能力变量。

首先，听说读写作为人的最基础能力，在离开正规教育体系之后是平常生活经验与工作经验积累的结果。世界银行 2012 年基于家户的 STEP 调查直接测度了老挝劳动力的认知能力与非认知能力①（个体特征），发现在老挝的日常生活与工作所使用的基本认知技能中，数学计算能力是在日常生活中最常使用的技能，而工作中最常使用的是阅读、写作方面的能力（WB，2014）。假定技能是动态积累的，要适应经济的技术和结构变化，这些技能需要经常在生活与工作中使用、保持并强化。

将阅读与写作能力使用的内容细化，分别考察工作与生活中使用的程度，对比本项目与 STEP 的调查结果，中资企业老挝员工工作中阅读能力的使用程度均值为 1.5（使用程度转化为 1~7 的程度进行打分），STEP 调查数据通过样本加权后这一取值为 1.61。按百分制的 60 分为及格的话，这一体系的及格分应为 4.2，而老挝劳动力工作中阅读能力的使用水平仅相当于 21 分，远远低于及格水

---

① STEP 调查显示那些完成了初等教育的人们有基本的识字能力，但他们很少使用。大约有 60% 的受访者未能通过阅读理解的测试且没有能力描述文本内容。

平。与 O﹡NET① 阅读能力的均值 3.63 相比，也仅相当于世界平均水平的一半（见图 5-1），可以粗略判断老挝劳动力在工作中阅读能力普遍偏低。按 ISCO08（International Standard Classification of Occupations）职业大类来看，中资企业中老挝劳动力在工作与工作之外阅读能力的使用频率略低于 STEP 的调查结果，比较明显的是管理层、专业人员及技术人员的阅读能力使用频率也低于 STEP 的调查结果。可以解释的是，中资企业的高层管理者及高级技术员工主要来自中国。

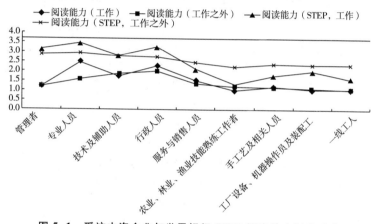

图 5-1　受访中资企业与世界银行 STEP 调查的老挝劳动力能力使用程度：阅读能力

注：水平线为 O﹡NET 写作能力测试的均值水平。

同样地将写作能力的内容进行细化，中资企业中老挝员工在工作中写作能力的使用程度均值为 0.9，工作之外写作能力的使用程度均值为 1.27，STEP 的均值分别为 1.81 与 2.22，而 O﹡NET 的均

---

① O﹡NET 是美国的新职业分类大典，前身是美国技能调查和英国的技能和就业调查。美国 O﹡NET 调查是通过向劳动者、企业、人力资源管理专家发放问卷，收集在工作中过程中各类职业使用及职业需求的各项技能信息，并对个体数据汇总，获得数百个职业所需要技能类型与技能水平的数据集。该数据集定期更新，并通过网络免费向公众开放，以便于求职者、雇主、就业指导者、学校教师等不同角色的人群便捷地了解职业信息，实现技能供给与需求的更好匹配。

值为 3.28。中资企业中老挝劳动力的写作能力使用率非常低，仅相当于 STEP 的一半，O*NET 的 1/4（见图 5-2）。分职业来看，中资企业中老挝员工写作能力普遍较少使用，除了专业人员之外，其余职业劳动者（包括管理者）在工作中也较少会在工作中填写相应的工作表格、写作报告等。

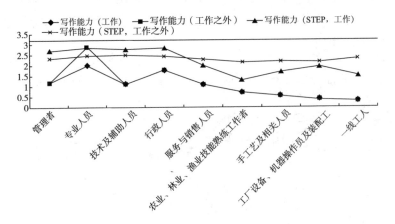

图 5-2 老挝中资企业与 STEP 的劳动力能力使用程度：写作能力

注：水平线为 O*NET 写作能力测试的均值水平。

其次，项目组专门测试了中资企业中老挝劳动力的记忆力与数学运算能力，以及数学运算能力的使用程度。如表 5-1 所示，按 100 分制计算，老挝员工的记忆力水平低于 60 分，第二次测度相比第一次而言有 66.41% 的员工得分发生了变化，得分变低的有 34.75%，得分增加的有 31.66%。虽然对于一些特定物品、事件，并不需要全神贯注地观察，大脑中也有记忆形成，但一般而言，当人们倾向于对某事物更加专注、更持久地注意时，记忆才会产生。项目组所进行的记忆力测试可以在一定程度上反映老挝员工的注意力或专注度。如果按 60 分为平均基准，那么在中资企业中的老挝员工注意力偏低，即便是管理层、专业人员及技术员工的注意力都低于 60 分水平，老挝员工的注意力有可以提升的空间。另外，观察数学运算能力的测试分数，结果极为不理想，全部受访员工的数学得分均值为 23.49，远低于 60 分，特别是一线工人及工厂设备、机械操作员与装配工的数学测试分数分别仅为 8.42 及 15.83，得分最高的行政人员及农业、林业、渔业技能熟练工作者也只在 40 分左右，比较意外的是管理者与专业人员的测试分数仅为 30 多分。在世界银行针对老挝劳动力进行的技能调查报告中提出，在所有的这些基本认知能力中，数学运算能力是不同受教育程度的人在生活与工作中最常使用的能力。

表 5-1　中资企业老挝员工能力测度：记忆力与数学运算能力

职业类型	记忆力 1	记忆力 2	数学运算
管理者	47.50	47.50	32.00
专业人员	53.81	56.88	38.18
技术及辅助人员	39.57	43.57	26.45
行政人员	56.44	57.78	41.05
服务与销售人员	46.05	50.77	20.00
农业、林业、渔业技能熟练工作者	55.00	55.00	40.00
手工艺及相关人员	41.10	43.95	27.90
工厂设备、机器操作员及装配工	39.27	42.61	15.83
一线人员	33.38	38.00	8.42
小计	42.82	46.39	23.49

注：①表中数据为按百分制计算的能力得分；②记忆力分别测试了两次，第二次与第一次相差时间为 5 分钟。
数据来源：本研究调查数据。

将技能水平与老挝员工的职业分类结合起来看，根据职业声望得分计算结果，受访者中有 61.85% 的员工处于声望得分低于 50 的职业岗位工作，而且对比上一份工作的职业来看，有 68.5% 的老挝员工上一份工作为声望得分低于 50 分的职业岗位工作，大部分老挝员工处于职业阶梯的底端。对比上一份职业与现在中资企业的职业地位，有约 77.61% 的老挝员工职业地位发生变化，当中约 23.16% 的老挝员工职业地位有所上升，54.45% 的老挝员工职业地位有所下降。

上述能力结构分析表明，中资企业老挝员工的阅读、写作、数学运算能力水平出乎意料地低，整体水平不仅低于国际标准的平均水平，也低于世界银行在老挝劳动力市场调查的平均值，而且职业分布上也没有显现出管理层与专业人员具有高的能力水平，来自老挝的管理层与专业人员在中资企业中的能力水平只比一般员工略高一点。之所以出现这样的结果，可能的原因有：第一，中资企业进入老挝市场的年限不长，在老挝投资的中资企业平均年龄为7.64年，大部分于2008~2009年投资于老挝，投资年限超过10年的仅有10家。作为外国直接投资新进入者其可以获得的劳动力素质自然受限；第二，由于中国企业近年来于老挝的投资行业正在向劳动密集型的制造业与服务业转变，此次调查旨在了解这些行业的本土劳动力技能水平；第三，中国企业分布于老挝万象以北的地区，此次调查样本也主要来自老挝首都万象及以北的地区，老挝北部主要为山区，教育水平偏低，如朗南塔（Luangnamtha）的平均受教育年限仅为6.5年。① 基于上述原因，很可能此次调查的抽样获得的是总体中处于尾部分布的样本，因而其技能水平也低于老挝全国的平均水平。另外，由于语言的问题，此次调查在进行能力测试时未能严格按照能力测试的方法展开，也可能导致测量误差。

尽管可能存在抽样偏差与测量误差，但是中资企业中老挝员工整体能力水平偏低是不容回避的事实，这使他们从事的工作分布于低端职业，而且再次流动时也只能在低端职业流动，甚至可能进入社会经济地位更低端的职业当中。

2. 中资企业中老挝员工非认知能力分布：优势

中资企业中的老挝员工认知技能普遍偏低这一事实是企业生产效率提升的一个约束性条件，短期内认知技能的提升较为困难，这也成为中资企业投资于诸如老挝这样的发展中国家面临的人力资源短板。在决定个人职业和社会地位获得的因素中，非认知能力发展

---

① 根据STEP（2012）调查数据项目组计算所得。

比认知能力发展发挥了更重要的作用。Heckman 和 Lochner 发现，非认知能力比认知能力更加容易培养，同时越来越多的研究发现非认知能力在决定经济和社会地位上发挥了更为巨大的作用。非认知能力对工人适应环境以及以更为专业化的态度执行工作非常关键。众多研究发现，就业、职业地位以及非认知能力之间有非常清楚的关系。长期来看，对于个人而言，相比于认知能力这样的硬技能、（hard skills）非认知能力软技能（soft skills）的提升可以弥补认知技能带来的效率损失，非认知能力可通过其对劳动生产率的直接影响以及对教育和工作经历的间接影响来提高企业的生产效率。

非认知能力在文献中通常被分为"大五人格"①，在本研究的调查中，测量每一个个体特征的使用程度，得分越高越好，按 1~5 的分值衡量，例如在工作中使用频率最低的用 1 来衡量，最高的用 5 来衡量。一个人的工作绩效可以由其所处状态以及个性因素来决定，工作环境是状态因素的一个例子，而一个人对工作中特定情况的行动与反应，诸如他是多么的足智多谋、他是如何更好地处理问题的、他们是否能完成任务，以及他们是如何与其他人相处的等这些因素都是与个人的个性相关联的（Boshoff & Arnolds，1995）。对美国与欧洲的研究显示，尽责性是工作绩效最好的预测指标（Salgado，1997）。其他的研究也强调了外向性与尽责性是衡量不同职业类别工作成功与否的有效指标。尽管尽责性经常作为好的预测指标，但是其他大五人格各类别的关系仍然未能得到较为清晰的定义与讨论。

尽责性是指人们自我控制的个体特征，尽责性强的人组织能力强，可以有序地、决断地、努力地以及持久地完成任务。有责任心的人显然非常专注于达到一个目标并表现出这样的行为，即可以感

---

① McCrae 和 Costa（1997）的大五人格模型包括情绪稳定性、外向性、开放性、宜人性和尽责性等五种人格特质，这五种人格特质是相互独立的稳定行为模式或倾向。情绪稳定性指体验到焦虑、抑郁和愤怒等消极情绪的倾向；外向性指较高的活力、自信水平以及朝向社会行为的倾向；开放性代表参与智力活动的倾向以及对新颖想法和经验的偏爱；宜人性包括友好、善解人意和谦逊的行为等方面；尽责性则与效能、决心、责任和坚持有关（Tomas & Adrian，2004）。

受到这样的人是强制性的或者是挑剔的。在中资企业中，我们看到老挝员工的尽责性远高于世界银行于老挝家户调查中的尽责性得分，而与 O*NET 标准基本相近，仅管理层的尽责性得分略低于 O*NET 标准。如图 5-3 所示，整体而言，中资企业的老挝员工尽责性得分水平在 3~4 之间，分教育程度来看，那些有大专学历的老挝员工尽责性略强（均值为 4.1），而其他学历员工的尽责性没有显著性差异（均值在 3.3~3.8 之间）。

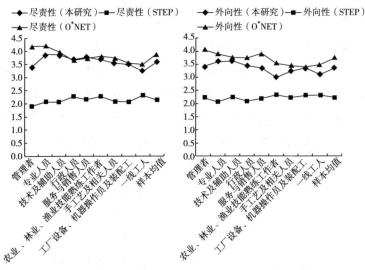

图 5-3 按职业分中资企业老挝员工、STEP 以及 O*NET 非认知能力得分结果（1）

外向性常常被定义为擅长社交、自信。一个性格外向的人，表现为有积极的人生观，并因此产生积极的结果。因此，一些研究者认为，这种特质最合适那些必须激励其他人的经理，以及客户服务供应商，因为他们的工作需要经常与人交往。中资企业老挝员工外向性的得分仍然比 STEP 的调查结果高，但略低于 O*NET 的结果，特别是那些对外向性能力要求高的服务与销售人员职业中，老挝员工的外向性略低，反而专业人员、技术及辅助人员的外向性得分与 O*NET 比较接近。

　　一个乐于接受新经验和新想法的人常常与创新者联系在一起。开放性被定义为求知欲，对变化感兴趣，乐于尝试新事物，欢迎改变。开放性和个人成功的关系是复杂的，例如，约翰逊（1997）和其他研究发现，成功的雇员在开放性上分数较低。另一些研究则发现，开放性一般只在一些特定的职业中对个人成功起作用，比如作为一个教练（Vinchur et al.，1998）。制造业和农业部门的人，尤其是那些从事重复工作的低技能职业的人，可能不需要像服务业中的人那样多地面对变化。从图 5-4 中可以看到，中资企业老挝员工的开放性总体得分水平高于 STEP 低于 O*NET。分职业来看，服务与销售人员，农业、林业、渔业技能熟练工作者，以及手工艺及相关人员的开放性得分值均偏高，其他职业的开放性得分差别不大，一线工人的得分低于 STEP 的调查结果（见图 5-4）。

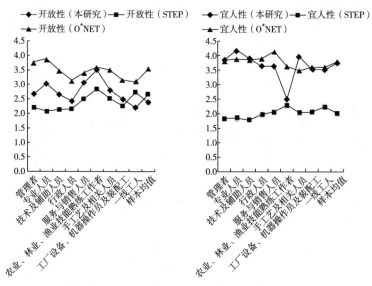

图 5-4　中资企业老挝员工、STEP 以及 O*NET
非认知能力得分结果（2）

　　宜人性显示的是友好、善解人意的个体特征。一个和蔼可亲的人会同情别人，并乐于帮助他人，会接受他人并相信他们有良好的意愿；而一个不友善的人可能会质疑他人意见、怀疑他人的意图。一些研究发现，因为随和的人更容易合作而不是竞争，他们是团队中优势的成员并可能在以团队为导向的任务与环境中获得成功（Judge etc，1999）。如图 5-4 所示，中资企业中老挝员工的宜人性总体上基本与 O*NET 的结果相重合，并远高于 STEP 的结果，分职业来看，除农业、林业、渔业技能熟练工作者的宜人性得分偏低之外，其他职业的老挝员工具有较高的宜人性水平。有必要说明的是，此次调查所获得的农业、林业、渔业技能熟练工作者数据仅有 2 个观测值，不具代表性。在企业生产经营中，员工的宜人性水平高有利于营造良好的工作氛围，有助于提升企业的生产效率。

最后，从情绪稳定性来看，与其他非认知技能的分布相似，中资企业老挝员工的情绪稳定性要好于 STEP 的调查结果，但略低于 O*NET 的标准，平均而言中资企业老挝员工的情绪稳定性得分接近于 O*NET 标准，除去农业、林业、渔业技能熟练工作者之外，其他职业的得分值也基本接近。

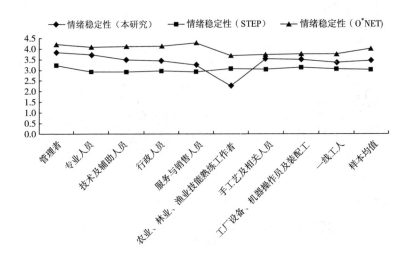

图 5-5　中资企业老挝员工、STEP 以及 O*NET
非认知能力得分结果（3）

二 老挝中资企业东道国员工的体力劳动使用与工作技术技能分布

中资企业中的老挝员工有 65% 以上在生产线上工作,即相当部分的劳动力从事体力工作。为便于比较与分析,本研究采用与 STEP 相同的问题设置考察了中资企业老挝员工的体力劳动使用程度。受访的中资企业老挝员工有 46.33% 在日常工作中要举或拉 25 千克的东西,这一比例在 STEP 中为 60.16%。尽管老挝员工在中资企业中处于一线生产岗位上,但体力劳动的使用比例低于老挝调查数据的平均水平。进而考察体力劳动的使用程度,按 1 到 10 的得分值衡量,分值越高工作任务所需要耗费的体力越大。对比 STEP 与中资企业的调查结果,中资企业中的老挝员工体力劳动的使用程度呈现出两极化的特征,要么不使用,要么使用程度极高。

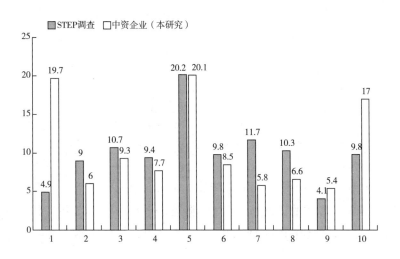

图 5-6 老挝劳动力工作中的体力使用程度

除了认知、非认知能力之外，实际工作中经常会遇到操作各种机械设备及机器，使用各类机械设备的能力通常用技术技能[1]来表达，包括知道如何使用计算机、传真设备、电话等电子通信设备。大多数情况下，技术技能越高的工人会越少使用体力劳动。受访老挝员工中有 43.41% 的员工需要操作生产性机器设备，其中，使用手动的比例为 42.24%，半自动的比例为 38.79%，全自动的比例为 18.79%。

此外，在现代工业生产中电脑的普及与使用程度代表着企业生产经营的现代化程度，中资企业中有 30.5% 的员工要使用到电脑，而 STEP 的调查显示老挝劳动力仅有 9.92% 的人在工作中使用到电脑。在电脑的使用程度上中资企业员工的使用频率高于 STEP 的调查结果。图 5-7 显示，在每天都使用电脑的比率上，中资企业的调查结果高出 STEP 约 10 个百分点，每周少于三次的比率两个调查结果相接近，而每周多于三次的则是 STEP 的比率更高一点。

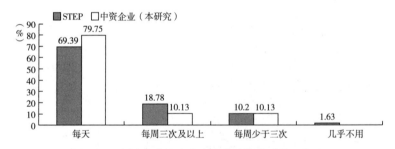

图 5-7　老挝当地及中资企业劳动者电脑使用频率

从使用电脑的工作内容上来看，中资企业老挝员工除了使用电脑发送电子邮件的比例与 STEP 的调查结果较为接近之外，在其他的电脑工作内容上均低于 STEP 的调查结果，特别是用于文字处理

---

① 技术技能被定义为与执行特定工作相关的专门技能。这是提高生产力和促进经济增长的必要条件。这些技能包括新技术的使用、计算机的使用、机械设备的使用、英语的使用以及手工劳动技能。

与电子制表的比例大大低于 STEP 的调查结果（见图 5-8）。显然中资企业的员工电脑使用频率较高，但使用的工作内容主要是处理简单的工作任务，这与中资企业老挝员工在职业分类上主要来自一线也是密不可分的。

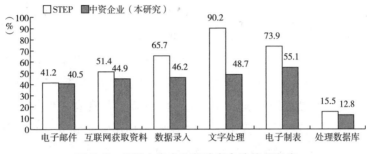

图 5-8　老挝中资企业劳动者电脑使用程度

三　老挝中资企业的东道国员工技能不匹配：短缺还是过剩？

1. 中资企业老挝员工的教育不匹配：高估还是低估？

表 5-2 显示中资企业老挝员工的教育获得与工作所要求的教育水平之间存在不匹配。从工人自评的工作教育需要来看，63.32%的工人感觉他们的受教育水平超过了完成当前工作所要求的教育水平，12.36%的人感觉他们的受教育水平低于当前工作所要求的，24.32%的员工感觉他们的受教育水平是符合当前工作要求的。从企业的受教育程度需求数据来看，56.76%的员工存在过度教育，39.38%的员工存在教育不足，只有 3.86%是符合企业需求的。但是从 O*NET 标准来看，中资企业中老挝员工的教育程度与所从事岗位的工作相匹配的占比为 56.69%，教育不足的占比为 31.5%，只有 11.81%存在教育过度。

与 O*NET 标准相比，中资企业管理层与老挝员工都存在高估现有老挝员工的教育过度问题，高估 40~60 个百分点，而低估了老

挝员工的受教育程度与职业教育要求相匹配的部分；老挝员工本身
则极大地低估了教育不足的问题，低估达 19.14 个百分点，但是中
资企业明显认识到了老挝员工的教育不足问题，估算出来的教育不
足比例与 O*NET 标准相近。由此，中资企业中关于受教育程度与
职业匹配的认识存在两个显著的误区：中资企业高估了老挝员工的
受教育程度，而老挝员工不仅高估了自身的受教育程度，而且有相
当部分的员工没有意识到教育不足的问题。出现这样的误区，有两
个可能的原因，一是老挝劳动力所获得的教育程度并没有使其拥有
相匹配的能力水平，这一点在世界银行 2014 年的报告中也曾提到，
"老挝劳动力技能短缺和不匹配的一个解释就是现有人口队列中没
有足够的工人可以完成更高的教育水平而且那些完成了职业教育或
高等教育的劳动力没有相应的技能水平"（WB，2014）。二是从需
求角度来看，企业管理层没有对工作职位所需要的受教育水平有清
楚的认识，换言之中资企业特别是中小企业人力资源的管理水平有
待提升。

表 5-2　按不同测算方法获得的教育不匹配结果

匹配类型	自报		企业要求		O*NET 工作要求	
	数量	百分比（%）	数量	百分比（%）	数量	百分比（%）
教育不足	32	12.36	102	39.38	80	31.5
教育匹配	63	24.32	10	3.86	144	56.69
教育过度	164	63.32	147	56.76	30	11.81

数据来源：本研究调查。

2. 中资企业老挝员工基本技能的不匹配：短缺的结构

判断一个人的技能是短缺还是过度是比较困难的，选择合适的
比较标准是判断技能不匹配的关键。本报告针对认知技能与非认知
技能的测量方式不同，选择 O*NET 的能力使用程度值加减一个标
准差作为该类职业认知能力的要求值，分别选择样本自报、STEP
调查及 O*NET 的能力使用程度值加减一个标准差作为该类职业非

认知能力的要求值，进而与样本观测的能力使用程度进行比较获得
技能构成的不匹配情况。

（1）认知技能的不匹配情况

采用 O*NET 标准与调查样本进行比较后发现，阅读能力、写
作能力以及数学运算能力的不匹配比例都比较高，技能短缺是不匹
配的主要表现。表 5-3 显示，① 阅读技能不足的比例高达 90.94%，
写作技能不足的比例高达 87.4%，数字运算能力不足的比例高达
74.8%；三种技能匹配与过度的比例均比较低。这一结果表明即使
是按各个职业的 O*NET 标准适度放宽来衡量中资企业老挝员工的
技能不匹配程度，技能短缺也是中资企业老挝员工普遍存在的首要
问题，特别是与识字相关的阅读与写作能力。出现三种能力严重不
足的一个原因是受访者中有 137 个老挝员工在工作中均未使用过上
述三项能力，这与我们样本中 65% 的老挝员工从事一线体力工作有
着直接的关系。

表 5-3　根据 O*NET 标准测量的技能使用程度不匹配结果

匹配类型	阅读能力		写作能力		数学运算能力	
	样本数	百分比（%）	样本数	百分比（%）	样本数	百分比（%）
技能不足	231	90.94	222	87.4	190	74.8
技能匹配	3	1.18	9	3.54	26	10.24
技能过度	20	7.87	23	9.06	38	14.96

数据来源：本研究调查。

技能短缺除了在企业生产经营过程的能力使用上得到体现，在
员工对工作技能的认识上也能观察到，针对这一问题项目就工作中
主要技能的重要性进行了调查，与 O*NET 结果相比较之后得到表
5-4。受访的老挝员工样本中低估技能在工作中的重要性是比较普

① 考虑到老挝本身劳动力素质偏低的现实情况，项目在计算过程中采用标准值加
减一个标准差的匹配区间方式进行比较，即便是这样的计算方式，也可以显示
出中资企业中老挝员工的能力构成与 O*NET 标准的差距较大。

遍的现象，在阅读与写作技能上有 43.64% 与 37.84% 的受访者低估了两种技能在职业中的重要性，对数学运算能力与语言表达能力低估的比例分别为 65.64% 与 74.13%，更多的老挝员工认为数学运算能力与语言表达能力方面在工作中不重要。

表 5-4　根据 O*NET 标准测量的技能重要程度不匹配结果

错配类型	阅读能力		写作能力		数学运算能力		语言表达能力	
	样本数	百分比（%）	样本数	百分比（%）	样本数	百分比（%）	样本数	百分比（%）
技能不足	113	43.63	98	37.84	170	65.64	192	74.13
技能匹配	38	14.67	27	10.42	5	1.93	21	8.11
技能过度	108	41.70	134	51.74	84	32.43	46	17.76

数据来源：本研究调查数据。

那么，老挝员工对工作中各项技能的认识是否与其工作中的使用程度相关呢？根据使用程度本研究将能力使用分为两类：基本不用或很少使用的为一类，使用或经常使用的为另一类。从表 5-5 可以看到，过低能力（包括阅读、写作与数值运算等能力）重要性的评价或过高能力重要性的评价主要出现在基本不用或很少会运用这些基本能力的受访者中。

表 5-5　能力使用程度与能力重要性认识不匹配的关系

单位：%

	阅读			写作			数字运算		
	错配	低估	高估	错配	低估	高估	错配	低估	高估
很少使用	74.52	38.22	36.29	77.99	33.59	44.40	83.78	63.71	20.08
经常使用	12.74	6.56	6.18	13.51	5.02	8.49	16.22	3.86	12.36

数据来源：本研究调查数据。

（2）非认知技能的不匹配情况

相比较认知技能的情况，对非认知技能的测量按照大五人格进行区分后有如下匹配或错配结果，如表 5-6 所示。

表 5-6　中资企业老挝员工非认知能力匹配结果

非认知能力	测度标准	技能不足	技能匹配	技能过度	技能不足	技能匹配	技能过度
		数量（个）			百分比（%）		
开放性	自报	58	162	39	22.39	62.55	15.06
	STEP 标准	111	92	56	42.86	35.52	21.62
	O*NET 标准	124	94	41	47.88	36.29	15.83
尽责性	自报	46	166	47	17.76	64.09	18.15
	STEP 标准	17	96	146	6.56	37.07	56.37
	O*NET 标准	73	153	33	28.19	59.07	12.74
外向性	自报	39	180	40	15.06	69.50	15.44
	STEP 标准	13	129	117	5.02	49.81	45.17
	O*NET 标准	65	177	17	25.10	68.34	6.56
宜人性	自报	25	189	45	9.65	72.97	17.37
	STEP 标准	17	93	149	6.56	35.91	57.53
	O*NET 标准	65	110	17	25.10	42.47	6.56
情绪稳定性	自报	31	177	51	11.97	68.34	19.69
	STEP 标准	56	136	67	21.62	52.51	25.87
	O*NET 标准	121	88	50	46.72	33.98	19.31

数据来源：本研究调查数据。

第一，对比三种标准，中资企业中老挝工人非认知能力的匹配性高于老挝家户调查的结果，按自报标准与 O*NET 标准计算的"大五人格"匹配性结果较为接近。这可以印证前面关于非认知能力的分析中，中资企业老挝员工的非认知能力水平普遍高于老挝的平均水平，而且中资企业的老挝员工的非认知能力大部分与国际标准相接近。为便于识别中资企业老挝员工非认知能力的匹配与不匹配程度，以下判断基于自报标准与 O* NET 标准的比较。

第二，尽责性、外向性在两类标准下的匹配数量基本相符，且匹配的比例较高，大约有 60%的员工所表现出的非认知能力与职业需求相吻合，可以初步判断中资企业中老挝员工的尽责性与外向性大部分与所从事的职业相符合；开放性、宜人性与情绪稳定性三项的匹配结果显示，自报标准下技能匹配的样本量多于 O* NET 标准下的匹配结果，表明在开放性、宜人性与情绪稳定性方面主观的自报标准存在高估能力的可能性。

第三，按自报标准计算的"大五人格"的技能过度的样本数量高于 O* NET 标准的结果，这意味着中资企业的老挝员工对自身非认知能力的认识存在高估的可能，按照 O* NET 标准计算出来的结果，开放性与情绪稳定性不足是老挝员工非认识能力中短缺的部分。

四 老挝中资企业东道国员工技能短缺的影响：收入惩罚

上一部分的分析显示技能短缺是中资企业老挝员工普遍存在的问题，但技能短缺究竟会产生怎样的影响，影响程度有多大？本部分基于项目的调查数据检验中资企业老挝员工技能短缺对老挝员工的工资水平产生的影响。

1. 老挝中资企业东道国员工教育与技能回报分析

表 5-7 给出了老挝中资企业东道国员工教育与技能回报估计结果，列（1）为基准回归，列（2）为在其他条件不变情况下的估计结果。由列（2）可知，认知技能的提升会显著提升老挝中资企业中东道国员工的工资水平，这一比例为 14.8%，而非认知技能的提高对东道国员工收入水平的提高没有显著影响，由此，认知技能水平的提升有助于东道国员工收入水平提高。进一步，教育对东道国员工的收入水平没有显著影响，经验对东道国员工收入增长有显著影响。

表 5-7 老挝中资企业东道国员工技能回报估计结果

变量	(1)	(2)
认知能力	0.0701*** (0.0245)	0.148*** (0.0508)
非认知能力	-0.0297 (0.0426)	-0.0437 (0.0528)
受教育程度	-0.00669 (0.0143)	-0.00892 (0.0257)
经验		0.0618** (0.0269)
经验的平方		-0.00110** (0.000515)
常数项	7.580*** (0.435)	8.454*** (1.298)
样本量	251	148
R^2	0.027	0.167

注：(1) 括号中为标准差。(2) *** p<0.01；** p<0.05；* p<0.1。(3) 模型中控制了性别、婚姻、保险、职业、所在企业规模以及地区等变量。

2. 中资企业老挝员工教育不匹配对收入的影响

基于上述基本的工资方程结果，进一步探讨技能短缺带来的收入惩罚有助于识别东道国员工何种技能短缺产生的影响更大，这样的结果将具有明确的政策指向。已有研究集中探讨了发达国家劳动者的过度教育或技能过度产生的收入损失，在老挝这样的欠发达国家里，教育或技能不足产生的影响远大于教育或技能过度的影响。Perry、Wiederhold 和 Ackermann-Piek（2014）认为当工人技能不足（under-skilled）时由于薪资溢价，收入会上升，而当工人技能过度（over-skilled）时由于工资处罚，收入会下降。这一结论置于欠发达的国家未能适用，但是技能匹配与否是决定工人当前工资的决定性因素，这一点在所有经济体中都适用。本部分利用项目中受教育程度、认知技能的信息与 O*NET 所提供的工作所要求的受教育程度及技能信息相比较，分别计算得到受教育程度与认知技能的不匹配程度，将不匹配程度分为教育/技能过度、教育/技能不足。

首先教育不匹配对收入影响的计算结果如表5-8所示，在仅考虑教育与经验对老挝员工收入影响的基准模型 Model1 中，受教育年限对中资企业中的老挝员工工资没有显著影响，而经验对员工收入的影响显著且符合倒 U 形曲线的特征。考虑教育不匹配之后，经验对收入的影响依然显著，教育对收入的影响依然不显著，但是有别于其他国家的研究结果，教育过度或教育不足对收入的作用不显著。

表 5-8 基准模型与教育错配对老挝员工收入的影响
被解释变量：ln（Wage）

解释变量	Model1	Model2
	基准模型	教育错配
教育不足		-0.221
		(0.175)
教育过度		-0.135
		(0.215)
受教育年限	0.02629	0.0168
	(0.0168)	(0.0210)
经验	0.046764 **	0.0447 *
	(0.02316)	(0.0243)
经验的平方	-.00106 ***	-0.00101 **
	(0.00048)	(0.000415)
常数项	7.5156 ***	7.778 ***
	(0.4301)	(0.577)
样本量	236	236
R^2	0.114	0.145

注：（1）模型控制了性别、婚姻、保险以及地区等变量。（2）括号中为标准差。（3）*** p<0.01；** p<0.05；* p<0.1。

3. 中资企业老挝员工认知技能不匹配的收入影响

考察认知能力的不匹配对收入的影响，如表 5-9 所示。考虑到阅读能力强的，大多数写作能力也不会差，二者是极为相关的，但与数学运算能力相关性较弱，我们在模型 3 与模型 4 中分别引入阅读能力与写作能力不匹配的情形。表 5-9 显示，模型 3 与模型 4 中数学运算能力过度对中资企业老挝员工有着显著的正向影响，相对于其他情形，数学运算能力过度的收入水平增长，高出 47.6% 与 44.7%，而运算能力不足则没有显著影响，换言之，数学运算能力强的劳动力收入水平更高；而阅读能力与写作能力的不匹配显示出与数字运算能力截然不同的特征，模型 3 中阅读能力过度与模型 4 中写作能力过度对中资企业老挝员工的收入没有显著影响（significant impact），模型 3 的结果表明，相对于其他情形，阅读能力不足的收入水平下降 77.1%，类似地，模型 4 中写作能力不足的收入水平下降 28.1%。经验这一变量的影响依然显著。

表 5-9　技能错配对老挝员工收入的影响：认知能力错配

被解释变量：ln（Wage）

解释变量	Model3	Model4
数学运算能力不足	0.0418 (0.177)	0.00115 (0.182)
数学运算能力过度	0.476* (0.256)	0.447* (0.261)
阅读能力不足	-0.771*** (0.206)	
阅读能力过度	-0.0888 (0.249)	
写作能力不足		-0.281* (0.169)
写作能力过度		0.306 (0.195)

续表

解释变量	Model3	Model4
受教育年限	0.0290 （0.0199）	0.0255 （0.0197）
经验	0.0512 *** （0.0155）	0.0592 *** （0.0146）
经验的平方	-0.00103 *** （0.000306）	-0.00123 *** （0.000283）
常数项	7.462 *** （0.397）	6.900 *** （0.323）
样本量	234	234
R^2	0.113	0.126

注：（1）模型控制了性别、婚姻、保险以及地区等变量。（2）括号中为标准差。（3）***：$p<0.01$；**：$p<0.05$；*：$p<0.1$。

与以往研究相同，经验与劳动力收入水平存在显著的倒 U 形关系，有别于发达国家的经验研究，在老挝中资企业中，老挝员工的受教育程度及受教育程度的不匹配对收入没有显著影响，认知能力的不匹配对收入水平有显著影响，较高的数学运算能力会带来更高的收入水平，而阅读能力与写作能力的不足则会降低收入水平，其中阅读能力的作用更大。可以初步推断的是数学运算能力不足对老挝员工在中资企业的收入能力没有影响，而阅读与写作能力不足则直接使老挝员工收入减少，特别是阅读能力的不足对老挝员工的收入水平影响极大。一个可能的解释就是那些可以看懂企业生产运营过程中用到的表格、财务报表等的员工能获得更高的收入。

4. 中资企业老挝员工非认知技能错配的收入影响

进一步，考察非认知能力的不匹配对老挝员工收入水平的影响。如表5-10所示，教育对收入的影响仍然不显著，同样地，经验对收入的影响仍然较为显著。非认知能力的错配对老挝员工收入的影响大多不显著，除了开放性过度对员工收入在10%的水平上有显著负影响，相对于其他情况，开放性过度的老挝员工收入水平低约 37.7%。

表 5-10　技能错配对老挝员工收入的影响：认知能力错配

被解释变量：ln（Wage）

变量	Model5
开放性不足	-0.0135
	(0.147)
开放性过度	-0.377*
	(0.204)
尽责性不足	-0.0859
	(0.175)
尽责性过度	0.275
	(0.225)
外向性不足	0.117
	(0.172)
外向性过度	0.214
	(0.372)
宜人性不足	-0.172
	(0.157)
宜人性过度	0.0272
	(0.172)
情绪稳定性不足	-0.00942
	(0.150)
情绪稳定性过度	-0.199
	(0.198)
受教育程度	0.0473
	(0.0280)
经验	0.0523***
	(0.0155)
经验的平方	-0.00102***
	(0.000312)

续表

变量	Model5
常数项	6.748***
	(0.317)
样本量	236
R²	0.089

注：（1）模型控制了性别、婚姻、地区等变量。（2）括号中为标准差。（3）***：p<0.01；**：p<0.05；*：p<0.1。

5. 小结

根据上述回归结果可以初步判断：第一，中资企业老挝员工认知技能的提升显著提高了老挝员工的收入水平，非认知技能对老挝员工收入没有显著影响。第二，经验对老挝员工的收入影响较为重要，经验是影响中资企业老挝员工收入水平的重要方面。第三，认知能力短缺的确对老挝员工产生了收入惩罚。提高老挝员工的阅读与写作能力是改变当下老挝员工能力结构的重点，在阅读与写作能力处于不足的条件下，"干中学"的方式是最好的能力提高途径。第四，处在当前的发展阶段，老挝员工的受教育水平以及所能从事的工作职位决定了教育对收入没有显著的作用，也可以理解为接受正规教育的人力资本水平对老挝员工的收入水平不起太大作用，这也可以部分解释为什么老挝1~2年级的退学率较高。第五，大部分非认知能力的错配对老挝员工收入没有显著影响，开放性过度对员工收入有显著的负向影响。

第二节　中国企业海外投资的劳动力技能结构与技能短缺：泰国

"一带一路"政策实施五年以来，为沿线国家的经济社会发展带来了不容小觑的贡献，并且以民心相通为导向的政策一方面有利于中资企业在海外树立良好的企业形象，另一方面有利于改善东道国的民生。本节主要针对泰国中资企业在海外投资中对东道国劳动力的就业水平和人力资本水平带来的影响进行分析。

一　泰国中资企业员工结构分析①

1. 泰国中资企业员工的就业分布分析

企业调查数据显示，泰国的中资企业对各种类型的员工需求量呈"中间大，两头小"的状态，即高管和一线员工需求小，技术人员、行政人员和销售人员需求大。整体上看，泰国的中资企业对泰国的劳动力需求比外国劳动力大，首先是来自泰国的技术人员，其次是泰国有资质的一线人员和销售人员。

如表 5-11 所示，从整体上看，泰国中资企业雇佣的技术人员占比最高，为 31.94%，其次是有资质的一线员工和销售人员分别为 18.32% 和 17.80%，然而有趣的是，泰国的中资企业雇佣的高管和一线员工的比例并不高，分别为 11.52% 和 7.33%。由于员工类型是由国际标准职业分类（ISCO）得来的，ISCO 是按照各个职业所需技能高低划分的职业类型，所以泰国的中资企业用工类型呈现出高技能和低技能用工量少，中等技能用工量大的"橄榄"形的趋势。从员工的国籍分布来看，泰国的中资企业雇佣泰国的劳动力占全部员工的比例为 85.20%，是雇佣外国员工的 5.8 倍，说明中资企业基本实现了本土化用工。其中，泰国的中资企业对泰国的技术人员需求最大，为 27.23%，然后对销售人员和有资质的一线员工需求较大，都为 15.63%，高管和一线员工的用工比例较小，分别为 9.95% 和 3.14%。这种"橄榄"形的雇佣趋势再次说明，在泰国投资的大环境下中资企业对具备中高等技能的泰国劳动力的需求是很大的。从雇佣劳动力的性别分布来看，中资企业雇佣的泰国女

---

① 需要说明的是泰国与柬埔寨的调查在老挝调查问卷基础上进行了调整，有部分指标的计算难以采用与老挝相同的计算与分析方法。此外，世界银行 STEP 调查在东南亚地区仅在老挝与斯里兰卡开展，因此，泰国与柬埔寨的分析采用的分析框架、分析内容与老挝的有所不同。

性劳动力占比较高，为 50.26%，说明中资企业在本土化用工过程中创造了更多的女性就业机会。

表 5-11　泰国中资企业员工的构成

	占全部员工比例（%）	泰国员工占全部员工比例（%）	外国员工占全部员工比例（%）
员工类型			
中高层管理者	11.52	9.95	1.57
技术人员	31.94	27.23	4.71
行政人员	13.09	12.57	0.52
销售人员	17.80	15.63	2.09
有资质的一线员工	18.32	15.63	1.72
一线员工	7.33	3.14	4.19
小计	100.00	85.20	14.80
性别			
男性	45.03	34.03	11.00
女性	54.97	50.26	4.71
小计	100.00	84.29	15.71

数据来源：本研究调查（2016 年）。

通过以上对东道国劳动力就业比例的分析，我们可以看到中资企业"走出去"确实为泰国的劳动力市场以及女性就业做出了一定的贡献。下面，我们将进一步分析中资企业在海外投资本土化用工时，本土员工的人力资本情况。

2. 泰国中资企业中的员工素质结构

从以上分析中发现，泰国中资企业基本实现了本土化用工，下面我们将对比本土员工和国外员工的人力资本结构来解析吸引中资企业本土化用工的原因。本节将劳动者的人力资本结构分为工资、教育、经验、健康（BMI）和技能几部分，其中技能根据 Heckman（2005，2007，2009）分为认知技能和非认知技能两部分来衡量。认知技能包括数学运算、写作和阅读三部分；非认知技能包括情绪稳定性、宜人性、尽责性、外向性和开放性五部分，也被称为"大五"人格。

表 5-12 是按劳动者国籍划分计算出的劳动者素质数据。

表 5-12　按劳动者国籍划分的劳动者素质结构

变量名	外国员工			泰国本土员工		
	均值	标准差	样本数	均值	标准差	样本数
月工资（元）	5128	3404	28	4051	2140	143
年龄	30.20	8.70	30	30.88	7.08	101
受教育年限	11.69	4.77	29	13.59	3.54	161
经验	12.00	10.15	29	10.58	8.36	161
BMI	22.89	2.95	30	22.92	3.93	162
技能总得分	16.87	5.06	29	14.65	3.84	159
认知技能得分	5.90	4.35	30	4.62	3.12	162
非认知技能得分	11.08	1.76	29	10.07	1.75	159
数学运算得分	2.60	1.65	30	1.59	1.24	162
阅读得分	1.57	1.70	30	1.62	1.43	162
写作得分	1.73	1.51	30	1.40	1.34	162
情绪稳定性得分	1.48	0.45	30	1.43	0.46	162
宜人性得分	1.66	0.28	30	1.55	0.42	161
尽责性得分	3.33	0.62	29	2.88	0.62	161
外向性得分	2.87	0.59	30	2.69	0.63	160
开放性得分	1.74	0.55	29	1.53	0.38	160

数据来源：2016 年本研究调查。

通过对比国外员工和本土员工的工资、教育、经验、健康（BMI）和技能的均值发现，本土员工的月工资平均为 4051 元，比国外员工的工资均值少 1077 元；本土员工的平均受教育年限为 13.59 年，相当于已高中毕业，而国外员工的受教育年限为 11.69 年，没有完成高中学业。从 BMI 指数的统计来看，外国员工的 BMI 指数为 22.89，本土员工的 BMI 指数为 22.92。WHO 定义的正常 BMI 指数范围为 18.5~23.9，因此国外劳动力和本土劳动力的 BMI 指数都处于正常范围内。从经验和技能水平来看，外国员工的经验、技能总分、认知技能得分和非认知技能得分分别为 12 年、

16.87分、5.9分和11.08分，本土员工的经验、技能总分、认知技能得分和非认知技能得分分别为10.58年、14.65分、4.62分和10.07分。从认知技能和非认知技能的具体分类分布可知，除了本土劳动力的阅读技能得分高于外国劳动力，外国劳动者的其他技能得分都高于本土劳动者，但差距不大。因此，通过对比可知：虽然泰国中资企业外国员工的经验和技能水平略高于泰国本土员工，但总体上看外国劳动力和本土劳动力的人力资本素质结构差距不大，由于外国员工多属中国外派，其平均工资比本土员工高。

二 泰国中资企业员工技能构成

从以上分析得出，泰国本土员工的工作经验和技能水平与外国员工的水平相当，但泰国本土员工的工资低于外国员工，泰国的中资企业基本实现本土化用工，且大多雇佣具有中高等技能水平的本土员工。本部分就泰国中资企业雇佣员工具备的技能进行分析，首先，按劳动者年龄、性别和受教育程度进行分组分别考察其与总技能、认知技能和非认知技能的关系；其次，考察劳动者的职业类型、工作性质与技能的关系；最后，对泰国员工技能构成给出一个基本的判断。

1. 泰国中资企业东道国员工年龄结构与技能

以下将按劳动者的年龄、性别和受教育程度分组分别考察其与劳动者技能之间的关系。如表5-13所示，从劳动者的年龄分布来看，随着劳动者年龄的增加，东道国员工技能得分有一个先增加后减少的趋势，这说明刚进入劳动力市场的年轻劳动者技能水平不足，随着时间的变化年轻劳动者到40岁左右的时候技能积累达到最大，但随着劳动者的年龄继续增加，劳动者前期所积累的技能可能不适用于现代经济发展的要求而退化。从性别分布来看，女性所具备的技能得分比男性高但差距不大。从受教育程度的分组来看，随着受教育程度的增加技能积累是增加的，说明正规教育的提升会增加劳动者技能的积累。

表 5-13　劳动者人口结构与技能得分的基本统计

人口特征	技能总得分	认知技能得分	非认知技能得分
年龄（岁）			
18~30	14.90	4.82	10.12
31~40	15.26	5.03	10.27
41~50	14.72	4.81	10.58
性别			
男	14.88	4.70	10.21
女	15.09	4.90	10.24
受教育程度			
初中以下	12.51	2.57	9.93
高中	14.87	4.62	10.35
大专及以上	15.98	5.72	10.29

数据来源：2016 年本研究调查。

2. 泰国中资企业东道国员工职业类型、工作性质与技能的关系

将中资企业泰国本土员工的职业类型分为中高层管理者、技术人员、行政人员、销售人员、有资质的一线员工和一线员工六种类型来分别考察其技能总得分、认知技能得分和非认知技能得分的分布情况。从图 5-9 中发现，中高层管理者的技能总分最高，一线员工的认知技能得分最低。从各个技能得分的分布来看，随着劳动者职业类型所需技能水平的下降，劳动者的总技能得分和认知技能得分有下降的趋势，而非认知技能得分稍有上升的趋势。

图 5-10 是按劳动者的工作性质划分的认知技能分布图和非认知技能分布图。将劳动者的工作性质分为干体力活和不干体力活发现，不干体力活的劳动者认知技能分项得分高于干体力活的认知技能得分（数学运算除外），不干体力活的劳动者其责任心高于干体力活的劳动者，并且除了非认知技能中的尽责性技能得分不同外，干与不干体力活的劳动者其他非认知技能得分大致相同。

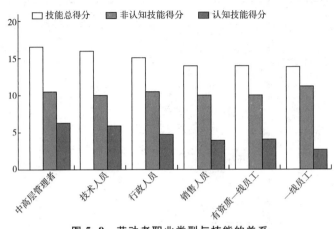

图 5-9　劳动者职业类型与技能的关系

图 5-11 是按劳动者是否使用半自动机械分类的认知技能分布图和非认知技能分布图，将劳动者的工作性质分为使用半自动机械和不使用半自动机械发现，使用半自动机械的劳动者其数学运算技能得分高于不使用半自动机械的数学技能得分，使用半自动机械的劳动者其尽责性得分高于不使用半自动机械劳动者的尽责性得分。说明企业对使用半自动机械的劳动者的数学运算能力和责任性要求更高。

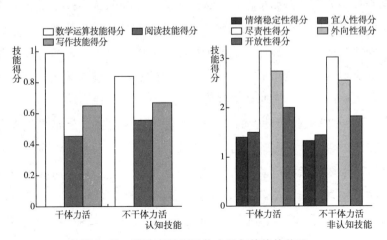

图 5-10　劳动者是否干体力活与技能的关系

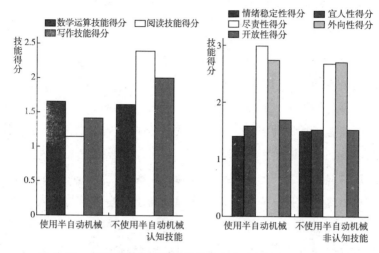

图 5-11 劳动者职业类型是否使用半自动机械与技能的关系

　　因此，中资企业泰国本土员工的工作经验和技能水平与国外员工的水平相当且本土员工的工资低于国外员工，泰国中资企业大多雇佣具有中高等技能水平的本土员工，在泰国投资的中资企业有效地提升了就业于中资企业的劳动者的技能水平。为更进一步地研究泰国劳动力市场的技能水平情况，我们按劳动者的人口结构、职业类型和工作性质分组分别考察技能总得分、认知技能得分、非认知技能得分以及认知技能和非认知技能各具体项目的得分情况，发现：（1）随着劳动者的年龄增加其技能得分有一个先升后降的趋势，这符合人力资本生命周期变动的年龄-技能关系；（2）随着劳动者受教育程度的增加其技能积累是增加的，说明正规教育的提升会增加劳动者技能的积累；（3）从职业类型来看，中高层管理者的技能总分最高，一线员工的认知技能得分最低，随着劳动者职业类型所需技能水平的下降劳动者的总技能得分和认知技能得分有下降的趋势，而非认知技能得分稍有上升的趋势；（4）从工作性质来看，不干体力活的劳动者认知技能水平更高，并且使用半自动机械的劳动者的数学运算能力和责任性更高。

三 泰国中资企业东道国员工的技能短缺分析：与 O* NET 标准相比较

1. 泰国中资企业东道国员工认知能力短缺程度分析

图 5-12~图 5-15 是泰国劳动者对阅读、写作、数学运算和口语技能对工作重要性的打分，满分为 5 分。同时，O* NET 也对这四种技能做了标准化打分的处理。下面是两种打分方式的比对图，从图 5-12 可得泰国中资企业的工厂设备与机器操作工作人员认为阅读理解能力对工作的重要程度最高，一线员工认为阅读能力对工作的重要程度最低。泰国中资企业的中高层管理者、技术人员和技术及相关专业人员认为阅读技能对工作的重要程度低于 O* NET 给出的阅读技能的标准打分，行政人员、服务与销售人员、工艺及相关工作人员、工厂设备与机器操作工作人员和一线员工认为阅读技能对工作的重要程度高于 O* NET 给出的阅读技能的标准打分。从本调查的样本均值来看，泰国的中资企业员工认为阅读技能对工作的重要程度高于 O* NET 给出的阅读对工作的重要程度。

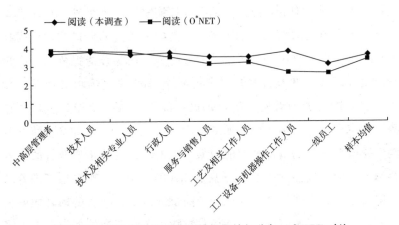

图 5-12 劳动者对阅读技能的重要性打分与 O* NET 对比

从图 5-13 可得，泰国中资企业的行政人员和工厂设备与机器操作工作人员认为写作能力对工作的重要程度较高，服务与销售人员认为写作能力对工作的重要程度最低。泰国中资企业的技术人员认为写作技能对工作的重要程度与 O＊NET 给出的写作技能的标准打分相一致，中高层管理者、技术及相关专业人员、行政人员、服务与销售人员、工艺及相关工作人员、工厂设备与机器操作工作人员和一线员工认为写作技能对工作的重要程度高于 O＊NET 给出的写作技能的标准打分。本调查的样本均值显示，泰国的中资企业员工认为写作技能对工作的重要程度高于 O＊NET 给出的写作对工作的重要程度。

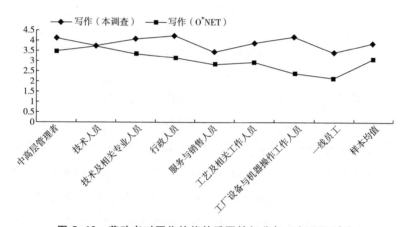

图 5-13　劳动者对写作技能的重要性打分与 O＊NET 对比

从图 5-14 可得，泰国中资企业的中高层管理者和技术及相关专业人员认为数学运算能力对工作的重要程度较高，工厂设备与机器操作工作人员认为数学运算能力对工作的重要程度最低。泰国中资企业的技术人员认为数学技能对工作的重要程度与 O＊NET 给出的数学技能的标准打分相一致，中高层管理者、技术及相关专业人员、行政人员、服务与销售人员、工艺及相关工作人员、工厂设备与机器操作工作人员和一线员工认为数学技能对工作的重要程度高于 O＊NET 给出的数学技能的标准打分。从本调查的样本均值来看，泰国的中资企业员工认为数学运算技能对工作的重要程度高于 O＊NET 给出的数学运算对工作的重要程度。

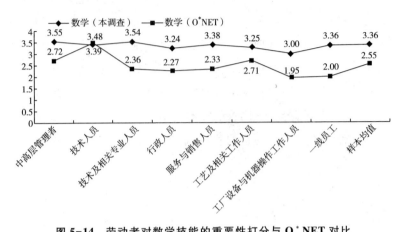

图 5-14　劳动者对数学技能的重要性打分与 O*NET 对比

观察图 5-15，泰国中资企业的行政人员认为口语表达能力对工作的重要程度最高，工厂设备与机器操作工作人员认为口语表达能力对工作的重要程度最低。但泰国中资企业的所有员工都认为口语技能对工作的重要程度高于 O*NET 给出的口语表达能力的标准打分。从本调查的样本均值来看，泰国的中资企业员工认为口语表达技能对工作的重要程度高于 O*NET 给出的口语表达对工作的重要程度。

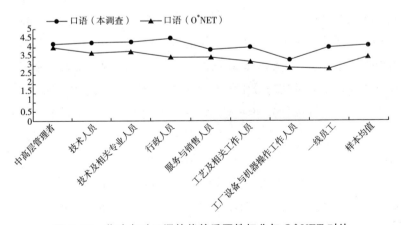

图 5-15　劳动者对口语技能的重要性打分与 O*NET 对比

从上述分析可以看到，泰国中资企业中的东道国员工认知能力水平总体是高于 O*NET 标准的。可以认为在认知能力上，泰国中资企业中的东道国员工总体不存在认知技能短缺的情况。

2. 泰国中资企业东道国员工非认知能力的短缺程度分析

对非认知能力的分析是以大五人格为基础进行区分的。对泰国中资企业受访的东道国员工非认知能力得分值进行计算，并将其与 O*NET 标准进行对比。

第一，泰国中资企业东道国员工的尽责性低于 O*NET 标准。如图 5-16 所示，受访泰国中资企业中，企业的泰国员工尽责性远低于 O*NET 标准，仅一线工人的尽责性得分与 O*NET 标准基本接近。整体而言，泰国中资企业的东道国员工尽责性得分水平在 2.8~3 之间，样本均值得分为 2.84，而 O*NET 的得分值为 3.91。

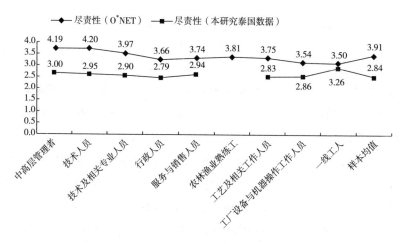

**图 5-16　泰国中资企业东道国员工非认知能力得分与 O*NET
标准比较：尽责性**

第二，泰国中资企业东道国员工的外向性得分低于 O*NET 标准。如图 5-17 所示，泰国中资企业东道国员工外向性的得分同样远低于 O*NET 的结果，所有职业类别受访员工与 O*NET 标准的差距都基本相当，且在样本得分均值上差距较大，O^*NET 样本外向性得分均值为 3.73，而泰国中资企业东道国员工得分均值为 2.44。

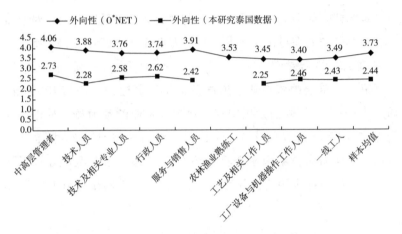

图 5-17　泰国中资企业东道国员工非认知能力得分与 O^*NET 标准比较：外向性

　　第三，泰国中资企业东道国员工的宜人性得分与 O^*NET 标准基本一致。如图 5-18 所示，不同职业的泰国中资企业东道国员工宜人性得分与 O^*NET 的结果基本重合，而且中高层管理者、工艺及相关工作人员的宜人性得分高于 O^*NET 标准。比较样本均值得分时，O^*NET 样本宜人性得分均值为 3.79，而泰国中资企业东道国员工得分均值为 3.91，总体上宜人性得分高于国际标准。

　　第四，泰国中资企业东道国员工的开放性远低于 O^*NET 标准。如图 5-19 所示，泰国中资企业东道国员工开放性的得分远低于 O^*NET 的结果，所有职业类别受访员工的得分与 O^*NET 标准的差距都基本相当，且在样本得分均值上差距较大，O^*NET 样本开放性得分均值为 3.54，而泰国中资企业东道国员工得分均值仅为 1.88，在开放性的得分上，泰国中资企业的东道国员工得分过低。

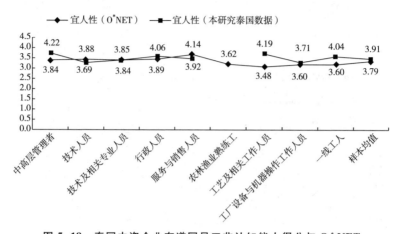

**图 5-18　泰国中资企业东道国员工非认知能力得分与 O*NET
标准比较：宜人性**

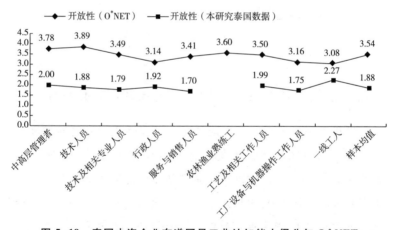

**图 5-19　泰国中资企业东道国员工非认知能力得分与 O*NET
标准比较：开放性**

第五，泰国中资企业东道国员工的情绪稳定性略低于 O*NET
标准。如图 5-20 所示，泰国中资企业东道国员工情绪稳定性的得分
略低于 O*NET 的结果，所有职业类别受访员工的情绪稳定性得分与
O*NET 标准的差距都基本相当，在受访样本均值上，O*NET 样本情
绪稳定性得分均值为 4.02，而泰国中资企业东道国员工得分均值为

2.88，在情绪稳定性的得分上，泰国中资企业的东道国员工略低于国际标准。

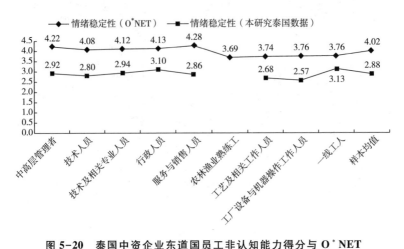

图 5-20 泰国中资企业东道国员工非认知能力得分与 O*NET
标准比较：情绪稳定性

四 泰国中资企业东道国员工的技能回报估计结果

有别于老挝中资企业东道国员工认知技能回报显著的情况，泰国中资企业东道国员工的技能回报估计结果如表 5-14 所示。列（1）为基准回归，可以看到无论是认知能力还是非认知能力，对泰国中资企业东道国员工的收入增长没有显著作用；列（2）为控制其他因素之后的技能回报，显然，在被调查的东道国员工样本中，认知能力与非认知能力的回报均不显著，与此同时，教育回报在控制其他因素之后也不显著，经验的作用也不显著。

表 5-14 泰国中资企业东道国员工技能回报估计结果

变量	（1）	（2）
认知能力	0.00980 （0.0123）	-0.00337 （0.0177）

续表

变量	（1）	（2）
非认知能力	0.0426 （0.0384）	0.0745 （0.0490）
受教育程度	0.0554*** （0.0103）	0.0436 （0.0300）
经验		0.0291 （0.0182）
经验的平方		-0.00106** （0.000505）
常数项	6.917*** （0.371）	5.295*** （0.643）
样本量	139	76
R^2	0.215	0.386

注：（1）*、** 和 *** 分别表示在 10%、5% 和 1% 的水平上显著。（2）模型控制了性别、婚姻以及地区等变量，未报出。

第三节　中国企业海外投资的劳动力技能
结构与技能短缺：柬埔寨

本节主要针对柬埔寨中资企业对东道国劳动力的就业水平和人力资本水平带来的影响进行分析。

一　柬埔寨中资企业员工结构分析

1. 柬埔寨中资企业中的员工基本素质结构

本部分将劳动者的人力资本结构分为工资、年龄、教育、经验、健康（BMI）和技能，其中技能根据 Heckman（2005，2007，2009）分为认知技能和非认知技能两部分来衡量。认知技能包括数学运算、写作和阅读三部分；非认知技能包括：情绪稳定性、宜人性、尽责性、外向性和开放性五部分，也被称为"大五"人格。

表 5-15 是本调查获取样本的基本统计性描述，从中发现，柬埔寨中资企业员工的月平均工资为 2429 元；劳动力的平均就业年龄为 27 岁，最小年龄为 18 岁，最大年龄为 59 岁；平均受教育年限为 8.14 年，由于柬埔寨初中毕业需要 8 年，因此就业者的平均受教育程度为初中。从 BMI 指数的统计来看，柬埔寨中资企业员工的 BMI 指数为 21.13，WHO 定义的正常 BMI 指数范围为 18.5~23.9，因此该国中资企业劳动力的健康状况处于正常范围内。从技能水平来看，劳动者的平均技能总分、平均认知技能得分和平均非认知技能得分分别为 12.25 分、2.07 分和 10.32 分。从认知技能和非认知技能的具体分类分布可知，劳动者认知技能中的数学运算能力、阅读能力和写作能力的平均得分分别为 0.88、0.53 和 0.66，最大值和最小值都为 5 和 0，由此看来劳动者认知技能水平较低；劳动者非认知技能中的情绪稳定性、宜人性、尽责性、外向性和开放性技能的平均分分别为 1.34、1.45、3.05、2.59 和 1.86。

表 5-15　样本的基本统计描述

变量	均值	标准差	样本数	最小值	最大值
月工资（元）	2429	7419	325	80	72000
年龄	27.32	7.47	346	18	59
受教育年限	8.14	3.61	345	0	19
经验	12.09	8.16	345	0	48
BMI	21.13	3.00	346	14.34	33.30
技能总得分	12.25	3.62	322	6.33	25.83
认知技能得分	2.07	2.90	346	0	14
非认知技能得分	10.32	1.87	322	5.83	15

变量	均值	标准差	样本数	最小值	最大值
数学运算得分	0.88	1.08	346	0	5
阅读得分	0.53	1.12	346	0	5
写作得分	0.66	1.08	346	0	5
情绪稳定性得分	1.34	0.40	342	0	2
宜人性得分	1.45	0.42	340	0	2
尽责性得分	3.05	0.61	324	1.33	4
外向性得分	2.59	0.60	325	0.75	4
开放性得分	1.86	0.47	325	0.50	3

数据来源：2016年本研究调查。

2. 柬埔寨中资企业员工的就业分布

企业调查数据显示，柬埔寨的中资企业对有资质的一线员工和技术人员需求较大，对中高层管理人员和行政人员需求较小，但中高层管理人员和行政人员的工资高于技术人员的工资，然而中高层管理者的工作经验最少，有资质的一线工人工作经验最多。从性别分布上看，柬埔寨的中资企业对女性员工的需求比男性大，但男性的工资、受教育水平和经验都高于女性（见表5-16）。

如表5-16所示，从职业类型来看，柬埔寨中资企业雇佣的有资质的一线员工占比最高，为49.42%，但是有资质的一线员工的平均月工资较少，为1259.31元。另外，柬埔寨中资企业雇佣较多的职业类型是技术人员和销售人员，分别为14.24%和17.80%，雇佣的行政人员和中高层管理者占总人数的比例最少，分别为5.81%和5.23%，但是行政人员和中高层管理者的平均月工资比较高，分别为4243.65元和3779.59元。从受教育年限来看，行政人员、中高层管理者和技术人员的受教育年限比较高，大约为高中学历，相比其他国家还是比较低的。从经验来看，有资质的一线员工的工作经验是最高的，为13.11年，中高层管理者的工作经验是最低的，为9.22年。

从性别分布上看，柬埔寨中资企业雇佣的女性员工占总人数的比例为 66.47%，男性员工的比例为 33.53%，说明中资企业创造了更多的女性就业。但从平均工资水平来看，男性的平均月工资比女性高 1328.89 元，导致这一结果的原因可能是柬埔寨的中资企业大部分分布于制衣业，制衣行业里的工资多为计件工资，因此当男性的工作效率大于女性时，男女的工资差距拉大。从受教育年限和工作经验来看，男性都高于女性，即男性的人力资本水平高于女性。

通过以上对东道国劳动力就业比例的分析，我们可以得到中资企业"走出去"确实给柬埔寨的劳动力市场以及女性就业做出了一定的贡献。下面，我们将进一步分析中资企业在海外投资雇佣的劳动力的人力资本情况。

表 5-16 柬埔寨中资企业员工的构成

	占全部员工比例（%）	工资	受教育年限	经验
员工类型				
中高层管理者	5.23	3779.59	12.06	9.22
技术人员	14.24	2484.05	10.45	10.67
行政人员	5.81	4243.65	12.16	10.11
销售人员	13.08	1682.24	8.78	11.73
有资质的一线员工	49.42	1259.31	6.54	13.11
一线员工	12.21	1059.07	7.86	12.24
性别				
男性	33.53	3324.92	9.74	12.26
女性	66.47	1996.03	7.34	12.00

数据来源：2016 年本研究调查。

二 柬埔寨中资企业员工技能构成与技能短缺：与 O* NET 标准相比较

从以上分析得出，柬埔寨的中资企业大多雇佣具有一定资质的一线员工。下面，我们将针对中资企业雇佣的员工自身所具备的技能进行分析。首先，按劳动者年龄和受教育程度进行分组分别考察其与总技能、认知技能和非认知技能的关系；其次，考察劳动者的职业类型、工作性质与技能的关系。

1. 劳动者的人口结构、职业类型与技能的关系

本节将劳动者的年龄和受教育程度分组分别考察其与劳动者技能之间的关系。如表 5-17 所示，从劳动者的年龄分布来看，随着劳动者的年龄增加其技能总得分、认知技能得分和非认知技能得分基本上都是递增的。从受教育程度分布来看，随着劳动者的受教育程度递增技能总得分、认知技能得分和非认知技能得分是递增的。从员工类型分组来看，中高层管理者的技能总得分、认知技能得分和非认知技能得分最高，一线员工的技能总得分和认知技能得分最低，销售人员的非认知技能得分最低。

表 5-17　劳动者人口结构与技能得分的基本统计

变量	技能总分	认知技能得分	非认知技能得分
年龄（岁）			
18~29	11.97	2.00	10.13
30~39	12.71	2.14	10.67
40~49	13.37	2.53	10.90
50+	13.94	2.50	11.44
受教育程度			
初中及以下	11.34	1.25	10.08
高中	13.88	2.92	10.93
大专及以上	17.35	5.84	11.42
员工类型			
中高层管理者	18.12	6.00	12.38
技术人员	14.31	3.67	10.67
行政人员	14.49	3.50	10.77
销售人员	11.95	2.40	9.78
有资质的一线员工	11.36	1.19	10.16
一线员工	11.41	1.10	10.31

数据来源：2016 年本研究调查。

2. 劳动者的工作性质与技能的关系

图 5-21 是按劳动者的工作性质划分的具体认知技能分布图和具体非认知技能分布图，将劳动者的工作性质分为干体力活和不干体力活发现，不干体力活的劳动者的数学运算能力低于干体力活的劳动者，但是阅读能力和写作能力高于干体力活的劳动者，干体力活的劳动者的非认知技能高于不干体力活的劳动者。说明干体力活的劳动者的阅读能力、写作能力和非认知技能水平比较高。

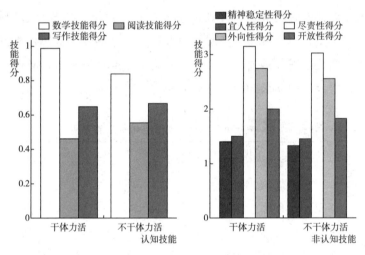

图 5-21　劳动者是否干体力活与技能的关系

图 5-22 是按劳动者是否使用半自动机械分类的具体认知技能分布图和具体非认知技能分布图。将劳动者的工作性质分为使用半自动机械和不使用半自动机械发现，使用半自动机械的劳动者的认知技能高于不使用半自动机械的劳动者，即其数学运算能力得分、阅读能力得分和写作能力得分高于不使用半自动机械的员工。除了不使用半自动机械劳动者的尽责性得分高于使用半自动机械劳动者的尽责性得分，使用半自动机械的劳动者与不使用半自动机械劳动者的其他非认知技能得分大致相同，说明使用半自动机械的劳动者认知技能水平比较高。

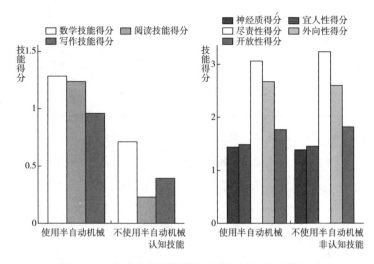

图 5-22 劳动者是否使用半自动机械与技能的关系

三 柬埔寨中资企业东道国员工技能短缺情况分析

1. 柬埔寨中资企业东道国员工认知技能短缺情况

图 5-23~图 5-26 显示了柬埔寨劳动者对阅读、写作、数学运算和口语技能对工作重要性的打分，满分 5 分。同时，O^*NET 也对这四种技能做了标准化打分的处理（图中也有显示）。从图 5-23 可得柬埔寨中资企业的中高层管理者认为阅读理解能力对工作的重要程度最高，行政人员认为阅读能力对工作的重要程度最低。柬埔寨的中高层管理者、技术人员、技术及相关专业人员和行政人员认为阅读技能对工作的重要程度低于 O^*NET 给出的阅读技能的标准打分，但是服务与销售人员、工艺及相关工作人员、工厂设备与机器操作人员和一线员工认为阅读技能对工作的重要程度高于 O^*NET 给出的阅读技能的标准打分。从本调查的样本均值来看，柬埔寨的中资企业员工认为阅读能力对工作的重要程度高于 O^*NET 给出的阅读对工作的重要程度。

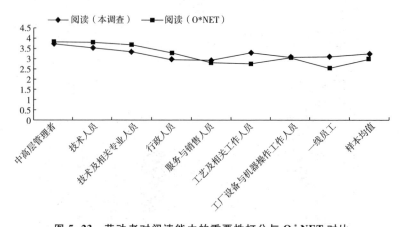

图 5-23　劳动者对阅读能力的重要性打分与 O*NET 对比

从图 5-24 可得，柬埔寨中资企业的中高层管理者认为写作能力对工作的重要程度最高，工厂设备与机器操作工作人员认为写作能力对工作的重要程度最低。柬埔寨的中高层管理者、技术人员、技术及相关专业人员和工厂设备与机器操作工作人员认为写作能力对工作的重要程度与 O*NET 给出的写作能力的标准打分相一致，行政人员、服务与销售人员、工艺及相关工作人员和一线员工认为写作能力对工作的重要程度高于 O*NET 给出的写作能力的标准打分。从本调查的样本均值来看，柬埔寨的中资企业员工认为写作能力对工作的重要程度高于 O*NET 给出的写作对工作的重要程度。

从图 5-25 可得，柬埔寨中资企业的中高层管理者和一线员工认为数学运算能力对工作的重要程度较高，工厂设备与机器操作工作人员认为数学运算能力对工作的重要程度最低。值得关注的是柬埔寨的所有员工都认为数学运算能力对工作的重要程度高于 O*NET 给出的数学运算能力的标准打分。从本调查的样本均值来看，柬埔寨的中资企业员工认为数学对工作的重要程度高于 O*NET 给出的数学对工作的重要程度。从本调查数据和 O*NET 调查数据的对比来看，柬埔寨中资企业的所有员工都认为数学运算能力对工作

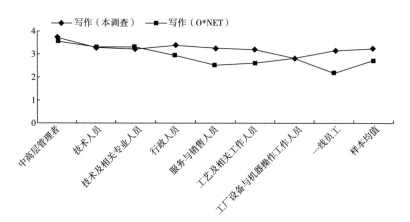

图 5-24　劳动者对写作能力的重要性打分与 O*NET 对比

的重要程度高于 O*NET 标准，并且各个职业类型的数学运算重要性得分的趋势变化与 O*NET 一致。

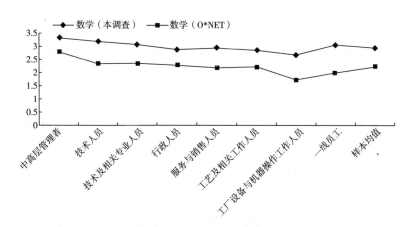

图 5-25　劳动者对数学运算能力的重要性打分与 O*NET 对比

观察图 5-26 可得，柬埔寨中资企业的中高层管理者认为口语表达能力对工作的重要程度最高，一线员工认为口语表达能力对工作的重要程度最低。但柬埔寨的中高层管理者和技术人员认为口语表达能力对工作的重要程度低于 O*NET 给出的口语表达能力的标准打分。行政人员、有资质的一线员工（工艺及相关工作人员和工厂设备与机器操作工作人员）和一线员工认为口语表达能力的重要程度高于 O*NET 给出的口语表达能力的标准打分。服务与销售人员认为口语能力对工作的重要程度与 O*NET 给出的口语表达能力的标准打分相同。因此，中资企业在培训员工时，应注重培训行政人员、有资质的一线员工和一线员工的口语表达能力。

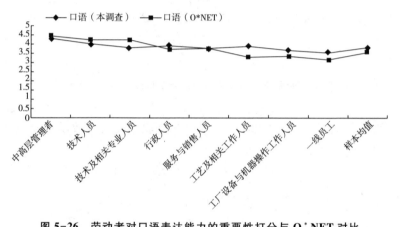

图 5-26　劳动者对口语表达能力的重要性打分与 O*NET 对比

2. 柬埔寨中资企业东道国员工非认知技能短缺情况分析

将柬埔寨中资企业受访的东道国员工的非认知能力得分值进行计算，并与 O*NET 标准进行对比。

第一，柬埔寨中资企业东道国员工的尽责性低于 O*NET 标准。如图 5-27 所示，受访中资企业中，企业的柬埔寨员工尽责性总体略高于 O*NET 标准，特别是管理者的尽责性远高于 O*NET 标准，仅一线工人的尽责性得分略低于 O*NET 标准。整体而言，柬埔寨中资企业的东道国员工尽责性得分水平在 2.8~3.6 之间，样本均值得分为 3.04，而 O*NET 的得分均值为 2.84。与老挝的数据结果相同，尽责性同样是柬埔寨中资企业东道国员工的能力优势。

第二，柬埔寨中资企业东道国员工的外向性得分低于 O*NET

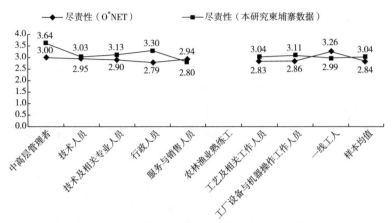

图 5-27　柬埔寨中资企业东道国员工非认知能力得分与 O*NET
标准比较：尽责性

标准。柬埔寨中资企业东道国员工外向性的得分远低于 O*NET 的
结果，所有职业类别受访员工的外向性得分与 O*NET 标准的差距
基本相当，且在样本得分均值上差距较大，O*NET 样本外向性得
分均值为 3.73，而柬埔寨中资企业东道国员工得分均值为 2.24，
与泰国中资企业东道国员工得分均值 2.44 基本相等。

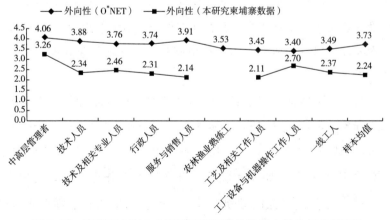

图 5-28　柬埔寨中资企业东道国员工非认知能力得分与 O*NET
标准比较：外向性

　　第三，柬埔寨中资企业东道国员工的宜人性得分与 O*NET 标准相差不大。如图 5-29 所示，柬埔寨中资企业受访员工在所有职业类别当中与 O*NET 标准的差距大多不大。

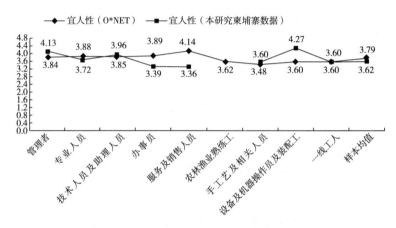

图 5-29　柬埔寨中资企业东道国员工非认知能力得分与 O*NET标准比较：宜人性

　　第四，柬埔寨中资企业东道国员工的开放性得分略低于 O*NET标准。如图 5-30 所示，柬埔寨中资企业东道国员工开放性的得分低于 O*NET 的标准，所有职业受访的员工开放性得分与 O*NET标准的差距大多基本相当，且在样本得分均值上差距较大，O*NET样本开放性得分均值为 3.54，而柬埔寨中资企业东道国员工得分均值为 2.26。

　　第五，柬埔寨中资企业东道国员工的情绪稳定性得分低于 O*NET 标准。如图 5-31 所示，柬埔寨中资企业东道国员工情绪稳定性的得分低于 O*NET 标准，所有职业的受访员工情绪稳定性得分与 O*NET 标准的差距基本相当，且在样本得分均值上差距较大，O*NET 样本情绪稳定性得分均值为 4.02，而柬埔寨中资企业东道国员工得分均值为 2.68。

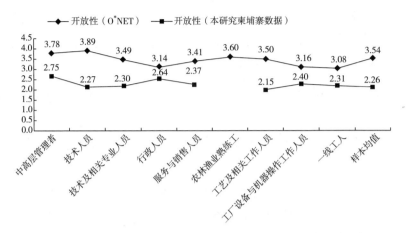

图 5-30　柬埔寨中资企业东道国员工非认知能力得分与 O*NET
标准比较：开放性

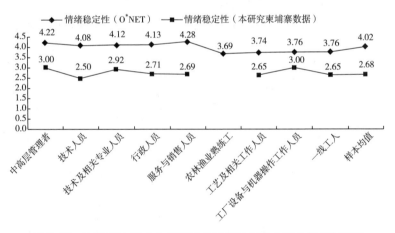

图 5-31　柬埔寨中资企业东道国员工非认知能力得分与 O*NET
标准比较：情绪稳定性

四　劳动者的技能回报分析

传统的人力资本理论把存在于人体之中的具有经济价值的知识、技能和体力（健康状况）等作为人力资本投资的对象。基于此，在大量实证研究中，教育和经验被简单地作为潜在人力资本回报的代理变量。但随着现代心理学的发展，技能的测量技术逐渐成熟。近年来的研究发现，被传统人力资本理论视为先天给定的能力可以被量化，比如：对认知技能中的听说读写能力的打分，对非对认知技能中的团队协作能力、亲和力等能力的打分与工资的关系即为技能回报。

图 5-32 是柬埔寨中资企业劳动者的技能及其构成与工资的关系，分别为总技能回报、认知技能回报和非认知技能回报。从整体上看这三幅图可以发现，随着技能的积累工资是增加的。从总技能回报来看，随着技能的积累工资有一个先增加后不变最后递增的趋势；从认知技能回报来看，随着认知技能的积累工资有一个先不变后快速递增的趋势，说明认知技能的积累有助于快速提高劳动者的收入；从非认知技能回报来看，随着非认知技能的积累工资也是递增的但是增加的速度越来越小，说明非认知技能的积累不能快速增加劳动者收入。

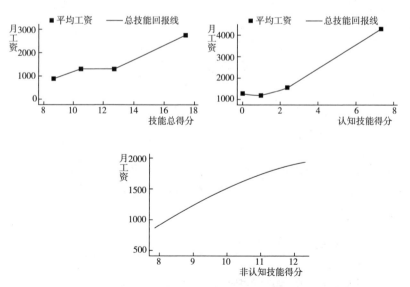

图 5-32 柬埔寨中资企业劳动者的技能回报

进一步，对柬埔寨中资企业东道国劳动者的技能回报进行估计如表 5-18 所示。列（1）为基准结果，列（2）为控制了个体特征及企业特征之后的技能回报估计结果。显然技能水平提高显著提升了柬埔寨中资企业东道国劳动力的收入水平。有别于泰国与老挝的估计结果，柬埔寨中资企业东道国劳动者认知能力水平提升 1 分值，收入水平在 1% 的水平上显著增加 9.54%；同时非认知能力水平提升 1 个分值，东道国员工收入水平在 1% 的水平上显著增加 5.34%。由此，在柬埔寨投资的中资企业东道国员工能力溢价显著，认知技能的技能溢价大于非认知技能的技能溢价。这意味着个人能力积累形成的价值在中资企业中得以体现，而认知技能溢价大于非认知技能溢价的特征显示当前中资企业对柬埔寨劳动力认知技能的需求程度更大。

表 5-18   柬埔寨中资企业东道国劳动者的技能回报估计结果

变量	（1）	（2）
认知能力	0.106 *** （0.0127）	0.0954 *** （0.0135）
非认知能力	0.0955 *** （0.0174）	0.0534 *** （0.0178）
受教育程度	0.0109 （0.0110）	0.0356 * （0.0201）
经验		0.0320 （0.0206）
经验的平方		−0.000667 * （0.000396）
常数项	5.692 *** （0.212）	5.596 *** （0.331）
样本量	302	240
R^2	0.304	0.384

注：（1）* 、** 和 *** 分别表示在 10%、5% 和 1% 的水平上显著；（2）模型控制了性别、婚姻以及地区等变量，未报出。

第四节　小结

一　老挝样本的结论

尽管中国企业与老挝有着较长的投资贸易往来历史，但中国企业大量投资于老挝是近十余年发生的。快速增长的中国企业投资，不仅成为老挝经济增长的主要组成部分，也使其他外国直接投资成为老挝经济结构转型的主要动力。在中资企业投资获利并促进当地就业、推动当地劳动力收入增长的同时，中资企业在老挝投资也面临诸多难题需要解决。老挝经济发展首要面临的难题就是劳动力的技能问题，世界银行在《老挝发展报告，2014》中就指出，创造更有生产效率的就业机会，促进劳动力技能提升是当前老挝经济发展的首要问题。身处老挝经济发展中的中资企业也不可避免地会因当地劳动力素质问题而难以提升企业效率。

本项目于 2016 年 8 月于老挝五个省份就中资企业本土化用工的技能短缺问题收集了 40 家中资企业 259 名老挝员工的数据，对部分企业做了重点访谈。根据调查资料，本报告有以下发现。

1. 中资企业尽可能实现本土化用工，老挝员工作为一线工人是中资企业的主要劳动力来源，虽然中资企业也在考虑雇佣或培养来自老挝的中高层管理人员或专业技术人员，但目前来看其比例有待进一步提高。

2. 中资企业为提升老挝员工的技能水平进行了多种方式的培训，但是培训效果不甚理想，老挝员工受教育程度不高，技能水平偏低，参与技能培训的热情不高，加之较高的员工流动率使中资企业的培训损失增加，因而老挝员工技能水平难以提升。

3. 尽管中资企业中老挝员工的技能水平整体偏低，但是老挝员工与中资企业都存在高估老挝员工的受教育程度的现象，而且老挝员工并没有认识到自身受教育程度的不足。

4. 技能短缺的结构显示，老挝员工认知能力的短缺是不可回避的事实，在阅读、写作与数学运算能力方面都极为短缺，而认知能力的提升也难以在企业培训中实现；针对中资企业老挝员工的记忆力与数学运算能力的测试也显示其在注意力与数学逻辑方面都处于平均水平以下。

5. 技能分布与技能短缺的结构显示，中资企业老挝员工的非认知能力水平，特别是尽责性与外向性是老挝员工的优势，这也是中资企业在未来经营管理中需要进一步发挥老挝员工能力优势的方面；而开放性与情绪稳定性的不足则是老挝员工普遍面临的问题。同时，有必要注意到团队精神（宜人性）既是中资企业生产经营过程中最为需要的方面，也是老挝员工普遍具有的能力优势。

6. 技能短缺直接影响老挝员工的收入水平，认知能力不足直接使老挝员工的收入减少，其中阅读能力不足的影响较为突出；开放性过度会降低中资企业中老挝员工的收入水平，其他非认知能力对收入水平没有显著影响。教育水平提升不会带来中资企业老挝员工收入的增加，经验在中资企业中更起作用。

根据上述发现，本研究认为在受教育程度、分职业的教育水平需求以及员工能力构成的基本信息方面，中资企业管理者所反映的信息与同企业受访老挝员工提供的信息之间存在冲突，这种冲突部分来源于老挝教育体系尚不能输送具备完全认知能力的劳动者，这意味着对任何外资企业而言，现阶段在员工能力水平相对较低的前提下提升员工能力都任重道远。与其他发达国家、新兴市场经济国家相比，老挝外资企业的员工培训面临着兼顾认知能力与工作技能提升的双重任务，中资企业亦是如此。对此，中资企业尤其需要明确不同行业、不同职业、不同岗位的技能需求，并据此采取相应的、灵活的、有区别的、细分的培训策略。

面临老挝员工技能短缺的事实，首先，一个短期可行、长期有效的措施就是适当分阶段放宽外国直接投资企业中的外国员工比例，特别是那些新进入的外资企业可根据需要适当放开技术员工，特别是一线生产熟练技师、熟练技工的外国员工比例。手把手地培训及师徒制的方式在解决短期技能短缺问题方面是可行的。当然为使这一政策或措施长期有效，可采取逐年递减外国员工比例的方式，如在企业进入第五年或其他更恰当的时间节点上逐步减小外国员工比例，最终符合老挝政府对外投资法律规定的最低外国员工比例。这种"干中学"的外国员工引进方式，能够客观面对现阶段老挝员工技能短缺的现实，兼顾认知能力和工作技能提升的双重任务，可以在短期有效缓解老挝劳动力市场中的技能短缺问题，在长期有利于包括中资企业在内的外资企业在老挝的可持续发展。

其次，削减或消除老挝工人技能获得及技能提升的壁垒是中资企业长期可持续发展的必然选择。东道国政府、中资企业与当地培训机构应加强这方面的合作。

再次，更为充分有效地利用工人技能。尽管本项目集中于调查老挝员工的技能水平问题，但中资企业管理层在工人技能利用方面的不足也是显然的。在走访的一些中小型企业中项目组也观察到这些企业生产效率本身就低，企业管理层松懈，缺乏更为细致和有效的人力资源管理。因此，中资企业本身需要更为科学的人力资源管理，做到人尽其才，才能稳定老挝员工队伍。

最后，作为本报告的延伸含义，加强国际间的技能政策合作可使中资企业与老挝本国发展实现双赢。根据项目组的调查可以看到，尽管老挝员工在认知能力上存在不足，但老挝员工的工作态度极为认真。认知能力的不足主要来自在本国教育体系中的教育机会缺乏，针对此问题，中资企业可以和中国相关的职业学校、本企业在中国的人力资源部门合作，提供更多的专业技能的在职培训机会。

此外，本项目为首次在境外对中资企业进行企业与员工匹配问题的调查，因此面临跨国调查取样困难、语言交流不通畅、企业配合程度不够等问题，项目组可获得的样本量，可以调查的问题深度与项目组预调研的预期存在出入。比如：关于企业技能要求的问题，企业不予配合；关于工人技能水平测度的问题，企业与工人担心影响生产效率都不愿接受过长时间的调查。这些原因的存在使本研究难以进行更进一步分析。这也是关于这一主题在未来的研究当中我们需要完善的地方，需要更为科学地考虑调查抽样、调查问卷设计等方面。

二　泰国样本的结论

由于本土员工的工作经验和技能水平与国外员工的水平相当且本土员工的工资低于国外员工，因此泰国的中资企业基本实现本土化用工，且大多雇佣具有中高等水平技能的本土员工，进而在泰国投资的中资企业有效地改善了泰国劳动力市场的就业环境。为了更进一步地了解泰国劳动力市场的技能水平情况，我们按劳动者的人口结构、职业类型和工作性质分组分别考察了技能总得分、认知技能得分、非认知技能得分及技能回报率等情况。

第一，泰国中资企业的东道国劳动者随着年龄增加技能水平先增后减。

第二，泰国中资企业东道国劳动者教育水平与技能积累水平的关系符合一般规律，随着劳动者受教育程度的提升，其技能是增强的，基础教育水平的提升，有助于劳动者技能的增强。

第三，泰国中资企业不同职业与工作性质东道国劳动者的技能水平表现为：从职业类型来看，中高层管理者的技能总分最高，一线员工的认知技能得分最低，随着劳动者职业类型所需技能水平的下降，劳动者的总技能得分和认知技能得分有下降的趋势，而非认知技能得分稍有上升的趋势；从工作性质来看，不干体力活的劳动者认知技能水平更高，并且使用半自动机械的劳动者数学运算能力和责任性更高。

第四，从中资企业员工对听说读写能力在工作中的重要程度评价看，泰国中资企业雇佣的员工认为写作、数学运算和口语表达能力对工作的重要程度高于 O*NET 标准得分，泰国的中高层管理者、技术人员和技术及相关专业人员认为阅读能力对工作的重要程度低于 O*NET 给出的阅读能力的标准打分，行政人员、服务与销售人员、工艺及相关工作人员、工厂设备与机器操作工作人员和一线员工认为阅读能力对工作的重要程度高于 O*NET 给出的阅读能力的标准打分。

第五，泰国中资企业员工的非认知技能水平总体上与 O*NET 标准存在差距，除了宜人性（或称亲和性）指标之外，其他所有非认知指标得分均低于 O*NET 标准，特别是在尽责性上泰国中资企业的东道国员工的尽责性较低，这一点会极大地影响中资企业的生产效率。

三 柬埔寨样本的结论与政策含义

通过对柬埔寨中资企业东道国劳动力的分析可以发现，柬埔寨东道国劳动力平均工资较低，为 2400 元左右，受教育水平相当于初中毕业，相应地东道国劳动者的认知技能得分很低。

第一，从劳动者的年龄和受教育结构分组来看，随着年龄和受教育水平的提升，东道国劳动者的技能总得分、认知技能得分和非认知技能得分都是递增的。

第二，从员工类型分组来看，中高层管理者的技能总得分、认知技能得分和非认知技能得分最高，一线员工的技能总得分和认知技能得分最低，销售人员的非认知技能得分最低。

第三，按劳动者工作性质分类发现，不干体力活的劳动者的非认知技能高于干体力活的劳动者，使用半自动机械的劳动者的认知技能比不使用半自动机械的劳动者更高。

第四，从听说读写的重要性来看，中高层管理者认为听说读写能力对工作是非常重要的，一线员工认为口语表达能力对工作的重要程度最低，有资质的一线员工认为数学运算能力和写作能力对工作的重要程度最低，行政人员认为阅读能力对工作的重要程度最低。

第五，从非认知技能的短缺程度来看，柬埔寨中资企业东道国员工在尽责性、宜人性上表现为较为明显，而在其他非认知能力的得分值上低于 O*NET 标准。

第六，从技能回报来看，认知技能与非认知技能水平的提升有助于东道国劳动力的收入水平提升，能力水平提升的效率较为显著。

四　东南亚三国中国企业东道国员工技能短缺及其影响小结

根据三国的分析结果，将三国中资企业东道国劳动力技能短缺及其影响归纳如表 5-19 所示。

表 5-19　东南亚三国中资企业东道国劳动力技能短缺及其影响归纳

内容		老挝	泰国	柬埔寨
认知能力	阅读	技能不足	技能轻微不足	与标准相当
	写作	技能不足	技能不足	技能轻微不足
	数学运算	技能不足	技能不足	技能不足
	记忆力	技能不足	—	—
非认知能力	尽责性	高于标准水平	技能不足	与标准相当
	外向性	技能不足	技能不足	技能不足
	宜人性	技能不足	与标准相当	与标准相当有略高
	开放性	与标准相当	技能不足	技能不足
	情绪稳定性	技能不足	技能不足	技能不足
其他工作技能	英语口语	—	高于标准水平	与标准相当
	电脑使用	高于老挝企业员工	—	—
技能回报	认知技能	显著	不显著	显著
	非认知技能	不显著	不显著	显著
教育与经验回报	教育	不显著	不显著	显著
	经验	显著	显著	显著
技能短缺收入惩罚	认知技能	阅读与写作能力不足导致收入损失	数据指标不全未能识别	数据指标不全未能识别
	非认知技能	没有作用		

　　坚实的技能基础是企业生产效率提升的核心动力，适应工作性质的工作技能形成是技能提升的重要方面。《2019 年世界发展报告：工作性质的变换》指出三类技能在劳动力市场上的重要性与日俱增，这三类技能是：高级认知技能（比如解决复杂问题的能力）、社会行为技能（比如团队工作能力），以及能够预测适应能力的技能组合（如推理能力、自我效能）。在表 5-19 中，可以清楚地看到，基础认知技能的不足是中资企业中东道国劳动力普遍存在的问题，过早脱离学校教育使东道国劳动力在工作中技能不足问题变得突出，认知技能的重塑是东道国劳动力工作中不得不解决的问题；非认知能力的不足尽管也是东道国劳动力技能提升与中国企业生产效率提升的绊脚石，但中国企业管理者与东道国员工的有效沟通，社会网络的建立，中国企业文化的建设、企业社会责任的履行等方式均有助于改变非认知能力存在的短板。

第六章　中国 OFDI 企业海外用工难题、
　　　　技能提升与生产效率

——东南亚三国的实证研究

前述分析表明，中国企业对外直接投资（OFDI）的用工难题在于东道国员工的认知能力、非认知能力及工作能力存在不同程度的短缺，且在不同的国家，短缺的技能差异较大，此外，在不同的国家技能回报的特征不同。显然，在发展程度较低的国家如柬埔寨与老挝，认知技能的提升是有助于东道国劳动者收入水平提升的，而在泰国技能回报不显著。尽管这些不同使我们难以给出技能短缺问题解决的统一方案，但是，技能是人力资本水平的具体表现，而人力资本积累与提升的主要渠道无外乎有四类：正规教育、职业培训、迁移流动与健康投资。就业于中资企业或在这些国家劳动力市场寻找就业机会的劳动力均已远离正规教育体系，而投资于这些国家的中国企业可以在技能提升上有所作为的方向在于增加东道国员工的在职培训机会，降低东道国员工的流动概率。本部分将重点分析职业培训、劳动力流动如何影响东道国员工的技能水平，劳动力流动如何影响东道国员工的技能回报，由此探讨中国 OFDI 企业海外雇工中技能短缺问题的解决思路。

第一节　中国 OFDI 企业东道国员工技能水平
　　　　提升研究：东南亚三国调查数据

一　引言

"一带一路"倡议的实践推动 OFDI 驱动因素和结构发生了较

大转变，资源寻求型的投资结构正向市场寻求、效率寻求不断拓展与深化（黄宪等，2018），中国对外直接投资（OFDI）在地理空间和行业空间上都有所延伸并打开了新格局。中国对外直接投资企业雇佣规模快速增加，根据《中国对外直接投资统计公报》的统计数据，2016年对外直接投资企业境外员工数达286.5万人，其中雇佣外方员工134.3万人，占46.9%，较2013年分别增加89.8万人与38.6万人。"一带一路"倡议沿线国家的新兴经济体与发展中国家广泛面临"技能提升"问题（WB，2014；ILO，2013，2014，2017），这些国家多为中等或低收入国家，小学或初中辍学率畸高。由于过早离开正规教育体系，劳动力素质偏低，劳动力市场因正规教育体系滞后与职业培训体系匮乏而普遍表现出文化素质与工作技能"双重短缺"问题。在沿线国家直接投资的中国企业可持续发展首要面临的问题是：如何有效实现本地化雇佣，这是"民心相通"的核心内容之一。当前中国OFDI身处全球价值链以新技术和新兴产业为核心重构的国际格局中，沿线国家发展转型与全球技术推广相重叠，中国OFDI面临的本地化雇佣问题与早期FDI流入中国的劳动力素质问题有所不同，中国庞大的人口规模与稳定的劳动力队伍部分地自然消解了20世纪FDI进入中国的劳动力素质问题。作为OFDI的新来者，中国企业在"走出去"生产经营过程中承担着基础教育未能解决的认知能力提升、生产经营的工作技能提升的"双重任务"。同样有别于20世纪80年代外国直接投资进入中国时的情况，沿线国家劳动力的高流动率加剧了这一"双重任务"完成的难度。在职培训是中资企业解决这一问题的主要方式之一，《2017年中国企业海外可持续发展报告》表明多数中国企业比较重视员工的培训，特别是在安全培训、专业技能培训与语言培训这些方面。但企业培训的成效未能得到识别，分析并探讨中国企业对东道国劳动力培训的成效存在的问题是中国企业海外可持续发展本地化雇佣必须解决的重要问题。

快速推进的"一带一路"战略激发了国内学者对 OFDI 的研究热情，现有文献广泛关注"一带一路"沿线国家中国企业对外直接投资区位选择的因素分析，以及中国对外直接投资对母国劳动力市场的影响，发现中国对外直接投资能正向促进国内就业（李磊等，2016；姜亚鹏等，2012），对母公司员工结构的影响具有滞后性（阎虹戎等，2018），同时，对母国劳动者工资水平有显著正向的持续"工资溢出"效应（毛其淋等，2014；阎虹戎等，2017；袁子晴等，2018）。近年来，中国对外直接投资的效率及其对东道国的影响开始受到学者的关注，在沿线国家投资规模扩大的同时投资效率偏低（谭秀杰等，2015；程中海等，2018）。这些研究主要是从国家、地区以及国内制造业企业层面出发的，较少学者探讨中国对外直接投资在东道国的可持续发展问题。作为"一带一路"倡议实施的主体，"走出去"企业也是构建"丝绸之路经济带"、加强"五通"的实施者，融入当地并培养符合企业生产经营需求的本地劳动者是"民心相通"的具体表现。但是，对于"走出去"企业而言，"一带一路"沿线国家普遍偏低的劳动力素质如何提升？什么样的方式有利于东道国劳动力技能的提升？对这些问题的回答有助于中国企业在海外雇佣过程中选择适宜的方式提升雇佣劳动力的素质。

能力或技能是人力资本的核心内容。传统人力资本理论认为，人力资本的形成是通过正规教育、流动、职业培训或非正规教育与健康投资得以实现的（Schultz，1990）。长期以来，国内外研究者更为关注人力资本投资收益，人的能力形成过程因难以衡量而一直未能有突破性研究。OECD（2012）将技能定义为"完成一项任务或活动所必须具备的知识、特征与潜能的集合。一个国家在一定时间内所具有的技能总和便构成其总的人力资本"。借鉴心理学的认知与非认知概念区分，区别于传统人力资本理论将人的能力视为认知能力，Heckman（2005，2007）将人的能力区分为认知能力与非认知能力，认知能力包括阅读、数学运算、写作和听说能力及 IQ

等方面（Farkes et al., 2003）。对非认知能力借鉴心理学大五人格理论可将其区分为外向性、情绪稳定性、开放性、宜人性和尽责性等五个方面。近两年关注新人力资本理论及能力结构报酬的研究越来越多，对非认知能力的塑造及其影响因素也逐渐受到关注。众多研究表明，两种能力的培养大都是通过教育完成的（Swell et al., 2004）。Kautz 等（2015）最新的研究认为，超越认知的人格技能在人的发展中有着极为重要的作用。认知和代表性格的非认知都可以通过外来的干预进行塑造，这些人的能力特征会随着生命周期的演变而发生变化。到达适度年龄的劳动人口，技能的重新塑造或进一步提升可以实现的渠道是个人或家庭变换就业机会而进行迁移的活动及企业或个人参与的各类职业技能培训。前者是个人生命周期中基于迁移收益成本的个人效用最大化决策的结果，迁移流动能改善人力资源的配置效率，并通过"干中学"提高个人的能力；后者则是人力资本积累的主要形式。明瑟尔将人力资本积累划分为正规教育和职业培训两部分，并估计每年企业提供的职业培训占 GDP 的 4%~5%（Mincer, 1962）。职业培训对劳动者的工资与工作绩效有积极影响（Becker, 1962; Bartel, 1995; Daniel, 1998）。国内外学者关注迁移流动与职业培训的效率问题，流动回报与培训回报是研究的主要内容，有研究指出企业中接受培训的工人比例增加 1%，平均工资增加 0.3%（Dearden, Reed & Van Reenen, 2006），对于劳动者个人而言，培训回报率在 5%左右（Blundell, 1999）。但也有研究认为培训是低效的或者是没有作用的（Leven & Oosterbek, 2002, 2004）。不过，在可查阅的文献中较少有研究探讨流动与培训对人的能力的形成或进一步提升的作用。

中国对外直接投资正在从数量型向质量型转变，中国对外直接投资对母国与对东道国的影响是中国企业"走出去"可持续发展的共同议题。梳理中国对外直接投资、人力资本形成理论的文献发现，囿于数据与资料的限制较少研究关注中国对外直接投资对东道国的影响。本部分利用东南亚三国中资企业"雇主—雇员匹配"数据分析中资企业中东道国劳动力人力资本的形成，将人力资本的能力构成区分为认知能力和非认知能力两部分，重点关注流动与培训两类人力资本投资方式对海外中国企业中劳动力能力形成的作用。本节的结构安排如下：第二部分为模型设定与变量选取，第三部分描述数据来源和基本指标，第四部分为实证结果的展示与分析，第五部分为结论、研究的局限性。

二　模型设定与变量选取

（一）模型设定

Kautz 等（2014）指出识别人力资本形成应主要考察以下三方面。第一，家庭与社会环境在技能形成上起决定作用。第二，社会中个人成功是需要多重技能的。不同的工作任务对技能的需求及单个技能的作用是不同的。第三，技能形成技术，即技能与在人身上的投资一起产生更高更多的技能。在 Cunha 和 Heckman（2006a）以及 Cunha 等（2006b）研究的基础上，Heckman（2008，2010）采用动态因子方法推导从孩童时期开始的多时期的技能形成估计技术。但是，这一方法适用于长期追踪的动态面板分析数据。借鉴上述方法，令劳动者的技能向量 S_i 包括认知能力和非认知能力，即 $S_i = (S_i^C, S_i^N)$，劳动者进入企业的初始技能水平为 S_0。令 $I_i^j(j=培训、流动)$ 为对劳动者技能形成的投资。则企业中劳动者的技能形成函数为 $S_i = f(I_i^j, S_0)$，这里，S_i 在初始技能水平与投资形式上是递增的，且对 I_i^j 是拟凹的。由于能力变量并非认知能力与非认知能力的简单加总，鉴于能力变量本身难以度量，本部分将分别考察两类能力的形成。采用下列方程进行估计：

$$S_i^{C,N} = \alpha + \beta I_i^j + \gamma X_i + \varepsilon_i \quad (1)$$

其中，$S_i^{C,N}$ 为东道国劳动者技能水平，分别为认知能力 S_i^C 与非认知能力 S_i^N，I_i^j 为人力资本投资方式，其中，$j=$ 职业培训（包括入职与在职培训)、迁移流动；X_i 为影响工资水平的其他控制变量向量，β，γ 为估计系数，ε_i 为误差。

（二）变量选取

1. 结果变量

对技能的测量是分析的关键，本部分借鉴世界银行 STEP 与 O*NET 的测量方式，设计了相应的量表。有别于测量学生的认知量表，本部分针对工作中的能力应用来测度，分别包括认知能力（数学运算能力、阅读能力、写作能力四个维度），共 18 道题，每题 1 分；非认知能力（使用大五人格分类），共 15 道题，每题 1 分。具体如表 6-1 所示。

表 6-1　中资企业劳动力技能测度指标及得分

指标名称		测度方法	分值
认知技能	数学运算能力	工作中是否需要掌握测量距离、计算重量的数学方法	6
		工作中是否计算价格和成本	
		工作中是否需要掌握计算小数、分数、百分数的数学方法	
		工作中是否运用乘法或除法运算	
		工作中是否需要掌握高等数学知识的数学方法，例如：线性代数、几何等	
		工作中是否需要掌握其他的数学方法	
	阅读能力	工作中是否读表格	7
		工作中是否读账单或财务报表	
		工作中是否读教程或操作指南	
		工作中是否读报告	
		工作中是否读报纸、杂志、书	
		工作中是否读其他东西	
		工作中是否使用到英语	

续表

指标名称		测度方法	分值
认知技能	写作能力	工作中是否需要写电子邮件	5
		工作中是否需要制作表格	
		工作中是否需要写账单或财务报表	
		工作中是否需要写报告、文章	
		工作中是否需要写其他东西	
	认知能力	认知能力得分为数学运算能力得分、阅读能力得分和写作能力得分的标准化的得分	18
非认知技能	情绪稳定性	工作中当遇到困难时你会保持镇静吗？	2
		面对工作上的压力，你会接受批评并冷静地处理工作吗？	
	宜人性	你在工作中会在意其他人的感受，同时会帮助其他同事吗？	2
		您在工作中乐于与其他同事一起配合来完成工作吗？	
	尽责性	当您做一件事面对困难时，您能坚持完成吗？	4
		你在工作中愿意主动承担责任吗？	
		你工作很努力吗？	
		受访者的衣装整洁程度	
	外向性	您善于社交吗，例如：你很容易交朋友？	4
		您在工作中能说服别人，改变别人的想法吗？	
		在团队中，您能协调每个人的意见来完成一件事吗？	
		受访者的待人接物水平	
	开放性	你想出别人以前没有想过的主意吗？	3
		受访者对调查的兴趣	
		受访者对调查的疑虑	
	非认知能力	情绪稳定性得分、宜人性得分、尽责性得分、外向性得分、开放性得分的标准化得分	15

（1）认知技能得分的度量

世界银行在组织劳动力技能测试时将技能分为认知技能、非认知技能和职业技能三类。在该分类中，身体技能属于非认知技能。都阳在研究劳动力市场变迁过程中，按照解决任务时所需要的技能不同将个人技能分为认知技能和操作技能，其中，认知技能包括阅读能力、写作能力、数学运算能力和学习新知识的频率（都阳，2017）。在研究劳动收入回报影响时，程飞（2013）将认知技能分为语言能力、记忆能力、计算能力、推理能力、决策能力。Cattell（1987）将认知技能分为流体智力和晶体智力。流体智力是一种以神经生理发展为基础的认知技能，如：记忆、运算速度和推理能力等；晶体能力是由后天学习知识积累得来的，如：词汇、知识、计算、语言理解、常识等。根据已有研究的认知技能测度方法，本部分把劳动者的阅读能力、写作能力和数学运算能力作为衡量认知技能的指标。为简单起见，本部分的认知技能得分为标准化得分，具体测度方法见表6-1。

（2）非认知技能的测度

非认知技能与认知技能相对，指个人所具备的非生产性技能。C. Jencks（1979）在控制了受教育年限和工作经验后，发现勤劳、坚持不懈和良好的人际关系等个人特征对劳动者的收入有显著影响。在心理学界，以个人特征为中心研究出了很多测度非认知技能的工具。目前被广泛接受的有罗特的内外点控制点、罗森堡的自尊量表和大五人格量表。本部分采用大五人格量表来测度非认知技能，将非认知技能分为宜人性（包括友善、利他、富有同情心、温和）、外向性（包括待人接物、热情、社交、有活力并乐于助人）、尽责性（包括努力、坚持不懈、追求成就、深思熟虑）、开放性（包括具有创造能力、审美、想象力、尝鲜等）、情绪稳定性（包括敏感并神经紧张、焦虑等）。

2. 关键变量与控制变量

（1）关键变量：第一，迁移流动。本部分分别采用是否流动过，以及到目前为止更换了多少份工作来衡量劳动者的迁移流动情况。第二，职业培训。本部分分别用是否参与了入职培训、在职培训来衡量人力资本的投资方式。同时为进行稳健性检验，本部分还引入了培训时间及培训内容以考察中资企业在海外生产经营过程中对东道国劳动力素质的提升情况。

（2）控制变量：分别包括劳动者受教育年限、性别、婚姻、工作经验、工作经验的平方、所在国家、职业类别、是否东道国员工等。由于各国教育体系存在差异，为便于研究，问卷中分别设计了"您最高的受教育程度是什么学历"以及"您的受教育年限是多少年"，本部分采用受教育年限作为受教育程度的代理变量。此外，在职业类别变量上，调查根据 2008 年国际职业分类标准确定了三位码职业分类，并在职业类别上将其合并为国际职业分类的 9 个大类职业类型，考虑到调查数据为小样本数据，根据世界银行技能导向的就业与生产率调查分类，将管理者、专业人员、技术人员和专业人员助理划分为白领，其他职业类别划分为蓝领。

三　数据来源与特征事实

本部分数据来源为 IDRC 项目与云南省省院省校合作项目于 2016 年赴东南亚国家针对中资企业投资及本地化雇佣问题进行的调查。2014 年中国商务部《境外企业投资名录》中，中国企业在东南亚老挝、柬埔寨与泰国的投资企业数量为 221 家，其中中央企业 18 家，各省区市企业为 203 家。项目组根据东南亚三国的投资企业名录与各国中国商会的企业名单开展调研，最终获得 118 家中资企业，共 851 名员工，其中东道国本国员工 776 名，外国员工 75 名（含中国、缅甸、越南）。

表 6-2 给出了全样本、是否流动的样本的基本统计结果。从能力结构来看，调查样本中资企业的劳动力认知能力得分均值为 3.34，分外国员工和东道国员工来看，外国员工的认知能力得分为 6.52，东道国员工的认知能力得分为 3.3，这表明中资企业中劳动力的认知能力得分普遍偏低，特别是东道国的劳动力认知能力得分低

于全部样本的平均水平，按 100 分制计算仅相当于 20 分。为进一步考察中资企业中的能力使用状况，调查设计了工作中的体力劳动使用程度及机器使用程度，有 33.57% 的受访者是完全从事体力劳动工作的，有 42.82% 的受访者在工作中会使用到生产性机器设备，其中全手动的占 30.85%，全自动与半自动的比例为 69.05%。[①] 劳动力的非认知能力得分均值为 10.86，其中东道国员工非认知能力的得分为 10.78，外国员工非认知能力的得分为 11.75，东道国员工与外国员工非认知能力的得分差别不大。若按百分制计算，受访的中资企业中员工非认知能力得分相当于 72 分。显见，中国企业海外雇工面临的是认知能力水平偏低的现实。

表 6-2　主要变量的描述性统计

变量	均值	标准差	样本量
认知能力得分	3.34	2.98	848
非认知能力得分	10.86	1.59	817
年龄	28.88	8.12	848
是否流动	0.74	0.43	851
职业流动次数	1.42	1.53	816
是否参与入职培训	0.40	0.49	849
是否参与在职培训	0.35	0.48	846
受教育程度	9.44	4.35	845
经验	12.44	8.95	843
经验的平方	234.75	344.58	843
性别（男=1）	0.41	0.49	850
婚姻（有配偶=1）	0.5	0.5	851
职业（白领=1）	0.23	0.42	848
东道国员工	0.91	0.28	851

[①]　由于篇幅限制，本部分数据未列示出来。

　　进而比较两类投资方式下的中国企业海外雇工中的能力得分差别，如表 6-3 所示，流动员工与非流动员工的认知能力、非认知能力得分差别不大，但组间差异的 t 值检验显示，流动员工与非流动员工的认知能力无差异，但非认知能力存在显著差异。而职业培训（包括入职培训与在职培训）的得分结果则是，参与培训的员工的认知能力高出没有参与培训的，非认知能力在二者之间得分值没有较大差异，但组间差异的 t 值检验显示，有没有参与培训员工的认知能力、非认知能力均存在显著差异。可以初步判断，劳动力的流动更有助于非认知能力的提升，而职业培训有助于两种能力的提升。

表 6-3　按人力资本投资方式分的能力得分值及组间差异检验

人力资本投资方式变量		统计量	认知能力		非认知能力	
			得分值/标准差	组间差别检验（t 值）	得分值/标准差	组间差别检验（t 值）
迁移流动	流动	均值	3.38	0.673	10.98	3.55
		标准差	2.94		1.58	
	非流动	均值	3.22		10.53	
		标准差	3.14		1.57	
入职培训	参与入职培训	均值	4.02	5.693	10.98	1.732
		标准差	3.27		1.55	
	未参与入职培训	均值	2.85		10.78	
		标准差	2.67		1.62	
在职培训	参与在职培训	均值	4.01	4.895	11.01	1.963
		标准差	3.21		1.54	
	未参与在职培训	均值	2.97		10.78	
		标准差	2.79		1.62	

此外，调查样本中参与入职培训的比例为 40.25%，参与在职培训的比例为 35%。对比中国农民工的培训参与情况，宋月萍（2015）计算的中国妇女地位调查数据中农民工参与职业培训的比例为 20%。两者对比表明"走出去"中资企业较为注重东道国劳动力的职业培训。从在职培训时间来看，全部样本中 14% 的东道国劳动力参与了一周以上的在职培训，东道国劳动力普遍接受的培训是短期培训。

调查样本的受访者平均年龄接近 29 岁，平均受教育年限为 9.4 年，① 相当于完成初等文化教育，平均工作经验为 12.44 年。此外，受访样本中女性比例高出男性，白领占比为 23%，东道国员工比例为 91%，OFDI 企业在东道国投资雇佣本地化是 OFDI 本地化的主要内容，为此，删除占比为 9% 的外国样本，仅考察东道国劳动力的技能提升情况。

四 模型估计结果分析

（一）中国 OFDI 海外雇工的技能提升：认知能力

1. 估计结果

表 6-4 给出流动与培训对中国 OFDI 海外雇工的认知能力提升影响的估计结果。由表 6-4 可见，在职培训对中国 OFDI 的东道国劳动力的认知能力提升促进作用显著，而劳动力的流动则对东道国劳动力的认知能力提升无显著作用。列（1）为基准回归结果，列（2）为控制了个人特征、国别特征及所在企业规模大小之后的估计结果，列（3）~列（5）为控制其他变量之后流动与培训对具体的认知能力的影响。

---

① 在中资企业中工作的东道国劳动力受教育程度普遍高于本国劳动者的平均受教育程度。以老挝为例，本部分所有调查数据中资企业的东道国劳动力平均受教育年限为 9.1 年，而 2012 年世界银行在老挝进行的 STEP 调查数据中，受访者平均受教育年限为 8.01 年。

表 6-4 中国 OFDI 海外雇工的认知能力提升：培训与流动

	（1） 基准回归	（2） 认知能力	（3） 数学运算能力	（4） 阅读能力	（5） 写作能力
是否参与 在职培训	1.6409 ***	0.6316 ***	0.2154 **	0.3357 ***	0.0811
	(6.5373)	(2.7966)	(2.5791)	(3.2487)	(0.9058)
是否流动	0.0795	0.1852	0.0022	0.0160	0.1751 **
	(0.2897)	(0.8034)	(0.0237)	(0.1530)	(1.9847)
受教育年限		0.3711 ***	0.0790 ***	0.1790 ***	0.1142 ***
		(10.1526)	(6.1501)	(10.8950)	(8.0310)
经验		0.0236 **	0.0041	0.0142 **	0.0048
		0.3711 ***	0.0790 ***	0.1790 ***	0.1142 ***
白领（白领=1）		1.7062 ***	0.4329 ***	0.7981 ***	0.4860 ***
		(5.5536)	(4.1913)	(5.5791)	(3.9626)
柬埔寨 （参照组：泰国）		-0.5794	-0.1172	-0.3314 *	-0.1189
		(-1.4887)	(-0.7792)	(-1.8524)	(-0.7556)
老挝 （参照组：泰国）		-1.0064 ***	-0.4230 ***	-0.4234 **	-0.1412
		(-2.760)	(-3.089)	(-2.417)	(-0.966)
企业规模	否	是	是	是	是
常数项	2.5057 ***	1.4255	1.6342 ***	-0.2887	0.0448
	(9.6697)	(1.5732)	(4.5371)	(-0.7216)	(0.1317)
N	843	712	714	712	714
R^2	0.0490	0.4760	0.3335	0.4592	0.3111

注：（1）*、** 和 *** 分别表示在 10%、5% 和 1% 的水平上显著；（2）本研究还控制了性别、婚姻等个人特征变量，未报出。

2. 结果分析

（1）劳动力流动。由表 6-4 可见，在控制其他变量的情况下，列（2）的结果显示，劳动力是否流动对中国 OFDI 东道国劳动力的认知能力没有显著影响，分类别的认知能力结果当中，劳动力是否流动对东道国劳动力的数学运算能力、阅读能力的提升没有显著作用，但显著提高了东道国劳动力的写作能力，相比没有流动的劳动力有流动经历的劳动力写作能力高出 0.175 分。写作能力既是能力训练的结果更是社会阅历积累的结果,所谓"见多识广"有助于工作中的写作能力提升。这与人力资本理论中流动对于技能的形成观点基本是一致的。

(2) 职业培训。由表 6-4 可见,在控制其他变量的情况下,列 (2) 结果显示,参与过在职培训的东道国劳动力认知能力得分显著高于未参与过在职培训的劳动力约 0.63 分。分类别的认知能力结果当中,参与过在职培训的东道国劳动力在数学运算能力与阅读能力的得分上要高出未参与过在职培训的,分别高出 0.21 分与 0.34 分,是否参与在职培训对东道国劳动力的写作能力没有显著影响。显而易见,在东道国劳动力素质整体偏低的情况下,企业在职培训可以提升东道国劳动力认知能力中数学运算与阅读能力的水平,但是写作能力的提升是经验与技巧的综合,短期培训并不能有效提升这一技能水平。

(3) 其他控制变量。从模型估计结果可以看出,受教育水平对中国 OFDI 中的东道国劳动力认知能力及其具体各项能力的提升均具有显著的正向影响。在控制其他变量的情况下,列 (2) 结果显示,受教育年限每提高 1 年,东道国劳动力认知能力水平在 1% 的水平上增加 0.37 分,而且这一结果分别在各项具体能力中也可以看到,受教育程度每提高 1 年,东道国劳动力的数学运算能力显著提高 0.08 分,阅读能力显著提高 0.18 分,写作能力显著提高 0.11 分。正规教育是人力资本形成及提升的重要途径。经验对认知能力的提升也有显著影响,但需要注意的是,工作经验对数学运算与写作能力的提高没有显著作用,对阅读能力的提升有显著作用。从事白领职业的东道国劳动力认知能力及分项认知能力的得分显著高于从事蓝领职业的东道国劳动力。从国别的差异来看,泰国中资企业的东道国劳动力技能水平与柬埔寨的差异不显著,但老挝中资企业的东道国劳动力技能水平显著低于泰国。这与现实中三国的劳动力素质差异也比较吻合。

认知能力得分决定了劳动力可以承担的工作任务的类别，也决定了劳动力可以产生的生产效率水平。人力资本理论指出，人的认知能力的形成通常是在青少年时期的基础教育阶段完成的，东道国的劳动力素质偏低，中资企业海外雇工的认知能力较为低下这是一个不争的事实，这意味着中国企业在海外投资中同样要承担东道国劳动力认知能力水平提升的责任。表 6-4 的结果也证实了企业通过培训对东道国劳动力认知能力的提升有显著的促进作用。

（二）中国 OFDI 海外雇工的技能提升：非认知能力

1. 估计结果

表 6-5 给出了流动与培训对中国 OFDI 海外雇工的非认知能力提升影响的估计结果。由表 6-5 可见，在职培训对中国 OFDI 的东道国劳动力的非认知能力提升作用不显著，而劳动力的流动则对东道国劳动力的认知能力提升有显著作用。列（1）为基准回归结果，列（2）为控制了个人特征、国别特征及所在企业规模大小之后的估计结果，列（3）~列（5）为控制其他变量之后流动与培训对具体的非认知能力的影响。

表 6-5　中国 OFDI 海外雇工的非认知能力提升：流动与培训

	（1） 基准回归	（2） 非认知 能力	（3） 情绪 稳定性	（4） 宜人性	（5） 尽责性	（6） 外向性	（7） 开放性
在职培训	1.1652 ** (2.0299)	-0.1721 (-1.4708)	-0.1979 (-1.3805)	-0.2616 ** (-1.9883)	-0.2110 (-1.0150)	-0.2196 (-1.1142)	-0.0661 (-0.4280)
是否流动	2.2647 *** (3.5682)	0.3773 *** (2.8694)	0.1907 (1.1411)	0.1609 (1.1645)	0.8690 *** (3.8022)	0.3488 * (1.7158)	0.2232 (1.2822)
受教育 年限		0.1211 *** (6.8520)	0.0330 (1.4286)	0.0600 *** (3.0009)	0.1998 *** (6.7378)	0.2032 *** (6.9475)	0.0990 *** (3.6585)

续表

	（1） 基准回归	（2） 非认知 能力	（3） 情绪 稳定性	（4） 宜人性	（5） 尽责性	（6） 外向性	（7） 开放性
经验		0.0212** （2.4225）	0.0176* （1.8061）	0.0128 （1.3846）	0.0385*** （2.8772）	0.0365** （2.5575）	0.0028 （0.2305）
白领 （白领＝1）		0.3376** （2.2633）	0.2386 （1.3440）	0.3505** （2.2787）	0.5286** （2.2217）	0.4825** （2.0232）	−0.0020 （−0.0093）
柬埔寨 （参照组： 泰国）		0.9194*** （5.0153）	−0.1201 （−0.4843）	−0.0325 （−0.1532）	1.6342*** （4.8926）	0.8978*** （2.7578）	1.9508*** （7.5863）
老挝 （参照组： 泰国）		−0.2208 （−1.2653）	−0.8443*** （−3.3651）	−0.3569* （−1.7207）	−0.4507 （−1.3911）	−0.5126* （−1.7493）	0.9111*** （3.8985）
企业规模	否	是	是	是	中	中	中
常数项	52.2238*** （90.6618）	9.2127*** （22.1535）	7.2089*** （13.0019）	7.6893*** （16.7792）	13.6172*** （18.6893）	11.6340*** （15.8867）	6.5756*** （10.1522）
N	812	686	710	707	689	691	691
R^2	0.0176	0.1709	0.0577	0.0518	0.2021	0.1388	0.1025

注：（1）*、**和***分别表示在10%、5%和1%的水平上显著；（2）本研究还控制了性别、婚姻等个人特征变量，未报出。

2. 结果分析

（1）劳动力流动。由表6-5可见，在控制其他变量的情况下，列（2）的结果显示，劳动力是否流动对中国 OFDI 东道国劳动力的非认知能力在1%的水平上有显著影响，分类别的认知能力结果当中，劳动力是否流动对东道国劳动力的尽责性及外向性的提升有显著的促进作用，相比较没有流动的东道国劳动力，有流动经历的劳动力尽责性及外向性得分显著高出0.87分与0.35分，但劳动力是否流动对东道国劳动力情绪稳定性、宜人性及开放性的提高没有显著作用。在 John 和 Srivastava（1999）的研究中，尽责性反映了个人对工作的努力程度、责任性，相应的个人特征体现为自我控制、坚毅个性、进取心及职业道德；外向性则反映了个人对外部世界的兴趣与关注度，相应的个人特征体现为对人友好、宜社交、热情以及自信等。这两类特征的形成及提高可通过与他人交流沟通、在不同的职位承担不同的工作任务得到提升，Kautz 等（2015）的研究也指出尽责性与外向性对劳动力工作绩效的影响至关重要。

（2）在职培训。由表 6-5 可见，参与在职培训劳动力的非认知能力得分低于没有参与的，但这一影响不显著。从非认知能力的构成来看，在职培训对情绪稳定性、尽责性、外向性及开放性均没有显著影响。

（3）其他控制变量。从模型估计结果可以看出，受教育水平对中国 OFDI 中的东道国劳动力的非认知能力及非认知能力构成中的大部分能力具有显著的正向影响。在控制其他变量的情况下，列（2）结果显示，受教育年限每提高 1 年，东道国劳动力非认知能力在 1% 的水平上增加 0.12 分，而且这一结果分别在各项具体能力中也可以看到，列（3）~列（7）显示除情绪稳定性之外，东道国劳动力受教育程度每提高 1 年，宜人性得分显著提高 0.06 分，尽责性得分显著提高 0.20 分，外向性得分显著提高 0.20 分，开放性得分显著提高 0.10 分。显然正规教育对人力资本中的认知能力提升起主导作用，但是，正规教育同样对非认知能力的形成有着重要的作用，正规教育体系在传授知识的同时，也起着塑造个人人格特征的作用。经验对非认知能力的提升也有显著影响，特别是对情绪稳定性、尽责性、外向性有显著的正向作用，但需要注意的是，工作经验对宜人性及开放性没有显著作用。从事白领职业的东道国劳动力的认知能力及分项的认知能力得分显著高出从事蓝领职业的东道国劳动力。从国别的差异来看，泰国中资企业中的东道国劳动力非认知能力显著低于柬埔寨的受访者，但老挝中资企业中的东道国劳动力非认知能力与泰国的没有显著差异。从具体能力来看，投资于柬埔寨的中国 OFDI 中的东道国劳动力在尽责性、外向性与开放性上得分高于泰国的东道国劳动力，投资于老挝的中国 OFDI 中的东道国劳动力除尽责性与泰国的东道国劳动力无差异之外，其他非认知能力得分均低于泰国。

（三）稳健性分析

在此次调查中，除了获得东道国劳动力是否流动、是否在职培训的基本信息之外，调查还设计了东道国劳动力流动次数、入职培训、在职培训内容的信息。本部分运用流动与培训的另一衡量来检验表 6-4 与表 6-5 的实证结果是否稳健。

1. 中国 OFDI 海外雇佣的认知与非认知能力提升估计结果：流动次数与入职培训

表 6-6 为采用入职培训与流动次数作为流动与培训的代理变量的估计结果。需要加以说明的是，由于技能提高与流动次数之间的关系是非线性的，这里采用二次函数替代前述线性关系进行估计。列（1）和列（3）为基准回归结果，列（2）和列（4）为控制其他变量之后的估计结果，列（2）与列（4）的结果显示，流动对非认知能力提升的正向影响较为显著，但对认知能力的影响相对不显著，流动次数与非认知能力的非线性关系也显示，随着流动次数增加，劳动者的非认知能力呈现先升后降的特点，适宜的流动有助于非认知能力的提高。入职培训的估计结果与之前在职培训的估计结果没有显著差异，再一次验证了中国 OFDI 企业的培训有利于东道国劳动力认知能力的提升。

表 6-6　中国 OFDI 海外雇佣的认知与非认知能力提升估计结果：
流动次数与入职培训

	（1） 基准回归	（2） 认知能力	（3） 基准回归	（4） 非认知能力
是否参与入职培训	1. 863 *** （7. 593）	0. 509 ** （2. 208）	0. 254 ** （2. 212）	−0. 120 （−0. 949）

	（1） 基准回归	（2） 认知能力	（3） 基准回归	（4） 非认知能力
流动次数	0.516 ***	0.258 *	0.309 ***	0.263 ***
	（3.214）	（1.871）	（4.259）	（3.339）
流动次数的平方	−0.033 *	−0.026	−0.042 ***	−0.040 ***
	（−1.754）	（−1.585）	（−4.571）	（−4.834）
国家特征	否	是	否	是
企业规模	否	是	否	是
其他个体特征	否	是	否	是
常数项	1.776 ***	−1.763 **	10.520 ***	8.786 ***
	（8.694）	（−2.543）	（103.879）	（22.564）
N	811	639	783	619
R^2	0.089	0.426	0.023	0.163

注：（1）*、**和***分别表示在 10%、5% 和 1% 的水平上显著；（2）本研究还控制了性别、婚姻等个人特征变量，未报出，备索。

2. 中国 OFDI 海外雇工的认知能力与非认知能力提升估计结果：在职培训内容

本研究所用数据对受访者进行了在职培训内容的问题调查，询问在参与培训时，接受的是什么内容的培训，获得了关于通用技能与专用技能的八项内容的培训参与信息。表 6-7 所示为按培训内容分的东道国劳动力获得相关培训的比例。表 6-7 显示，参与培训的东道国劳动力以获得专用技能、与企业生产效率相关的质量控制知识为主要培训内容，其他通用技能培训比例相对较低，值得注意的是中文读写与英语能力的培训是中国 OFDI 海外雇佣时有特色的培训内容，可以看到，泰国受访的东道国劳动者中这一培训比例较低，柬埔寨最高，老挝居中。对于表 6-6 的各项培训内容有必要考察其对东道国劳动者能力构成的影响，为此重复上述估计方程，有表 6-8 的估计结果。

表 6-7　按培训内容分的在职培训信息

项目	全部样本		泰国		柬埔寨		老挝	
	比例	标准差	比例	标准差	比例	标准差	比例	标准差
在职培训（未参加＝0）	35.34	0.48	56.32	0.50	39.65	0.49	17.89	0.38
在职培训内容								
中文读写	17.67	0.38	5.50	0.23	30.15	0.46	10.91	0.31
英语能力	9.33	0.29	1.83	0.13	17.65	0.38	3.64	0.19
客服	13.00	0.34	8.26	0.28	11.76	0.32	25.45	0.44
管理技能	18.00	0.38	22.94	0.42	12.50	0.33	21.82	0.42
交流沟通	14.00	0.35	17.43	0.38	7.35	0.26	23.64	0.43
质量控制	24.00	0.43	45.87	0.50	8.09	0.27	20.00	0.40
专用技能	39.33	0.49	46.79	0.50	39.71	0.49	23.64	0.43

表 6-8 给出各项在职培训内容的培训对东道国劳动者技能得分影响的估计结果，表中列（1）和列（3）分别为基准回归，这一结构与表 6-4、表 6-5 的结果是一致的，控制其他变量之后，表中列（2）和列（4）分别给出了各项在职培训内容对认知能力与非认知能力的影响结果。

表 6-8　中国 OFDI 海外雇佣的劳动力认知与非认知能力提升估计结果：
在职培训内容作用

变量	（1） 基准回归	（2） 认知能力	（3） 基准回归	（4） 非认知能力
培训内容：中文读写	-1.232 ***	-0.787 **	-0.241	-0.494 **
	(-3.856)	(-2.475)	(-0.946)	(-1.972)
培训内容：英语能力	1.662 ***	1.326 **	-0.278	-0.455
	(2.642)	(2.380)	(-0.874)	(-1.501)
培训内容：客服	1.268 **	1.425 **	-0.033	-0.173
	(2.023)	(2.532)	(-0.144)	(-0.738)

续表

变量	（1） 基准回归	（2） 认知能力	（3） 基准回归	（4） 非认知能力
培训内容：管理技能	2.525 *** （4.672）	1.063 * （1.701）	0.131 （0.528）	-0.169 （-0.641）
培训内容：交流沟通	1.020 ** （2.137）	0.543 （1.071）	0.260 （1.039）	0.750 *** （2.813）
培训内容：质量控制	1.379 *** （3.937）	-0.033 （-0.087）	-0.128 （-0.622）	-0.385 （-1.516）
培训内容：专用技能	1.386 *** （3.995）	0.634 * （1.855）	0.564 *** （3.482）	0.313 * （1.764）
是否流动	0.144 （0.592）	0.194 （0.850）	0.499 *** （3.878）	0.406 *** （3.005）
地区特征	否	是	否	是
企业规模	否	是	否	是
个人特征	否	是	否	是
常数项	2.195 *** （9.942）	-1.418 ** （-2.062）	10.350 *** （92.518）	8.525 *** （21.416）
N	773	671	747	648
R^2	0.126	0.438	0.031	0.172

注：（1）*、** 和 *** 分别表示在 10%、5% 和 1% 的水平上显著；（2）本研究还控制了性别、婚姻等个人特征变量，未报出，备索。

首先从通用技能来看，通用技能中语言能力的培训对东道国劳动力认知能力与非认知能力的作用存在差异，中文读写的培训对技能影响显著为负；英语能力的培训对认知能力影响显著为正，而对非认知能力没有显著影响。客服与管理技能对认知能力影响显著为正，对非认知能力没有显著影响；交流沟通对认知能力没有显著影响，对非认知能力影响显著为正；质量控制的培训对劳动者的认知能力与非认知能力均无显著影响。其次从专用技能来看，专用技能的培训对认知能力与非认知能力的提升均有显著的积极作用。

五　结论和启示

对于 OFDI 的中国企业而言，具有良好素质的东道国劳动力是中国企业海外可持续发展的重要基础。"一带一路"沿线国家劳动力素质普遍偏低的现状使中资企业在有效用工的同时要承担通用技能与专业技能培训的双重任务。此外，东道国劳动力对中资企业工作的认可与尽责性也是中资企业海外投资本地化的重要内容。深入理解中国企业海外投资对当地的影响，既是当前政策关注的焦点，也是重要的学术问题。

本部分利用东南亚三国中资企业雇主—雇员匹配的调查数据考察两类人力资本投资方式对中国 OFDI 海外雇佣中的东道国劳动力技能提升的影响。研究发现：第一，流动更有助于东道国劳动力非认知能力的提升，其中劳动力流动更有助于尽责性与外向性的形成及进一步提升；第二，在职培训更有助于东道国劳动力的认知能力提升，其中对数学运算、阅读能力的提升作用更为显著；第三，流动虽然有助于非认知能力的积累，但是过于频繁的流动将会损害劳动力非认知能力的积累；第四，通用技能培训如客服、英语能力、管理能力的培训更有助于劳动力认知能力的积累，而服务于企业的专用技能的培训同时有助于劳动力认知能力与非认知能力的积累与提升。需要注意的是，中文读写的培训对东道国劳动力认知能力的积累与提升有负向影响。

在未来，随着"一带一路"倡议走深走实，随着国际分工的进一步深化与中国企业竞争力的不断增强，中国 OFDI 企业的数量、规模与投资质量将不断增强。研究中国 OFDI 对东道国的影响，特别是关注中资企业履行社会责任、创造就业机会、建立和谐劳动关系是"一带一路"倡议中"五通"之"民心相通"的重要内容。本内容研究对中国 OFDI 企业海外投资的启示有：第一，中国 OFDI 企业应该注重对东道国劳动力的在职培训，并进一步优化培训内容。世界银行报告指出工作地的培训可以深化工人的技能并提高企业生产率。与相近规模的物质资本的投资相似，培训会提高工人产出 10% 或以上。第二，中国 OFDI 企业应该注意东道国劳动力在企业内的职业流动。尽管本研究所使用的劳动力流动不是企业内的职业流动，但流动对劳动力非认知能力的正向作用给企业的启示在于，保持企业内部员工的职业流动性，使东道国劳动力在企业内就业具有职业发展前景有助于拉近其与企业的距离，是中国 OFDI 企业海外投资可持续的一个重要保证。

第二节　中国 OFDI 东道国员工素质结构的效率分析：职业流动因素

一　引言

雇佣、培训东道国劳动力，提升东道国员工的素质及收入水平，促进企业技术进步，实现机会均等是中国企业在海外投资顺利实施并长期持续发展、塑造良好的中国企业海外形象、实现海外投资与东道国发展双赢的关键问题。现实中，中国企业海外投资的劳动力素质问题已成为亟须解决的难题。中国企业海外投资往往面临东道国劳动力高流动率的问题，并因此导致劳动力素质陷入低水平陷阱，从而海外中资企业面临劳动力高流动率→低劳动素质→低效生产→劳动力高流动率的"低技能固化"的恶性循环当中。因此，劳动力的高流动率问题成为制约企业发展、东道国劳动力素质发展的重要问题。

没有流动经济发展就没有活力，但过高的劳动力流动率对企业生产效率与个人发展有负面影响。从企业角度来看，一方面高流动率的劳动力使企业内部的员工结构难以维持稳定，经常面临用生手换熟手的情况，生产效率低下，企业生产成本增加；另一方面劳动力的流动率提高使企业在员工培训方面的投入成本增加，企业的培训失效率提升，培训损失因高流动率而不断攀升。从劳动者个人角度来看，高流动性会使人力资本的投资失效，长此以往，人力资本回报率陷入低水平均衡。人力资本理论认为流动是人力资本投资的重要形式（Schultz，1960）。过高的职业流动不利于劳动者通用技能与专业技能的提升，直接影响劳动者生产效率，基于人力资本投资收益的停止规则，高职业流动率必然面对着低人力资本投资期限，显然人力资本投资收益落入低水平区间。

但不可否认的是，适当的职业流动是正规教育与培训之外最为有效的人力资本投资途径，也是企业维持一支高效生产员工队伍的重要方式。职业流动过程中，信息集扩大的知识积累、朋友圈的学习效应以及与新企业的更高质量匹配，成为劳动者技能积累与提升的助力。竞争性劳动力市场的工资决定理论表明企业支付的工资水平等于劳动者的边际产品价值，边际产品价值的增值大小在劳动者层面实际上取决于劳动者技能水平高低。另外，适当的职业流动（含企业间的横向流动与企业内的纵向流动）通过补充"新鲜血液"在保持企业员工队伍充满活力的同时，给予了企业内部员工晋升机会，而提升职业期望可有效保持员工队伍的稳定。因此，对于在海外投资的中资企业而言，本地化用工过程中，适当的职业流动与技能积累将会一改当前"低技能固化"的恶性循环，为职业流动→技能增加→生产率提升→东道国劳动者收入水平上升的"高技能积累"良性循环做准备。

二 文献综述

1. 工作搜寻动机产生的职业流动

劳动者进行职业流动是为了改变现有工作以提高工作的匹配度或自己的满意度。从劳动力自身所具备的技能与工作所需技能相匹配的角度来讲，职业搜寻理论认为，搜寻活动本身需要付出一定的成本，因此进行职业流动的劳动者需要在以下两种情况下进行权衡：搜寻更长的时间可以增加获得更高匹配度和更满意工作的可能性，但搜寻时间越长，在搜寻活动中所需付出的成本也越高。因此，这种搜寻活动只有在预期收益高于搜寻成本的情况下才会被当事人自愿采取。职业搜寻的目的有两个：找到匹配的职位与偏好的工资。即职业流动是职业搜寻过程中个人寻找自身收益最大化的过程，也是劳动者自身技能与空缺职位同时交换的过程。从微观角度看，劳动力要素的流动即职业流动使员工收入和企业产量向最大化方向发展；从宏观角度看，劳动力要素流动产生的技能市场和职业市场的相互作用促进了经济的发展。正如 Rosen（1986）所说，劳动力市场中的职业流动有两个目的：技能和职位的同时交换。因此，职业流动的过程可以看作实现个人收入最大化和企业利润最大化的技能和职位最优配置的过程。在技能市场上，企业根据空缺职位所需的技能来寻找合适的技能来填补空缺；在职位市场上，个人根据自己所具备的技能来寻找自己偏好的职业。当劳动者找到一个满足自身技能与职业技能相匹配的岗位时，便会产生以工作岗位相匹配为目的的职业流动。除了在人力资本理论和职业搜寻理论动机下产生的职业流动，社会资本、公司福利等也会对职业流动产生影响。因此，职业流动被劳动者看成改善自身福利的手段之一。

2. 人力资本回报理论动机产生的职业流动

Sicherman Galor（1990）认为职业流动形式的人力资本投资可以得到回报，因此他在人力资本理论中加入了对职业流动的研究。人力资本理论认为获得人力资本的途径包括正式的和非正式的学校教育或家庭教育、培训、迁移和流动以及寻找新工作、健康和营养、经验等。人力资本可分为通用人力资本和专用人力资本两大类。其中，通用人力资本可以通过在学校学习获得，专用人力资本可以通过在特定岗位上连续工作而获得，即工作经验，且在特定工作岗位上积累到的工作经验与收入成正比，因此特定工作岗位上的劳动者进行职业流动的动机较弱，因为职业流动的发生会中断专用人力资本的积累（Becker，1964）。当劳动者在某一岗位积累到一定的技能并能够熟练掌握这一技能时，该劳动者的劳动生产率便会提高，其工资也会相应得到提高，这时一个富有"进取心"的劳动者会出于找到一个职业声望更高、工作环境更好、工资更高的职位的目的，而做出寻找一个更匹配的职位的职业流动决定。

3. 其他因素对职业流动的影响研究

社会资本是指个体或团体之间由社会网络产生的信任建立起来的社会关系，是人们在社会结构中所处的位置给人们带来的资源。通过互相交换而获得收益的社会关系是社会资本获得的主要途径，并且社会资本主要依赖两个因素：社会网络大小和相关成员拥有资本的总数量（陈玉芬，2013）。姚菲菲（2014）以山西省为个案针对农民工社会资本对其职业流动的影响进行研究发现，劳动者通过社会资本求职更容易些，社会资本不仅能降低农民工的求职成本，而且能减少他们上当受骗的机会。李许单（2006）认为人力资本是职业流动的基础，而社会资本是职业流动的关键，社会资本不仅提供信息支持，而且能向个体提供资源支持。除此之外，婚姻情况、掌握技术数量、劳资关系、公司福利及工作满意度会对职业流动产生影响，并且劳动者的年龄、工作经验和自身所具备的非认知技能对职业流动的影响较大。

4. 职业流动的测度研究

通过以上对职业流动影响因素的分析可知，出于经济原因进行的职业流动是职业流动的主体。进行职业流动的方式有跨地区、跨行业等流动，主要用职业流动的次数或频次来衡量。白利娜（2013）使用 CGSS2008 年的数据分析我国劳动力职业流动对其收入的影响发现，人力资本中的工作年限对职业流动次数存在非线性负向影响，即随着工作年限的增加职业流动的次数减少得越来越快，说明专用性人力资本抑制职业流动；受过高等教育劳动力的职业流动主要受人力资本中教育水平的影响。但是由于职业流动次数具有局限性，比如：某人在近五年或十年内甚至一辈子没有换过工作会使每一个体之间的流动次数差异很大。因此，本研究打算在前人对职业流动研究的基础上采用职业流动的频次来测度职业流动。

5. 技能回报的研究

劳动力的人力资本主要用受教育年限、工作经验等指标来衡量。但是，基于经典的明瑟尔（Mincer，1974）工资方程对人力资本回报进行研究时，用可观测个体特征（受教育年限和工作经验）作为变量对收入做回归，大约仅能解释总体工资收入变动的 1/3，剩下 2/3 的信息都包含于模型残差项中，此部分主要由不可观测技能（如劳动者自身天赋、市场应变能力、社会生存能力、洞察力和创造力等）决定（魏下海，2012）。因此，近年来研究发现用受教育年限及工作经验来衡量人力资本回报的传统人力资本回报是存在偏差的，主要原因是不易测量的人的能力被视为天生给定的（李晓曼、曾湘泉，2012）。为了识别出这种被视为天生给定的能力类型，很多学者对技能的分类和测度做了很多努力，如：以双胞胎为研究对象来消除人与人之间的这种天生给定的能力差异（Hongbi Li et al.，2007）。

根据技能的不同分类，学者们做了很多有关技能回报的分析。Becker（1964）将人力资本分为通用人力资本和专用人力资本，通用人力资本通过学校获得即用受教育年限来衡量，专用人力资本则通过特定岗位所积累的工作经验来衡量，且特定职位的工作经验与收入成正比，使员工进行职业流动的动机较弱，因为职业流动会中断专用人力资本的积累。白利娜（2013）针对劳动力的工作经验对职业流动的影响进行研究，使用 CGSS2008 年的数据并运用 OLS 多元回归模型、Logit 回归模型、负二项回归模型分析我国劳动力职业流动对其收入的影响进行研究，发现随着工作年限的增加职业流动的次数减少得越来越快，即专用性人力资本技能抑制职业流动，与 Becker 得出同样的结论。进而，为了考察专用性人力资本对行业内部职业流动和行业外部职业流动产生的影响，学者们进行了更为详细的研究，李晓霞（2011）发现，专用人力资本会促进行业内的就业流动，抑制行业间的就业流动。

通过以上综述发现，使用通用性技能和专用性技能作为衡量人力资本中技能的指标还是离不开使用受教育年限和工作经验两个指标来量化技能，因此，为了更清晰地量化出技能的种类，有些学者采用心理学上的认知技能和非认知技能来衡量人力资本中的技能。李晓曼、曾湘泉（2012）提出认知技能和非认知技能可以作为人力资本的核心来进行研究。随着现代心理学技术的不断发展，心理学家（R. Sternberg，1985）利用量表对动机、偏好、自尊感、自控能力等典型的非认知技能进行了有效测度，使采用经济学方法研究非认知能力成为可能。Heckman（2001）以美国 GED 参与者为样本，研究发现对于那些以低技能为特点的劳动力市场上务工的个体，非认知能力显著影响其工资、职业稳定和社会行为，甚至超过认知能力对其的影响。控制了受教育年限和测试分数等认知能力后发现，GED 证书持有者具有相对较低的非认知能力或缺乏良好的个性或特质，如毅力和自律性。Mueller 和 Plug（2006）同时考察了认知能力和非认知能力变量对人力资本回报的影响，发现男性的对抗性和思维开通性对收入的回归系数显著为正；女性的责任感和思维开通性对收入的回归系数显著为正。劳动者在自身具备一定的人力资本积累时，便会倾向于寻找一个与自身技能相匹配的职业。

已有研究探讨人力资本回报时主要是从受教育年限和工作经验两个角度来探讨的。在对职业流动的分析中，人力资本回报理论和职业搜寻理论是分析职业流动的主要理论基础。众多学者把人力资本中的受教育年限和工作经验作为衡量劳动者通用技能和专用技能的指标，把职业流动的次数和职业流动的方向作为职业流动的衡量指标。通过分析通用技能和专用技能来探讨其对职业流动的影响，特别是对流动次数和流动方向的影响。但是，较少有研究分析职业流动如何作用于认知技能和非认知技能的形成而对劳动者的报酬产生影响。本研究基于问卷调查，对东南亚三国中资企业雇佣的东道国劳动者的认知技能与非认知技能进行了自我评价与客观测量打分，尝试量化人力资本中的认知技能与非认知技能，进而分析职业流动与技能回报的关系。

本研究采用认知技能和非认知技能两个变量来计算人力资本的回报并分析其对职业流动的影响，对于完善人力资本体系，打开人力资本中技能的"黑箱"具有重要意义。一方面，认知技能与非认知技能的量化丰富了我们对人力资本的认识，也进一步完善了对人力资本的度量。另一方面，职业流动对技能的提升效应，以及技能的提升对收入的影响都是大家所关注的。因此，利用《东南亚国家劳动力技能短缺对云南企业"走出去"的影响及对策研究》，及云南省省院省校项目（SYSX201608）的调研数据，我们对职业流动对技能积累的影响和技能积累的收入效应进行检验。

三　数据来源、变量说明与统计性描述

1. 数据来源

本部分与上一节同样使用本研究在老挝、泰国与柬埔寨三国进行的中国企业雇主—雇员匹配调查数据进行分析。具体数据来源说明见本章第一节，变量设计见表 6-9。

表 6-9　变量设计

	变量符号	定义
被解释变量	$\ln W$	月工资的对数（元）
核心变量	mobility	虚拟变量：0 没有职业流动；1 有职业流动
	md	虚拟变量：1 表示向下流动；2 表示水平流动；3 表示向上流动
	mn	职业流动的次数
	math_s	数学运算标准化得分
	reading_s	阅读理解标准化得分
	writing_s	写作标准化得分
	neuroticism_s	情绪稳定性得分，包括体现劳动者焦虑、生气敌意、沮丧等个人特征的和

续表

	变量符号	定义
核心变量	*agreeableness_ s*	宜人性得分，包括体现劳动者信任、直率、利他、温顺、谦虚和慈悲等个人特征的和
	conscientiousness_ s	尽责性得分，包括体现劳动者自信、有条理、可依赖、追求成就、自律和深思熟虑等个人特征的和
	extraversion_ s	外向性得分，包括体现劳动者热情、待人接物、乐群等个人特征的和
	openess_ s	开放性思维，包括体现劳动者想象力、审美、尝鲜、不断接受新观念等个人特征的和
控制变量	*edu*	接受正规教育的年数（受教育年限）
	exp	工作经验
	exp2	工作经验的平方
	femal	虚拟变量：0 男；1 女
	marry	虚拟变量：是否有配偶（有配偶＝1）
	guojia	国家虚拟变量：1 为泰国；2 为老挝；3 为柬埔寨
	nowjobtime	在现在职业工作的时间（年）

首先，本研究对是否职业流动会对技能回报产生影响进行 OLS 回归，然后将职业流动分为职业流动次数和方向两个维度来进行职业流动对技能回报影响的稳健性检验，核心变量的具体处理过程如下。

1. 职业流动

本部分从职业流动的数量和质量角度对职业流动进行测度，即用职业流动的次数来衡量职业流动的数量，用现在职业的国际职业分类代码（ISCO08）与上一份职业的国际职业分类代码（ISCO08）的差来衡量职业流动的质量，其差小于 0 时为向下流动，等于 0 时为水平流动，大于 0 时为向上流动。其中，国际职业分类代码（ISCO08）是由美国劳工部颁布的标准职业代码（SOC10）转换而来的。由于国际职业分类是根据各职业所要求的技能高低来排列的，因此用上一份职业代码与现在职业代码的差作为职业流动的方向是一种暗含职业技能水平的职业流动方式。该 ISCO08 代码将职业由低到高分为 10 类，即：1 非技术工人，2 机械、机床操作员和装配工，3 工艺及有关人员，4 农业、林业和渔业技术员，5 服务人员及销售人员，6 办事员，7 技术人员和专业人员助理，8 专业人员，9 管理者，10 军人。本研究所使用的数据不涉及军人职业，因此，根据职业所要求的技能水平将职业分为除军人以外的九大类职业。

2. 职业流动的统计描述

在进行回归之前，我们首先对数据做了简单的统计性描述。其次，职业流动的宏观状态包括两个方面，即职业流动的数量和质量；在数量方面，主要观察职业流动的次数对其收入和技能得分的影响。在质量方面，国际职业代码（ISCO08）主要以技能为标准对职业进行分类，因此我们将从上一份工作流动到现在工作以技能水平为标准分为向下流动、水平流动和向上流动三种方向，然后分别统计在这三种方向上收入和技能的变化规律。

在老挝、泰国和柬埔寨三国的中资企业本土劳动力样本中，受访者的平均工资是人民币 3203 元，平均受教育年限是 9.74 年，相当于刚好完成义务教育，具备基本的认知技能。平均工作经验是 12.55 年，平均现职工作时间是 2.58 年。从职业流动来看，他们的平均流动次数是 1.46 次，说明这些劳动者至少进行过一次职业流动的比较多；流动方向的平均值是 2.03，说明水平流动的比较多。从劳动者的技能水平看，认知技能分为 3 个维度，其平均分为 2.48，非认知技能分为 5 个维度，其平均分为 16.32。认知技能中的数学运算得分、阅读得分、写作得分分别为 0.89、0.71、0.87，满分 5 分；非认知技能中的情绪稳定性得分、宜人性得分、尽责性得分、外向性得分和开放性得分分别为 3.31、3.69、3.62、2.79 和 2.89，满分 5 分。以上是对总体样本的大致描述，为了进一步了解职业流动数量和质量对技能和收入的影响，下面分别对所涉主要变量做了更深一步的统计性描述（见表6-10）。

表 6-10　主要变量的描述性统计结果

变量符号	统计定义	均值	标准差	样本量
wage	月工资（元）	3203	6522	741
edu	受教育年限	9.74	4.36	798
exp	经验（年）	12.55	9.21	798
exp2	经验的平方	242.20	354.00	798
nowjobtime	现职工作时间（年）	2.58	3.40	780
mn	流动次数	1.46	1.56	770
md	流动方向	2.03	0.72	548
math_ s	数学运算得分	0.89	1.01	803
reading_ s	阅读得分	0.71	1.09	802
writing_ s	写作得分	0.87	1.20	804
cog_ s	认知技能得分	2.48	2.85	801
neuroticism_ s	情绪稳定性得分	3.31	1.16	800
agreeableness_ s	宜人性得分	3.69	1.03	797
conscientiousness_ s	尽责性得分	3.62	0.82	777
extraversion_ s	外向性得分	2.79	0.96	778
openess_ s	开放性得分	2.89	0.82	778
noncog_ s	非认知技能得分	16.32	3.42	773

数据来源：《东南亚国家劳动力技能短缺对云南企业"走出去"的影响及对策研究》，云南省省院省校项目（SYSX201608）的调研数据。

为了详细说明职业流动次数与技能得分之间的关系，现将职业流动次数分为三组：没有职业流动、流动一次和流动两次及以上。表6-11是根据职业流动次数的分组分别求出工资、认知技能和非认知技能的均值的，通过比较发现没有流动劳动者的平均工资最高，为4373元，流动一次的劳动者平均工资最低，为2803元，虽然没有职业流动与有职业流动组间工资差是负的，但有职业流动组内的平均工资是增加的，从有职业流动的情况来看职业流动是有利于工资增加的。

表 6-11 中资企业劳动力职业流动次数分组统计性描述

	没有流动	流动一次	流动两次及以上
月工资（元）	4373	2803	3118
数学运算得分	0.90	0.80	1.12
阅读得分	0.74	0.59	1.09
写作得分	0.82	0.82	1.19
认知技能	2.47	2.20	3.40
情绪稳定性得分	3.14	3.38	3.44
宜人性得分	3.61	3.73	3.75
尽责性得分	3.41	3.71	3.69
外向性得分	2.66	2.84	2.85
开放性得分	2.86	2.92	2.79
非认知技能	15.66	16.63	16.53

数据来源：本研究调查。

从认知技能来看，认知技能的总得分是随着流动次数的增加而增加的（不包括没有流动组），说明职业流动有利于认知技能得分的增加。从认知技能的具体分类来看，数学运算、阅读和写作得分在有职业流动组组内的差是正向的，说明职业流动有利于这些认知技能得分的增加。从非认知技能来看，非认知技能的总得分是随着流动次数的增加而减少的，说明职业流动不利于非认知技能得分的增加。从非认知技能的具体分类来看，随着职业流动次数的增加情绪稳定性、宜人性和外向性得分是增加的，说明流动次数的增加有利于情绪稳定性、宜人性和外向性技能得分的增加。尽责性得分在有职业流动和没有职业流动组间的差是正的，说明职业流动会提高外向性得分，开放性得分在有职业流动的情况下，职业流动次数越多开放性得分越少。

为了更加清晰地观察职业流动与技能得分之间的关系，做图6-1显示技能得分与职业流动次数的关系。从图中可以发现，随着职业流动次数的增加技能总得分和非认知技能总得分呈倒"U"形发展趋势，说明随着流动次数的增加技能总得分和非认知技能总得分是先递增后递减的趋势。但认知技能得分随着职业流动次数的增加是一个先递增后趋于稳定的趋势，说明职业流动有利于认知技能的积累。

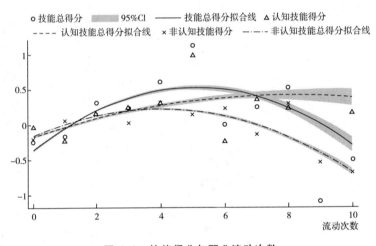

图6-1　技能得分与职业流动次数

进而，我们按流动次数与技能得分对劳动者进行分组考察不同流动情况下的技能回报状况，如图6-2所示。从整体上看，职业流动次数增加是有助于技能回报的。从职业流动次数的不同分组来看，职业流动次数4次以上的技能回报是呈倒"U"形的，说明职业流动次数越多并不是越有利于技能回报的；职业流动次数为2~3次的技能回报是呈直线上升的；职业流动1次以下的技能回报是呈"U"形的，说明随着职业流动次数的减少劳动者的技能回报是先减后增的。通过以上对职业流动次数分组分别进行技能回报的分析发现，适当的两三次职业流动是有助于技能回报的。

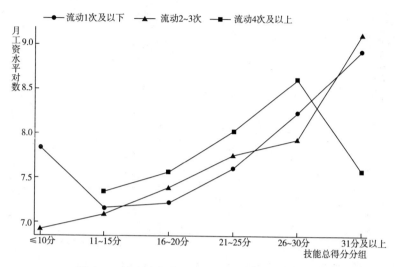

图 6-2　按流动次数与技能得分分组的技能回报

为了更清楚地分析认知技能和非认知技能回报与职业流动次数的关系，下面我们将职业流动次数分为 1 次以下、2~3 次和 4 次以上分别考察技能回报的差异。如图 6-3 和图 6-4 所示。

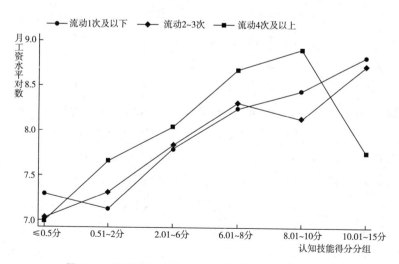

图 6-3　按流动次数与认知技能得分分组的技能回报

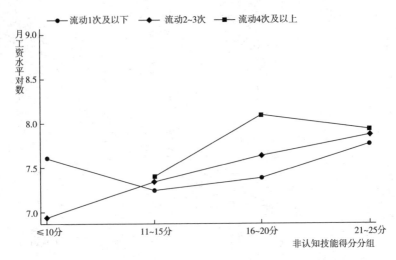

图 6-4　按流动次数与非认知技能得分分组的技能回报

如图 6-3 所示，从整体上看，职业流动次数增加是有助于认知技能回报的。从职业流动次数的不同分组来看，职业流动次数 4 次以上的认知技能回报是呈倒"U"形的，说明职业流动次数越多并不是越有利于认知技能回报；职业流动次数为 2 ~ 3 次的认知技能回报是呈直线上升的；职业流动 1 次以下的认知技能回报也呈直线上升。通过以上对职业流动次数分组分别进行认知技能回报的分析发现，适当的职业流动是有助于认知技能回报的。

如图 6-4 所示，从整体上看，职业流动次数增加是有助于非认知技能回报的。从职业流动次数的不同分组来看，职业流动次数 4 次以上的非认知技能回报是呈倒"U"形的，说明职业流动次数越多并不是越有利于非认知技能回报的；职业流动次数为 2 ~ 3 次的非认知技能回报是呈直线上升的；职业流动 1 次以下的非认知技能回报是呈"U"形的，说明随着职业流动次数的减少劳动者的非认知技能回报是先减后增的。通过以上对职业流动次数分组分别进行非认知技能回报的分析发现，适当的两三次职业流动是有助于非认知技能回报的。

通过以上对技能得分和职业流动次数分组分别考察技能回报的差异发现，适当的职业流动确实可以增加技能的积累，技能的积累确实可以增加技能回报。并且，当劳动者的职业流动次数发生两到三次时无论是认知技能还是非认知技能回报都是直线上升的。

3. 劳动力职业流动方向统计性描述

为了详细说明职业流动方向与技能得分之间的关系，现将职业流动次数分为三组：向下流动、水平流动和向上流动，职业流动方向的分组是根据受访者上一份工作和现在职业的国际标准职业代码的差值计算而得的，差大于 0 为向上流动，等于 0 为水平流动，小于 0 为向下流动，职业流动的方向包含劳动者的社会地位和经济回报两方面内容。表 6-12 是对中资企业劳动力职业流动方向进行的统计性描述。

表 6-12　中资企业劳动力职业流动方向统计性描述

变量名	向下流动	水平流动	向上流动
月工资（元）	2750	2926	2928
数学运算得分	0.75	0.83	1.05
阅读得分	0.56	0.65	0.87
写作得分	0.77	0.85	1.07
认知技能	2.08	2.32	3.00
情绪稳定性得分	3.24	3.40	3.52
宜人性得分	3.64	3.70	3.88
尽责性得分	3.53	3.78	3.72
外向性得分	2.69	2.89	2.91
开放性得分	2.84	2.94	2.85
非认知技能	15.97	16.73	16.96

数据来源：《东南亚国家劳动力技能短缺对云南企业"走出去"的影响及对策研究》，云南省省院省校项目（SYSX201608）的调研数据。

根据职业流动的方向分组分别求出工资、认知技能和非认知技能的均值并进行比较，发现向上流动劳动者的工资是增加的。从认知技能的总体得分来看，向上流动劳动者的认知技能的总得分是增加的，说明向上流动有利于认知技能的积累。从具体认知技能项目得分来看，越向上流动越有利于数学运算、阅读和写作技能得分的增加，说明越向上流动越有利于数学运算、阅读和写作技能的积累。

从非认知技能的总得分来看，向上流动劳动者的非认知技能得分是增加的，说明向上流动有利于非认知技能的积累。从非认知技能的具体分类来看，向上流动劳动者的情绪稳定性、宜人性和外向性得分是增加的，说明向上流动有利于情绪稳定性、宜人性和外向性技能的积累。尽责性得分和开放性得分在水平流动时达到最大，说明水平流动有利于尽责性和开放性技能的积累。

本部分分别对数据的来源、指标的选取和基本的统计性描述进行叙述，包括对总体样本的统计性描述、按职业流动次数分组的核心变量的统计性描述和按职业流动方向分组的核心变量的统计性描述，发现职业流动有助于劳动者技能积累，为了进一步说明技能积累会促进工资收入，下一部分进行技能回报的实证分析。

四　中国 OFDI 海外雇工的技能回报：东南亚三国的实证分析

1. 加入劳动者技能的明瑟尔收入方程回归

以人力资本的投资和收益为中心，舒尔茨、贝克尔和明瑟尔等开创了人力资本理论。其中心思想是通过教育、培训等提高劳动者生产能力，进而增加收入，但是对能力是什么并未探讨（王凌云，2004）。后来舒尔茨认为人力资本的质量（如劳动者的技术、能力等劳动者生产能力的个体特征）是很难测量出来的，但是通过考察以提高这种能力为目标的某些活动来获得这些个体特征是容易的，这些活动包括教育、工作搜寻和培训等。因此，传统的人力资本理论把教育当作衡量这种能力的代理变量并把教育看作认知技能的一种表达。然而，在现实的劳动力市场中，由于劳动者具有的非生产性技能对收入同样有影响，因此这种能力不仅包括认知技能还应包括非认知技能。表 6-13 是加入认知技能和非认知技能的明瑟尔收入方程。

表 6-13　技能对收入的 OLS 回归

	（1）	（2）	（3）
认知技能标准化得分	—	0.089 *** （0.012）	—
非认知技能标准化得分	—	0.011 （0.009）	—
认知技能			
数学运算标准化得分	—	—	0.088 ** （0.038）
阅读能力标准化得分	—	—	0.011 （0.039）
写作能力标准化得分	—	—	0.142 *** （0.035）
非认知技能			
情绪稳定性标准化得分	—	—	−0.025 （0.029）
宜人性标准化得分	—	—	0.043 （0.034）
尽责性标准化得分	—	—	0.016 （0.043）
外向性标准化得分	—	—	0.073 * （0.038）
开放性标准化得分	—	—	−0.087 ** （0.037）

续表

	（1）	（2）	（3）
控制变量			
受教育年限	0.084 ***	0.039 ***	0.038 ***
	(0.009)	(0.010)	(0.010)
经验	0.034 ***	0.031 ***	0.031 ***
	(0.012)	(0.011)	(0.010)
经验的平方	−0.000 *	−0.000 *	−0.000 **
	(0.000)	(0.000)	(0.000)
女	−0.193 ***	−0.156 ***	−0.142 **
	(0.062)	(0.057)	(0.057)
已婚	−0.018	0.019	0.020
	(0.072)	(0.065)	(0.065)
老挝 （参照组：泰国）	−0.462 ***	−0.410 ***	−0.390 ***
	(0.087)	(0.081)	(0.081)
柬埔寨 （参照组：泰国）	−0.643 ***	−0.694 ***	−0.668 ***
	(0.087)	(0.082)	(0.084)
现岗位工作的时间（年）	−0.005	−0.005	−0.006
	(0.009)	(0.009)	(0.009)
常数项	6.968 ***	6.979 ***	7.057 ***
	(0.180)	(0.198)	(0.207)
观测值	711	684	684
R^2	0.294	0.385	0.400

注：括号内为标准误；* $p<0.1$，** $p<0.05$，*** $p<0.01$。

数据来源：《东南亚国家劳动力技能短缺对云南企业"走出去"的影响及对策研究》，云南省省院省校项目（SYSX201608）的调研数据。

从表 6-13 中可以得到，在控制了劳动者的受教育年限、工作经验、性别、婚姻和国家等特征后发现，认知技能对收入有正向显著影响。模型（1）是原始的明瑟尔工资方程，模型（2）是在模型（1）的基础上加入认知技能和非认知技能后的明瑟尔工资方程，其中认知技能与工资是显著的正相关关系，且认知技能的回报为 8.9%，即认知技能的得分每提高 1 分其回报增长 8.9%，但非认知技能与工资的关系不显著。与模型（1）相比，加入技能的明瑟尔方程使教育回报率下降了 4.5 个百分点，这说明用受教育年限作为衡量人力资本回报的变量是有偏的，而将人们所具备的不易测量的变量量化出来进一步完善明瑟尔工资方程是有理论意义的。为了更清楚地表示出衡量认知技能和非认知技能的具体量表，我们用模型（3）来分别用量化出来的认知技能和非认知技能做技能回报的回归，认知技能的数学运算能力和写作能力的工资回报是显著为正的，非认知技能的外向性与工资呈显著的正相关关系，开放性与工资呈显著的负相关关系。其中，认知技能的数学运算能力的回报率为 8.8%，写作能力的回报率为 14.2%；非认知技能的外向性和开放性的回报率分别为 7.3% 和 -8.7%，说明在职场中一个雇员拥有很高的待人接物水平、很容易与其他人交朋友以及对工作有积极的态度有助于提升他的工资水平；然而，劳动力所具备的非认知技能中的开放性却在 5% 的显著性水平上呈现负影响，其工资回报率为 -8.7%。从模型（1）~（3）的控制变量系数变化可以发现，加入技能变量的劳动者的教育回报率在下降，女性的工资回报率在上升。一方面说明技能的加入解释了教育回报率中不能完全解释的工资变动的部分，另一方面说明女性掌握技能越熟练其与男性的工资差距越小。

从以上分析可以得出，加入了认知技能后的明瑟尔方程其教育回报和女性相对于男性而言的回报差距都呈现显著下降的趋势，这不仅意味着教育对技能的形成有积极的影响以及技能本身也能给劳动力市场带来回报，而且还说明传统的工资方程用受教育年限和工作经验来估计工资是有偏的，验证了都阳（2017）、李晓曼（2012）的说法：传统的人力资本理论用受教育年限来衡量个人的能力是有失偏颇的，传统的教育回报是被高估，女性的工资回报是被低估的，因此在经典的明瑟尔方程中加入技能变量是有必要的。

2. 按职业流动与否分组的技能回报

职业流动是人力资本积累的途径，可以通过按职业流动与否分组来对比技能回报的大小。表 6-14 是按职业流动与否分组做的技能回报的回归。首先，在控制了劳动者受教育年限、工作经验、性别、婚姻状况、国家和现职工作时间等因素后，从总的技能来看，如模型（4）和模型（6）所示；无论职业流动与否认知技能都能够显著影响工资，并且没有职业流动的劳动者的非认知技能回报是显著的。

表 6-14　职业流动与否对技能回报的影响

	（4）	（5）	（6）	（7）
	没有职业流动		有职业流动	
认知技能得分	0.087 *** (0.026)	—	0.090 *** (0.015)	—
非认知技能得分	0.039 * (0.021)	—	0.000 (0.010)	—
认知技能				
数学运算得分	—	0.044 (0.083)	—	0.129 *** (0.044)
阅读能力得分	—	0.057 (0.092)	—	-0.008 (0.044)
写作能力得分	—	0.134 (0.092)	—	0.127 *** (0.038)
非认知技能				
情绪稳定性得分	—	0.009 (0.070)	—	-0.037 (0.033)
宜人性得分	—	0.097 (0.084)	—	0.015 (0.038)
尽责性得分	—	0.096 (0.097)	—	-0.040 (0.050)

续表

	（4）	（5）	（6）	（7）
	没有职业流动		有职业流动	
外向性得分	—	0.005 （0.098）	—	0.113 *** （0.041）
开放性得分	—	-0.052 （0.090）	—	-0.092 ** （0.041）
控制变量				
受教育年限	0.042 * （0.023）	0.044 * （0.024）	0.038 *** （0.011）	0.035 *** （0.011）
经验	0.051 * （0.026）	0.049 * （0.027）	0.031 ** （0.012）	0.031 ** （0.012）
经验的平方	-0.001 （0.001）	-0.001 （0.001）	-0.000 * （0.000）	-0.000 * （0.000）
女	-0.458 *** （0.125）	-0.444 *** （0.128）	-0.067 （0.066）	-0.046 （0.066）
已婚	-0.185 （0.150）	-0.163 （0.156）	-0.008 （0.075）	-0.001 （0.074）
现岗位工作 的时间（年）	-0.018 （0.016）	-0.017 （0.017）	-0.004 （0.011）	-0.006 （0.011）
老挝 （参照组：泰国）	-0.595 *** （0.179）	-0.568 *** （0.196）	-0.417 *** （0.094）	-0.427 *** （0.095）
柬埔寨 （参照组：泰国）	-1.008 *** （0.201）	-0.974 *** （0.221）	-0.607 *** （0.091）	-0.595 *** （0.093）
常数项	6.871 *** （0.480）	6.880 *** （0.508）	7.112 *** （0.228）	7.284 *** （0.240）
观测数	170	170	484	484
R^2	0.431	0.441	0.372	0.396

注：括号内为标准误；* p<0.1，** p<0.05，*** p<0.01。

数据来源：《东南亚国家劳动力技能短缺对云南企业"走出去"的影响及对策研究》，云南省省院省校项目（SYSX201608）的调研数据。

其次，从两种技能的具体内容来看，如模型（5）所示，认知技能和非认知技能具体量化后没有职业流动的劳动者技能回报不显著。但是，从模型（7）来看有职业流动经历的劳动者其技能回报大部分变得显著，说明职业流动是可以显著影响技能回报的。并且，有职业流动的劳动者的认知技能中的数学运算能力和写作能力回报在1%的显著性水平下显著，其回报率分别为12.9%和12.7%，说明与没有职业流动经历的劳动者相比，有职业流动的劳动者其认知技能中的数学运算能力和写作能力的提升会有助于提高工资收入；有职业流动的劳动者的非认知技能中的外向性和开放性的回报率都变显著了，分别为11.3%和-9.2%，说明与没有职业流动的劳动者相比，有职业流动经历的劳动者在职场中拥有很高的待人接物水平、很容易与其他人交朋友以及对工作有积极的态度即劳动者的外向性有助于提升他的工资水平。开放性代表个体的创造力、创新精神和好奇心，开放性与工资呈负向相关关系，是由于东道国处于二元经济的劳动力市场上，工业部门对劳动者所具备的基础技能需求较大，对劳动者所具备的创新性技能需求较小，因此非认知技能中的开放性技能的回报率是负的。

最后，从控制变量的变化来看，由受教育年限回报率的变化可见，有职业流动经历的劳动者的教育回报率是下降的；从经验看，有职业流动的劳动者随着经验的增加其工资是先上升后下降的；从性别来看，没有职业流动经历的女性其工资回报是显著的，有职业流动经历的女性劳动者其工资率变化不显著，说明女性进行职业流动对其工资没有影响。

以上是按职业流动与否分组分别观察技能回报的变化，发现：（1）无论职业流动与否，总的认知技能都会显著影响工资；（2）与没有职业流动的劳动者相比，有职业流动经历的劳动者其具体类别的技能提升对工资的影响是显著的。如模型（7）所示，有职业流动劳动者的认知技能中的数学运算能力回报和写作能力回报是正向显著的，分别为12.9%和12.7%，有职业流动劳动者的非认知技能中的开放性技能回报负向显著，为-9.2%，外向性技能回报是正向显著的，为 11.3%。

3. 稳健性检验

在表 6-7 的分析中得出，从整体上看无论职业流动与否，认知技能都能显著影响工资，并且没有职业流动的劳动者其非认知技能回报是显著的但有职业流动的劳动者其非认知技能回报是不显著的。为了验证计量结果的一致性，下面我们分别按职业流动次数和职业流动方向进行分组来分别验证职业流动对技能回报影响的稳健性。

（1）按职业流动次数分组的技能回报

本节将职业流动的次数分为三类：没有流动、流动一次和流动两次或两次以上，分别对技能回报做回归来验证职业流动与否对技能回报的影响。表 6-15 是按职业流动次数分组的技能回报回归结果。首先，在控制了劳动者受教育年限、工作经验、性别、婚姻状况、国家和现职工作时间等因素后，从总体上看无论流动次数是多少整体劳动者的认知技能回报都是在 1%的显著性水平下显著的，并且流动一次的认知技能回报最高，为 9.8%，流动两次及以上的认知技能回报最低，为 6.9%；从非认知技能回报来看，没有职业流动的劳动者其非认知技能回报是显著的，为 3.9%，有职业流动的劳动者其非认知技能回报是不显著的。因此，无论将职业流动的次数怎么分组，总的认知技能都会显著影响工资。

表 6-15　按职业流动次数分组的技能回报

	(8)	(9)	(10)	(11)	(12)	(13)
	没有流动		流动一次		流动两次或以上	
认知技能 得分	0.087 *** (0.026)	—	0.098 *** (0.018)	—	0.069 *** (0.021)	—
非认知技能 得分	0.039 * (0.021)	—	-0.004 (0.012)	—	0.021 (0.016)	—

续表

	（8）	（9）	（10）	（11）	（12）	（13）
认知技能						
数学运算得分	—	0.044 (0.083)	—	0.188 *** (0.058)	—	0.048 (0.053)
阅读能力得分	—	0.057 (0.092)	—	0.024 (0.062)	—	−0.023 (0.050)
写作能力得分	—	0.134 (0.092)	—	0.079 (0.052)	—	0.189 *** (0.047)
非认知技能						
情绪稳定性得分	—	0.009 (0.070)	—	−0.019 (0.040)	—	−0.070 (0.052)
宜人性得分	—	0.097 (0.084)	—	0.039 (0.048)	—	−0.014 (0.055)
尽责性得分	—	0.096 (0.097)	—	−0.083 (0.061)	—	0.088 (0.082)
外向性得分	—	0.005 (0.098)	—	0.082 (0.050)	—	0.136 ** (0.068)
开放性得分	—	−0.052 (0.090)	—	−0.094 ** (0.048)	—	−0.009 (0.084)
个体特征	是	是	是	是	是	是
国别特征	是	是	是	是	是	是
观测数	170	170	372	372	112	112
R^2	0.431	0.441	0.330	0.352	0.558	0.625

注：（1）括号内为标准误；* $p<0.1$，** $p<0.05$，*** $p<0.01$。
数据来源：本研究调查数据。

其次，从两种技能的具体分类来看，在没有流动的条件下，具体的认知技能和非认知技能回报是不显著的；在劳动者有一次流动经历的条件下，认知技能中的数学运算能力回报在 1% 的显著水平下显著，为 18.8%，非认知技能中的开放性技能回报也是显著的，为-9.4%；在劳动者有两次或以上流动经历的情况下，认知技能中的写作能力回报是在 1% 显著水平下显著的，为 18.9%，非认知技能中的外向性技能回报是正向显著的，为 13.6%。由此可见，模型（7）中由职业流动产生的数学运算能力回报正向显著和开放性技能回报负向显著是由流动一次的劳动者引起的，写作能力回报正向显著和外向性技能回报正向显著是由流动两次或以上的劳动者引起的。

最后，从控制变量的变化来看，由受教育年限回报率的变化可见，有职业流动经历的劳动者随着职业流动次数的增加其教育回报率是增加的；从性别来看，没有职业流动经历的女性其工资率变化是显著的，有职业流动经历的女性劳动者其工资率变化不显著，说明女性进行职业流动对其工资没有影响。

以上是按职业流动次数分组分别观察技能回报的变化，发现：（1）无论将职业流动的次数怎么分组，总的认知技能都会显著影响工资；（2）模型（7）中有职业流动劳动者的数学运算能力回报正向显著和开放性技能回报负向显著是由流动一次的劳动者引起的，写作能力回报正向显著和外向性技能回报正向显著是由流动两次以上的劳动者引起的。由此，按流动次数分组的总的技能回报与职业流动与否的技能回报的回归结果是一致的。

（2）按职业流动方向的技能回报

本部分将职业流动的方向分为三类：水平流动、向下流动和向上流动，分别对技能回报做回归来验证职业流动对技能回报的影响。表 6-16 是按职业流动方向分组的技能回报回归结果。首先，在控制了劳动者受教育年限、工作经验、性别、婚姻状况、国家和现职工作时间等因素后，核心解释变量的估计结果显示，无论流动方向是什么，劳动者的总认知技能回报都是在 1% 的显著性水平下正向显著的，并且向下流动的认知技能回报率最高，为 9.5%，向上流动的认知技能回报率最低，为 7.7%，即越向上流动认知技能的技能回报越低，从职业地位和经济指数角度看，这说明虽然向下流动的职业地位比较低，但经济回报是高的，同样向上流动的经济回报是低的，但其职业地位是高的。从受访者这一群体的受教育水平看，其平均受教育年限大约为 9 年，相当于初中毕业就进入劳动力市场，而教育是可以促进技能积累的，因此低学历群体进行职业流动会阻止其技能的形成（魏霁，2015），在基础技能积累不足时就进行职业流动带来的收入回报也是减少的。从非认知技能回报来看，无论劳动者向哪个方向进行职业流动其非认知技能回报都是不显著的。因此，无论将职业流动的方向怎么分组，总的认知技能都会显著影响工资。

表 6-16　按职业流动方向分组的技能回报

	（14）	（15）	（16）	（17）	（18）	（19）
	向下流动		水平流动		向上流动	
认知技能得分	0.095 ***	—	0.082 ***	—	0.077 ***	—
	(0.035)		(0.023)		(0.022)	
非认知技能得分	-0.013	—	0.006	—	0.016	—
	(0.027)		(0.014)		(0.015)	
认知技能						
数学运算得分	—	-0.006		0.081		0.199 ***
		(0.145)		(0.059)		(0.068)
阅读能力得分	—	0.005		-0.062		-0.007
		(0.156)		(0.064)		(0.064)
写作能力得分	—	0.222 *		0.176 ***		0.053
		(0.128)		(0.055)		(0.055)
非认知技能						
情绪稳定性得分	—	-0.126		-0.005		-0.002
		(0.087)		(0.047)		(0.051)
宜人性得分	—	0.049		-0.011		0.039
		(0.103)		(0.058)		(0.058)
尽责性得分	—	-0.002		-0.039		-0.016
		(0.125)		(0.078)		(0.074)

续表

	（14）	（15）	（16）	（17）	（18）	（19）
外向性得分	—	0.152	—	0.115*	—	0.070
		（0.117）		（0.060）		（0.067）
开放性得分	—	-0.164	—	-0.064	—	-0.038
		（0.106）		（0.056）		（0.071）
控制变量						
受教育年限	-0.015	-0.031	0.041***	0.042***	0.069***	0.063***
	（0.028）	（0.032）	（0.015）	（0.015）	（0.017）	（0.018）
经验	-0.024	-0.046	0.040**	0.039**	0.030	0.026
	（0.034）	（0.036）	（0.016）	（0.016）	（0.021）	（0.022）
经验的平方	0.000	0.001	-0.001*	-0.001*	0.000	0.000
	（0.001）	（0.001）	（0.000）	（0.000）	（0.001）	（0.001）
女	0.046	0.037	-0.024	0.007	-0.327***	-0.271**
	（0.164）	（0.165）	（0.091）	（0.092）	（0.102）	（0.106）
已婚	0.384*	0.409*	-0.085	-0.098	-0.149	-0.124
	（0.206）	（0.207）	（0.097）	（0.097）	（0.123）	（0.127）
老挝（对照组：泰国）	-0.437*	-0.475*	-0.657***	-0.648***	-0.263**	-0.272**
	（0.262）	（0.268）	（0.139）	（0.141）	（0.130）	（0.136）
柬埔寨（对照组：泰国）	-0.904***	-0.937***	-0.666***	-0.657***	-0.386***	-0.361**
	（0.245）	（0.257）	（0.131）	（0.138）	（0.135）	（0.138）
现工作时间（年）	-0.008	0.006	-0.026	-0.024	0.005	0.002
	（0.038）	（0.039）	（0.018）	（0.018）	（0.014）	（0.015）
常数项	8.190***	8.612***	7.076***	7.211***	6.525***	6.628***
	（0.601）	（0.626）	（0.332）	（0.344）	（0.337）	（0.386）
观测数	118	118	229	229	126	126
R^2	0.299	0.351	0.427	0.454	0.585	0.607

注：（1）括号内为标准误；* $p<0.1$，** $p<0.05$，*** $p<0.01$。

数据来源：本研究调查。

其次，从两种技能的具体内容来看，在向下流动时，模型（15）显示认知技能中的写作能力回报是显著的，回报率为22.2%，但非认知技能的回报率是不显著的；在劳动者进行水平流动时，如模型（17）所示，认知技能中的写作能力回报是在1%的显著水平下显著的，为17.6%，非认知技能中的外向性技能回报也是正向显著的，为11.5%；在劳动者进行向上流动时，如模型（19）所示，认知技能中的数学运算能力回报是在1%显著水平下显著的，为19.9%，非认知技能回报是不显著的。由此可见，模型（7）中由职业流动产生的数学运算能力回报正向显著是由向上流动的劳动者引起的，写作能力回报正向显著是由向下流动和水平流动的劳动者引起的，外向性技能回报正向显著是由水平流动的劳动者引起的。

最后，从控制变量的变化来看，由受教育年限回报率的变化可见，越是向上流动其教育回报率越是增加；从经验和经验的平方来看，随着劳动者工作经验的增加其工资有一个显著的先增加后减少的过程，由于工作经验和年龄相关，随着年龄的增加其工作经验是增加的，但随着年龄的增长其劳动生产率是下降的，当年龄的增长效应大于工资经验的增长效应时工资是下降的；从性别来看，向上流动的女性其工资与男性来比是显著低的；从婚姻来看，已婚且向下流动的劳动者工资比未婚者高。

以上是将职业流动次数分组分别观察技能回报的变化，发现：（1）无论将职业流动的方向怎么分组总的认知技能都会显著影响工资；（2）模型（7）中由职业流动产生的数学运算能力回报正向显著是由向上流动的劳动者引起的，写作能力回报正向显著是由向下流动和水平流动的劳动者引起的，外向性技能回报正向显著是由水平流动的劳动者引起的。由此，按流动次数分组的总的技能回报与职业流动与否的技能回报的回归结果是一致的。

第三节　小结

第四章采用本研究调查数据中的企业数据讨论东南亚三国受访中资企业的用工类型与用工需求；第五章采用本研究调查数据中的员工数据讨东南亚三国受访中资企业东道国员工的技能构成，及其与国际 O* NET 标准相比较的技能不足状况。以上两章的结果表明中资企业在用工技能需求上更为偏重使用易合作愿担责的员工，并偏重对员工进行企业需求的专业技能的培训。但是从员工的技能构成的分析来看，受访三国中资企业东道国员工的技能结构中认知能力普遍较低，且存在多项技能短缺的状况。对于中资企业而言，在提升东道国员工技能时，既要能与企业生产管理需求相融合也要能与东道国员工人格特征相符。本章分别讨论了人力资本投资形式中流动与培训对东道国员工技能提升的作用，并重点分析了流动对东道国员工能力提升及效率的影响。

第一，"一带一路"沿线国家劳动力素质普遍偏低的现状使中资企业在用工时需要承担通用技能与专业技能培训的"双重任务"。但是，能力形成的研究显示，认知能力的形成是人在青少年时期完成的，成人进入劳动力市场之后，工作、干中学更多的是带来非认知能力的提高，尽管非认知能力的提升会促进认知能力水平的提升，但这一过程需要的时间较长（Heckman，2006）。因此，对于中资企业而言，解决认知与非认知技能的"双重短缺"是一个极为重要也极为艰难的管理任务。

第二，针对中资企业东道国员工能力提升应有指向性。首先，本部分的研究结果显示，流动更有助于东道国劳动力非认知能力的提升，特别是东道国员工的尽责性与外向性；其次，在职培训更有助于东道国劳动力的认知能力提升，特别是数学运算、阅读能力的提升；再次，流动虽然有助于非认知能力的积累，但是过于频繁的流动将会损害劳动力非认知能力的提升；最后，通用技能培训如客服、英语能力、管理能力的培训更有助于劳动力认知能力的积累，而服务于企业的专用技能的培训同时有助于劳动力认知能力与非认知能力的积累与提升。

第三，迁移流动是所有劳动力问题研究的重要内容。迁移流动既有助于劳动者技能水平的提升，也是劳动者收益最大化的理性选择。本部分的研究显示，流动对中资企业东道国员工的能力提升存在倒 U 形关系。区分是否流动的情况，流动有助于提升认知技能回报水平，对非认知技能回报没有作用，显然流动之后雇主与雇员的匹配效率是通过识别认知技能来体现的；而那些长期就业于同一企业的东道国劳动者认知与非认知能力水平的提升均有助于收入水平的增长。

在未来，随着"一带一路"倡议走深走实，随着国际分工的进一步深化与中国企业竞争力的不断提升，中国 OFDI 企业的数量、规模与投资质量将不断提升。研究中国 OFDI 对东道国的影响，特别是关注中资企业履行社会责任、创造就业机会、建立和谐劳动关系是考察"一带一路"倡议中"五通"之"民心相通"的重要组成部分。本章研究对中国 OFDI 企业海外投资的启示有：第一，中国 OFDI 企业应该注重对东道国劳动力的在职培训，并进一步优化培训内容。世界银行报告指出工作地的培训可以深化工人的技能并提高企业生产率。与相近规模的物质资本的投资相似，培训会提高工人产出 10% 以上。第二，中国 OFDI 企业应该注意东道国劳动力在企业内的职业流动。尽管本研究所使用的劳动力流动不是企业内的职业流动，但流动对劳动力非认知能力的正向作用给企业的启示在于，保持企业内部员工的职业流动性，即职业升迁，提供员工稳定的工作阶梯，及可预期的职业升迁，有助于提高东道国劳动者的工作尽责性，建立良好和谐的劳动关系，这正是中国 OFDI 企业海外投资可持续的一个重要保证。

第七章　中国企业海外投资用工问题解决思路

—— 案例研究

中国企业海外投资面临的国际政治经济环境与早期欧美或日本等发达国家企业的海外投资相比较有极大的变化，全球分工体系逐步深化，中国产业结构在全球价值链中起着"结构洞"的作用，承接学习发达国家的先进技术，转移输出发展中国家的技术缺口部分。中国企业海外投资除了要适应不同于国内的劳动制度之外，雇佣中的和谐劳动关系是中国企业海外投资需要解决的主要问题，但"一带一路"沿线国家劳动力素质普遍偏低的事实为构建和谐劳动关系增加了难度。本章将通过东南亚三国中资企业的访谈资料总结中国企业在海外投资中用工问题的解决思路。出于对受访者与受访企业商业信息进行保密的要求，本部分将受访企业、商会的名称均采用＊＊代替。

第一节　中国企业海外投资用工问题解决思路：企业案例分析

一　工业行业中资企业海外可持续发展与雇工管理经验访谈

【案例1】柬埔寨＊＊水电行业案例（柬埔寨）

＊＊水电公司注册时间为2009年5月，于2010年3月变更为投资公司，注册资本为1000万美元，主要负责柬埔寨＊＊水电项目的投资开发、运营管理及柬埔寨境内其他电力项目的拓展开发。

水电站建设初期钢筋、水泥、粉煤灰主要从越南、泰国进口，累计进口金额4659.495万美元。钢筋来源于越南（2.517万吨），进口金额2213.468万美元，占甲供材料总金额的47.50%；水泥来源于泰国（23.777万吨），进口金额2355.928万美元，占甲供材料总金额的50.56%；粉煤灰来源于泰国（1.183万吨），进口全额90.099万美元，占甲供材料总金额的1.94%。＊＊公司主要是水力发电，受季节影响较大，主要生产的满负荷期在雨季，走访时期已进入旱季，来水较少，负荷不高。旱季时公司开展设备的检修工作，为来年的雨季大发电做准备。

市场环境的变化：电力是柬埔寨政府优先发展的重点领域之一，近年来，柬埔寨电力建设取得了可喜成就，总装机容量从2002年的180兆瓦增长为2015年的1328兆瓦，社会销售电量从2002年的6.14亿度增长为2015年的53.51亿度。特别是自2007年以来，柬政府大力推动电力发展，采取多种措施鼓励水、火电站建设，电力装机从2012年开始连续3年相继登上800兆瓦、1000兆瓦、1300兆瓦三个重要台阶，相应社会供电也从全局性严重缺电升级为季节性局部电力富余（雨季水电站出现部分弃水）。随着柬埔寨经济快速发展，国内用电需求进一步增大。本项目自产生发电效益之日起，可获得9年的企业所得税免税期。

应对措施：＊＊公司将扎根柬埔寨市场，以＊＊水电项目为依托，充分利用在柬埔寨树立的品牌、资金、技术及管理优势，不断扩大在柬水电装机规模及效益，积极跟踪火电、光伏、输配电等业务，促进公司可持续健康发展。

企业成绩：＊＊电站于2010年4月2日开工建设，于2013年12月28日全部投产发电，比BOT约定提前9个月，是柬埔寨已投产最大的水电项目，提供了占柬埔寨全国年发电量20%强的电量，对电网调峰、调频起到了非常重要的作用，已成为柬埔寨电网骨干电源，柬埔寨矿产能源部、柬埔寨环保部及柬埔寨国家电力公司分别授予其"良好社会贡献奖""环境管理工作优秀奖""运行优异发电企业"等荣誉。

雇佣与培训情况：目前，电站中方员工109人，其男性员工96人，女性员工13人，高级职称人员占6%，中级职称人员占20%，初级职称人员占16%，其他58%。柬籍员工88人，其中男性员工71人，女性员工17人。

＊＊公司积极履行社会责任，坚持本地化用工原则，帮助当地培养水电管理技术性人才，促进当地就业。高峰期参与施工的当地工人有近2000人，目前运营期柬籍通用工种、运行辅助工种和零星项目施工人员等有100余人。

公司推行员工素质倍增工程，以内外培训相结合方式扎实做好干部管理能力及一般员工专业技能培训工作。2016年以来，除新进员工入职教育常规培训外，共组织公司培训18项，部门培训25项，送外培训10项，参加上级单位视频培训10次。

【案例2】　＊＊公司（泰国）

2005年，＊＊公司注册资金400万泰铢，主营业务是汽车配件，主要将从泰国采购的原材料加工、生产成汽车配件销售至泰国各地。目前该公司共投入资金5.6亿泰铢。2015年该公司销售收入1.86亿泰铢，2016年收入约3.3亿泰铢，但原材料成本占销售收入的70%左右，工资约占收入的10%，设备损耗约为销售收入的10%。该公司库存约3000万泰铢，固定资本约3亿泰铢，流动资金年均保持在5000万泰铢以上，企业贷款1.3亿泰铢。

目前，企业雇员总数达到170人，其中，中国员工仅为9人，缅甸员工10人，柬埔寨员工35人，剩下均为泰国当地员工。管理人员共27名，其中泰国籍管理人员有20名。技术人员共7人，中国人有3名，泰国人有4名。销售人员共3名，其中中国籍销售人员仅1人。一线工人约占总员工数的60%，基本上是由泰国、缅甸、柬埔寨员工构成。企业以女性员工为主，约100人，其中30%是外国籍女性员工。该公司人员的流动性常年保持在3%~5%，流动人员大都是一线工人，也有少量技术人员。

企业对于员工在上岗之前会有一定的培训，但主要是操作、安全和企业文化的培训，并不对技术进行培训。每个月企业也会对员工进行培训，一个月有一次大型培训，每周有一次小型培训，大型培训持续两天，花费约为1万泰铢。小型培训每次持续2个小时。关于内部培训，企业每次培训规模为30~40人，外部培训每次培训2人。企业平时也会和同行进行交流合作，一般正式交流一个月一次，非正式交流每周两次，内容主要是技术方面的。

【案例3】 * *电子公司（泰国）

2007年 * *公司在泰国注册成立，公司以家电和电子产品销售为主，是一个在中国四川建厂、在泰国销售产品的企业。该公司认为泰国处于东盟国家的中心地带，近200多年来泰国没有发生战争，政局稳定，基础设施比较完善，泰国和国际接轨度较高，信仰包容性比较强，不管黑种人、白种人、黄种人，泰国都一视同仁。所以泰国是东盟最有特色的国家，并且泰国的华侨所占比例在全世界所有国家中是最高的。从贸易政策上来看，东盟在2015年开始已经启动了东盟一体化，一个签证通用，货物在东盟免税，泰国在历史上和中国联系密切，而且泰国没有出现过排华事件。这种天时地利人和的天然条件给他们在这里拓展业务带来了很大的便利。

由于该公司70%以上都是用的中国四川员工，所以该公司与沿海企业相比员工流动比例很小。该公司每月都会培训员工，并且公司内部设有培训中心，有时还会请专业老师培训生产线工人和刚入职的职员。一般培训是周末两天，一次培训30多人，其中一线员工和管理人员培训比较多，有些高层管理人员会被送去英美学习。

【案例4】 * *集团（泰国）

2007年 * *集团（泰国）XX公司在泰国注册成立。公司对泰国国内销售有两种方式：直接销售和通过经销商销售，出口都是自己出口，经销商不出口。目前XX公司在当地已经建厂，大约有

40%的产品是在本国销售的，60%的产品是用来出口的。出口时的结算货币是美元，现在主要出口的产品是冰箱，空调、洗衣机较少量。出口市场主要是日本（第一，占25%）、中东（占10%）、大洋洲（澳大利亚和新西兰）、委内瑞拉、菲律宾。主要的原材料供货商：一般零件来自当地，电器件等关键部位来自日本和中国。

截至2016年该公司销售收入每年平均大概是2.2亿美元，研发支出每年大概占销售额的3%。目前公司共有员工2000名，有10个中国人、3个日本人，员工工资每人一年大概30万泰铢。其中，中层管理人员有40人左右，研发团队有40人左右，国内销售人员有100多人，负责出口的销售人员有10个人，一线工人大约有1400人。总体来看，近两年工厂的人员比较稳定，有的员工已待了大概20年，比如技术人员相对比较稳定。而新招进来的年轻的大专生、本科生、中国留学生流失率比较高，三五年后能留下1/3就不错了，并且一线工人中外包工人（外籍大多数）流动性也较大，占10%左右。

对员工的培训以定期培训为主，每月都会有培训。从劳动者职业分类来看，对工人的内部培训会多一些，对管理层的外部培训一年有3~5次，主要内容大致包括税务、人力资源、薪酬、法务等方面，基本上是对新进的管理人员进行培训。一线工人在内部进行培训，不会被送回中国。从社会责任来看，该公司基本上每月都有一次给学校和寺庙捐献东西。

【案例5】 ＊＊变速箱（泰国）

＊＊手动变速箱制造商，于2013年建立，注册资金11.8亿美元，实际投资1.27亿美元，目前资产总额约1.5亿美元，其中固定资产1亿美元左右，流动资金2000万美元。该公司拥有变速箱自主品牌，自主研发的变速箱主要用于卡车、客车，在中国的市场占有率为75%。泰国工厂是该集团的第一家海外企业，94%的原材料产自中国，6%取自泰国当地。2016年的销售收入约为1000万美元，2017年约为2000万美元。该公司每个月发放工资约25万元人

民币，一年约 300 万元人民币，还有一些员工的福利加起来每年约500 万元人民币。企业在建成之后，每年的年终奖是 2~3 个月的工资，因此虽然基础工资差距不大，但泰国当地员工真正觉得他们的收入增加了。

该公司目前共有 65 名员工，其中泰国员工 53 人。管理层有10 人，学历均在本科以上，且都为中国人。公司设置主管 6 人，其中泰国主管 3 人，行政人员 20 人。技术人员 2 人，均来自中国。销售人员 4 人，其中 1 人为中国人。公司共有一线工人 37人，中国一线工人 2 人。其中一线工人流动性极大，为 60%~70%。该公司负责人认为，泰国地区的劳动力整体素质要高于其他东南亚国家。

企业会对泰国当地员工开展一定的培训，培训时间一般占工作时间的 5%。接受培训的人主要是企业的泰国一线员工，鲜有中国员工，对于一线员工培训的主要内容是操作技能。企业有时候会将泰国的一线员工送回中国进行操作技能的培训，这约占培训的20%。管理层的培训内容主要分为两部分，产品的培训和外部培训。该公司几乎不与其他同行业的公司进行交流。

二　服务业中资企业海外雇佣访谈及经验

【案例 6】　＊＊银行（老挝）

＊＊银行的主要业务是针对中小企业的经营服务、汇款、结算、退款、咨询。贷款方面主要是小额贷款，但不是主要业务，且贷款对象以中资企业或者"走出来"的中国企业为主。＊＊银行有35 名员工，其中国内派来 11 个，其余是在老挝当地招聘的，平均年龄不到 30 岁，文化程度均为本科以上，研究生以上的占 50%。老挝学生学历高，但素质相对较低，这主要是由于在老挝援助的教育资源相对较多，但教育质量较低。因此企业在雇佣老挝员工时往往不看学历，主要看工作态度、学习能力。老挝员工流动性比较大，辞职率较高，承受压力的能力较弱，不愿意加班。

【案例7】 ＊＊银行老挝

该银行 2012 年在老挝注册成立，业务经营范围包括：存、贷款和汇兑，贷款主要针对购房、自建房。商品房的按揭比较多，中小企业贷款比较少，因为老挝很多中小企业达不到该银行提出的条件和标准，比如有些老挝和中国的中小企业管理不规范，报表体系不完善，内部问题比较多。因此，在老挝能够满足银行信贷条件的企业也是寥寥无几。另外据该银行行长介绍，老挝的首都有 48 家银行业金融机构，其中 2/3 是外资银行，1/3 是本土银行。

该行的机构设置包括：管理层、高管层（2~3 人）、部门级的管理层、综合办公室、技术部等共 7 个部门，每个部门至少有一正一副两个经理人，实际上管理人员和普通职务人员的比例在 1：3 左右。另外，该行还设置了员工的岗位轮换制度。由于老挝的金融业不发达，该银行有意培养老挝员工成为一流的金融管理人才，采取岗位轮换制度。比如自 2012 年下半年银行开始培养老挝员工进入中层管理岗位，一年多不到两年的时间换一次岗位，到目前为止该银行的各个管理部门都有老挝户籍的副主管人员。该行还会通过不同途径对员工进行培训。该银行自在老挝成立以来，在市场上招聘的应届大学毕业生首先要满足语言和基础业务知识需要，然后由该银行对其进行所需技能的培训。第一个培养途径是通过平台在行内培训，由外派员工作为业务骨干和管理骨干对老挝员工进行业务知识培训并传播和交流企业文化，即把业务技能和企业文化相互融合，让老挝员工和中国员工成为一家人，并让他们主动接受和学习我们的知识。第二个培养途径是总行在全球范围内每年都针对不同的部门和业务组织培训班或者集中地进行业务技能训练，连续性不间断地培训。第三个培养途径是银行总部和其他兄弟银行联合提供以工代训的机会，来老挝现场培训员工的基础业务技能。最后，我们还了解到该行员工的流动情况，该银行成立 4 年，从 20 多人发展到 83 人，其间大概有 8 个人离开，原因是求学读研 2 人，出嫁到其他国家 4 人，1 人去其他银行了，辞退 1 人。总体还是比较稳定的。

该银行针对中资企业"走出去"面临的问题、老挝金融业今后发展和老挝劳动力市场提出了自己的看法。第一，中资企业"走出去"时会遇到很多问题，比如人才培养问题，所以要制定一个符合自己企业发展要求的人才培养方案。企业"走出去"是国家战略要求和着力推动的，但是企业"走出来"要自己负责，自己负责包括对自己企业未来的人才储备、培养和发展体系负责，不能总是期望着政府的一些保障和当地市场的保障，而是要更加积极主动地和当地政府沟通，去和政府反映问题，争得政府的理解和支持。第二，企业自己是有很大的能动性的，既然认为这个地方有投资的潜力那么投资过程中遇到的这些不利因素是一定可以克服的，不能低估当地的产业，并且投资的转移不只是资金的转移。第三，中资企业"走出去"前可以聘请第三方机构进行调研、评估、咨询。这些机构可以从中国请，也可以到当地政府部门进行沟通，或者可以出钱委托劳动厅推荐相关机构进行实地调研。市场调研在很多中资企业是缺位的，特别是中小企业、民营企业。第四，企业"走出去"到了不是自己母国的地方，一定要学会依靠我们母国的官方机构，使馆和商务参赞处永远是我们中资企业的家。第五，银行不仅是一个提供金融服务的平台还是一个信息汇聚的平台，很多银行很愿意为中资企业提供免费的信息咨询服务，包括了解项目和产业的信息。因此，中资企业"走出去"不能盲目相信中介，不能盲目相信自己，一定要把功课做足。

从老挝银行业的业务对象来说，老挝人信仰佛教，佛教不提倡储蓄而提倡布施，即尽可能多地把钱用在对别人有用的地方，所以从宗教和文化的根基上看老挝人不爱储蓄。这一点与中国不同，因此该行对私业务占比较少，主要是对公业务。并且，老挝人大部分是风险规避者，对电子银行和 ATM 机用得不多。此外，对公业务的开展包括以下行业：基础设施、房地产、酒店、电站、电网和轻手工业（传统服饰、围巾和银饰）等。从老挝央行对利率的管制来看，老挝央行会根据各家银行自己制定的存、贷款利率划一个范围，然后用一个相对利差来控制利率，即老挝的央行不会发布一个标准的基准利率。

从老挝国内的就业环境来看，若父母受过高等教育或家庭条件很好，老挝人可能会选择低薪的公务员工作在政界发展；一些家庭条件一般但受过高等教育的劳动者，可能会选择高薪的企业来发展自己，首先他们会选择有国际化影响力的规范化管理的企业，特别是规范化企业。从就业者的性别来看，女性更加稳定，更加容易投入工作中，严谨度和责任心更高一些，男性则比较慵懒，更加随意一些，不具备冒险精神。从劳动者保险来看，"走出去"的这些中资企业会按照老挝的劳动法给所有员工投保社保要求的所有保险，另外有些企业会追加商业保险、人身意外伤害保险。但有些企业的员工不愿意买社保，比如不愿买医保，因为一旦去医院看病医生给的都是很差的药，真正想治好病还得付费。

从老挝金融业的发展前景来看，目前老挝的金融发展水平是相对落后的。金融生态不够健全，深度不够，证券业上则只有几家公司有股票。并且央行对金融的管控相对而言是粗犷的，在老挝成立银行的管理意识和管理细化的程度有待进一步提高。另外，老挝金融行业的主管机构是财政部门，而国内金融是严格的分业管理，除了保险业以外的其他银行、证券、典当、货币兑换都由中央银行管理。因而老挝金融行业的管理不是太顺，但从今后发展角度来看，老挝的金融业发展是大有希望的。因为，老挝正逐步在东盟内部由一个路锁国变成路连国，它会成为一个走廊，成为一个通道。所以，老挝的央行或者政府要考虑战略问题，怎样发挥老挝的地理优势，把自己打造成东南半岛区域性的金融中心。越南、泰国、缅甸这些国家可以通过老挝这个金融中心有一些相应的发展，因为这几个国家金融监管政策的宽松程度完全不一样，如果在老挝能够建立起一个其他国家能够接受的标准平台，老挝未来的金融业发展是大有希望的。

三　中资企业的用工问题实践案例总结

1. 中国企业尽可能实行本地化雇佣，管理层与主要技术人员大部分来自中国，一线生产工人以东道国员工为主，这一点与全球对外直接投资的企业相同，也与前面几章的数据计算结果是一致的。中国企业为东道国劳动力提供了更多的就业机会，而且作为东道国的外资企业，中国企业支付的平均工资水平远高于东道国的最低工资水平，也为东道国劳动力提供了更高的收入机会。

2. 中国企业通过企业工作时间的有效管理，逐渐形成并改善了东道国员工的时间管理意识。对于极不发达的国家而言，劳动者的时间概念形成是其融入中资企业，并开始迈出职业阶梯的第一步。关于这部分的访谈内容因为受访企业进入数据库，未单列到企业案例当中。

3. 中国企业海外投资要本地化一定需要进行长期的前期调研，除企业投资本身需要了解的投资法律法规之外，需要了解东道国的风土人情、生活习俗，对这些细节的忽略往往成为企业生产效率提升的绊脚石。

4. 大部分中国企业都有针对员工技能的培训，但是在访谈中我们发现企业对员工的培训没有规划，大都遵循传统的或形式上的培训，对于成年人学习能力处于下降阶段的现实而言，现有的中国企业在职培训的效果是受影响的。

5. 虽然企业社会责任不是直接与用工问题相关的内容，但长期坚持企业社会责任、具有良好口碑的企业在雇佣与人力资源管理中更容易获得员工的支持。中资企业开始关注在当地的社会责任，但中资企业的社会责任履行普遍是零散的、随机的。企业管理层履行社会责任尚未成为企业的常规性做法，建立有规划的企业社会责任履行机制也有助于企业财务绩效的提升。良好的社会责任履行能力，可以获得更多的投资者和消费者的持续支持，而这正是企业海外投资、持续经营的前提。

归结起来，企业是解决海外用工问题的核心主体，但中资企业是海外投资的后来者，海外投资的用工问题仅仅依靠企业自身的力量是难以化解的。正如访谈中企业管理者所表达的，一定要紧紧依靠中国的力量，随着中国企业"走出去"数量与规模的快速增长，中国各东道国使领馆的影响要惠及每一个中国企业需要增加更多的工作人员，显然，海外中国商会以及新近出现的境外经贸合作区是连接中国企业、使领馆的有效中介，并可惠及每一家中国企业。

第二节　中国企业海外雇工问题解决思路：商会案例分析

一　海外中国商会及其用工问题：泰国商会案例

【案例 8】泰国云南商会

云南商会在该地区投资的企业大大小小约有 300 家，但注册的企业仅为 5% 左右。在泰国投资的云南企业以农副产品为主，其次是以旅游和五金等第三产业为主的企业。但云南企业在泰国很少有大规模的投资。商会认为主要原因是各企业没有政府的支持，从而组织能力较弱，企业各自为战。

泰国作为一个温和的国家，商会社团众多，前期主要是华侨建立的，现阶段较为活跃的商会以江浙沪为主，云南商会加入较晚，因此活跃性相对较低。但是对于企业来说，商会能给予的帮助比当地政府更大。

泰国对外投资政策正在向扶持本国技术研发方向缓慢转变，但目前先进技术仍然由外国企业主导，其中汽车行业约九成是日韩企业。对于汽车制造业来说，泰国起步早于中国，大部分在泰国的日韩品牌汽车均是在当地组装生产的，并且长期出口东南亚国家，但泰国本土没有自己的设计研究院。同时，泰国本土的电子设备和光电企业已经具有很大的规模，甚至可以影响整个世界范围的市场价格波动。云南政府可以借鉴泰国的发展模式。

【案例9】泰国湖南商会

在走访过程中了解到，湖南商会有 86 家企业，5000 人，包括 500 家个体户。湖南分会还设有留学生分会。留学生分会主要由在泰国留学的湖南人组成，由于湖南的留学生对这边的文化比刚来的湖南人了解得更多，对商会成员能起到帮衬的作用，并且商会也会给他们提供就业的机会。湖南企业对泰国的贸易包括进口和出口，以出口为主。2014 年湖南对泰国的进出口总额是 5.5 亿美元，但 2016 年有所减少。行业涉及制造业、五金业、旅游业。

2008 年湖南省副省长甘宁来泰国考察后提出，要在泰国做一些和湖南对点的工程让湖南的企业"走出去"，并给予财政补贴 200 万~300 万元人民币。此外，湖南商会和泰国合作在泰国开发了一个湖南工业园，位置在巴吞府。湖南来泰国投资的企业大部分是销售分公司，工厂是建在湖南的，泰国最大的火车站和铁路是中国企业在承建。企业在国外发展离不开政府的支持，如果有政府的退税，成本降低，会降低价格形成竞争优势。此外，企业的品牌意识很重要，若进口大量同一个品牌的产品，泰国海关查知识产权会很严。

从雇员来看，由于目前中国的人工成本比泰国高，一些湖南企业有把工厂迁到泰国来的想法，十年前中国的劳动力成本只有泰国的一半，现在快接近泰国的一倍了。如国内工厂底层员工的平均月工资为 4000 元左右，而泰国员工大约是 1800 元。并且部分新来的小企业雇主会用泰籍华侨，大公司的管理层全部是中国人，或者管理层 50% 以上都是中国人。泰国的《劳动法》规定一个中资企业雇佣 1 个中国人必须要有 4 个泰国人相配套，但根据行业的不同人员比例可以调整，比如一些高科技行业可能是 2 个泰国人、1 个中国人，或者 1∶1 都可能。由于小企业"走出去"时，要尽量节省成本，如除了基本的工作外，还需要工人能给他们做翻译，并且雇主从国内带来雇员时用工成本更高，因此"走出去"的中小型企业雇佣当地员工较多。基于"取之于民用之于民"的社会责任感，湖南商会每年都有一个捐赠活动，会员自愿捐赠，据统计每年湖南商会对外捐赠约 200 万元人民币。

【案例 10】泰国温州商会

我们在走访调研的过程中了解到，整个温州对泰国的投资有 70 家企业，200 多名温州人，行业包括贸易、制造业、纺织业和五金业。温州人在葡萄牙、意大利、西班牙和罗马这些国家投资比较多，其中在意大利开餐馆和服装店的最多，而在东南亚做橡胶、纺织和电器行业的比较多，也有做礼品、印刷品、污水净化的。

据我们了解做橡胶生意的温州人，大部分在做两种橡胶生意，一种是复合橡胶，即在天然胶中加入辅料，在中国适用于一些轮胎企业或者橡胶制品；另一种是做再生橡胶，再生橡胶要出口到中国，泰国本土用量不大。再生橡胶的用途有：可以做密封，如汽车密封条、密封性水管；丁绷一类的做手套、鞋底；泰国天然胶的乳胶可以做乳胶枕、乳胶手套等；丁基可以用来做轮胎和内胎。泰国本是世界最大的橡胶产出国，2015 年确定 2016 年要出口 490 万吨橡胶，但是 2016 年三国出台政策要限制马来西亚、泰国和印度尼西亚的出口，其中泰国要减少 65 万吨出口量。

做电器行业的温州人大部分都在温州建厂，把制好的产品整体运到泰国，有些是将配件运来泰国这边组装。此外，据泰国温州商会会长介绍，来泰国做批发生意的优势在于，与中国相比竞争力稍微小一点，而且价格比较占优势。比如在税收上，泰国的中资企业进口原材料是免税的，把用这些原材料再加工生产出来的产品销售到其他国家对中资企业来说是有利润的。温州人做生意讲究诚信，并且有些企业不是很喜欢贷款，资金多企业就做大，资金少就小一点。这也是温州人企业做大的很少、没有上市的原因。温州商会近年来做了许多慈善事务，比如：来泰国读书的那些大学生、研究生，由于家人不在这边，商会就资助他们读书。除此之外，温州商会还常向孤儿院和学校等捐赠一些生活用品等实物和资金。

二 商会在海外中资企业雇工问题中的作用：突破企业网络边界的信息分享与学习模仿

上述内容介绍了 2016 年调查时期海外中国商会的基本情况，在访谈过程中商会较少关注本地化雇佣问题，随着"一带一路"倡议的不断推进，近两年中国商会的作用得以进一步发挥。笔者在修改书稿期间于 2018 年 9 月再次走访泰国，发现商会的聚集与中介作用得到进一步加强，商会的规范性得以加强，规模扩大，但与此同时部分企业与商会的联系开始减弱，一个重要的原因是商会规模扩大难以体现全部细分行业的利益，对部分企业失去了吸引力。商会是以小集团为基础发展起来的企业联合会，而且大商会实质上主要是由中小商会以及极少数的特大企业组成的，而不是由数量众多的企业直接组成的。通常企业是中小商会会员，不直接与大商会进行联系，而是通过它们所在的中小商会间接联系。此外，2018年 9 月走访泰国的中华总商会时笔者进一步询问了商会在解决本地化雇佣时的作用，发现这里是以企业自身解决为主，商会在这方面的作用发挥有限。但是，商会会员企业往往可以通过商会整合通用技能的短缺状况，在商会内部通过整合会员企业的需求解决这一问题。

海外投资的中国企业加入海外中国商会，商会可通过信息提供和协调行动两大治理功能来影响企业的决策和行为。首先，商会具有行业信息优势。单个企业的行业信息是有限的，但商会不仅与中国企业管理者进行信息互通，也与东道国消费者、会员企业、企业所在社区进行信息互通。其次，商会信息沟通在企业的"学习与模仿"机制与集体行动机制下可以影响企业的行为选择（冯巨章，2018）。但是，这两个机制作用的发挥取决于商会成员间的联系程度以及东道国的发展程度。

具体到本地化雇佣，受访企业普遍存在的技能"双重短缺"问题是中资企业海外雇佣必须解决的问题，但东道国劳动力流动较为频繁的现实给中资企业增加了解决这一问题的难度。针对这一问题，中国商会跨越企业网络边界解决技能"双重短缺"的作用体现在如下以个方面。

第一，信息传递机制。商会具有天然的信息优势，在运作良好的商会中，会员企业会根据商会的规则定期主动向商会汇报信息，也能从与其他企业的交往中获取信息。商会也会汇集、整理和分析企业信息并反馈给会员企业。因此，在解决本地化雇佣的难题上，可以考虑发挥商会的信息传递优势，整合会员企业内的技能需求与技能短缺信息、职业发展信息。

第二，学习模仿机制。商会的信息传递机制提供了商会内其他会员企业在员工培训、工资、福利、劳动保护、职业发展等方面的信息，信息沟通与传递会改变企业在解决本地化雇佣难题上的认知，使它们通过学习模仿在本地化雇佣上做得较为成功的企业，解决这一问题。

第三，集体行动机制。在解决本地化雇佣的技能"双重短缺"难题上，通用技能的普遍短缺在每一家中国企业都存在，单个企业的培训对于企业而言成本较大，同类技能的培训可通过商会会员企业共同行动将这一成本外部化，在减少单个企业成本的同时，一定程度上也能化解本地化雇佣的技能"双重短缺"难题。

海外中国企业商会化解本地化雇佣的技能"双重短缺"难题的作用机制得以实现，需要有一定的载体。尽管中国企业到海外投资是外来者，但是境外经贸合作区作为外国直接投资的创新之举，为海外中国企业与中国商会的投资提供了解决投资难题的平台。

第三节　中国企业海外雇工问题解决思路：境外经贸合作区分析

世界发达国家和我国发达地区的发展经验表明，园区经济是区域经济发展的有效模式。中国改革开放以来的园区经济模式和以经济发展为核心的产业对外开放，成为各地区或省份经济增长极的主要组成部分。在企业"走出去"过程中，中国境外经贸合作区成为中国企业海外投资比较独特的部分，也是"中国模式"海外投资的重要特征。截止到 2017 年底，中国企业正在建设的具有境外经贸合作区性质的项目共有 99 个，分布在 44 个国家，共带动投资近 307 亿美元，入驻境外经贸合作区的企业达 4364 家，创造就业岗位 25.8 万个。所有境外经贸合作区中，通过商务部考核的共 20 个，其中与东南亚国家合作的经济区有 8 个。境外经贸合作区成为中国企业参与"一带一路"建设、构建开放性经济新体制、推动中国企业有序出海和促进产能合作的重要平台。本部分将重点分析东南亚三国境外经贸合作（开发）区的建设与经营情况，进而讨论境外经贸合作区在解决中资企业雇工问题中的角色及作用。

一 泰国泰中罗勇工业园区的发展历程及成效

泰中罗勇工业园开发有限公司是由中国华立集团与泰国安美德集团在泰国合作开发的面向中国投资者的现代化工业区。园区位于泰国东部海岸，靠近泰国首都曼谷和廉差邦深水港，总体规划面积 12 平方公里，其中一期规划占地 1.5 平方公里，二期规划占地 2.5 平方公里，三期占地 8 平方公里。计划投资 2 亿美元，实际投资 1.96 亿美元。包括一般工业区、保税区、物流仓储区和商业生活区，主要吸引汽配、机械、家电等中国企业入园设厂。

园区位于罗勇府 331 号高速公路旁，周边水、陆、空立体交通网络十分发达，距离泰国最大的深水港廉差邦仅 27 公里，非常适合加工转口型企业。园区是与泰国工业区管理局（IEAT）签约合作的工业区。园区客户可享受泰国工业区管理局提供的园内"一站式"服务，以及园区提供的 BOI 证书、法律政策咨询、员工培训等服务。

近三年有 40 多家企业入园，实现工业总产值 60 亿美元，占到园区十多年累计总产值的 2/3。2017 年，园区成功引进奥丰、茂森等 12 家新企业入园，其中购置地块入园的 8 家，租赁标准厂房入园的 4 家。园区企业在园区健康安全的投资环境中，抢占泰国市场先机，利用泰国地理位置、经济地位和辐射能力等综合优势，扎根于泰国，面向东南亚及全世界，纷纷取得了骄人的成绩，甚至不断扩大规模，立中车轮、福诺等 7 家已入园企业通过再置业扩大了投资规模。截至 2018 年年初园区土地销售同比增长 170%，营业收入同比增长 62%，此外新建及租赁厂房 14274 平方米。园区已完成开发建设超过 5 平方公里，101 家企业投资入园，带动中国对泰国投资超 29 亿美元，累计实现工业总产值超 100 亿美元，解决当地就业近 3 万人，中方派遣员工 2000 余人，成为中国—东盟产能合作的重要平台。

园区向当地政府累计缴纳税费超过 7000 万美元。泰中罗勇工业园已将 2 万多名原来月收入不足 5000 泰铢（约合人民币 1000 元）的农民变成了月收入超过 1.5 万泰铢的产业工人。

二　柬埔寨西哈努克经济特区发展历程及成效①

柬埔寨西哈努克港经济特区是由四家中国大型企业（江苏红豆集团、无锡光明集团、无锡益多投资发展有限公司、华泰投资置业咨询有限公司）与柬埔寨国际投资有限公司合资经营的柬埔寨最大的经济特区。西港特区坐落于西哈努克市郊，紧邻 4 号国道，离首都金边 210 公里，距西港国际码头 12 公里，距西哈努克机场仅 3 公里，海陆空交通便利，区位优势明显。

西港特区是柬埔寨王国政府批准的柬埔寨最大的经济特区，总体规划面积 11.13 平方公里，首期开发面积 5.28 平方公里，总投资额 3.2 亿美元，以纺织服装、五金机械、轻工家电等为主要发展产业，同时集出口加工区、商贸区、生活区于一体。前期以纺织服装、箱包皮具、五金机械、木业制品等为主要发展产业，后期将发

---

① 官网：http://www.ssez.com。

挥临港优势，重点引入机械、装备、建材等产业。全部建成后，将形成300家企业（机构）入驻，8万~10万产业工人就业的配套功能齐全的生态化样板园区。目前，3平方公里区域内已基本实现通路、通电、通水、通信、排污（五通）和平地（一平）；相应的生产、生活配套设施同步跟进。在建设集办公、居住、餐饮和文化娱乐等多种服务功能于一体的综合服务中心大楼、柬籍员工宿舍及集贸市场等"硬件"设施的同时，不断加快服务环境的跟进。不仅引入了由柬埔寨发展理事会、商业部、海关、商检、劳工局、西哈努克省政府等代表组成的"一站式"行政服务窗口，还引入了两家物流清关公司、台湾均辉船务有限公司及柬埔寨加华银行等，为入区企业提供高效、全面的服务；同时，联合无锡商业职业技术学院共同建设了西港特区培训中心。培训中心根据入区企业人力资源需求，提供语言培训及技能培训，现已开展了四期培训，成效显著。

三　老挝赛色塔综合开发区发展历程及成效

老挝万象赛色塔综合开发区项目是中老两国政府共同确定的合作项目，是中国在老挝唯一的国家级境外经贸合作区，列入中国"一带一路"战略规划的早期收获项目。开发区占地1149公顷，位于老挝首都万象市主城区东北方21公里处的赛色塔县和赛塔尼县，是规划中的万象新城的核心区域，开发区规模较大，区位优越。

万象赛色塔开发区采用"工业园区+新城区"的开发模式，项目总体定位规划为"一城四区"，即：万象产业生态新城，中老合作开发示范区、云南省桥头堡战略的产业承载区、万象城市副中心的核心区、和谐人居环境的宜居区。

截至目前，已完成入园1号路、2号路及区内一期开发所需路网的建设；完成园区大门、开发区办公大楼（包括管委会办公楼、LCC办公楼、宿舍楼和园区展厅）的施工建设；引入了入园企业生产生活所需的水、电、通信、网络、有线电视等配套设施；完成了

2万平方米标准化厂房、客户服务中心等配套设施的建设。目前已进行区内变电站、创业中心大楼、员工宿舍的施工建设;已签约入驻企业36家,企业计划总投资额达3.5亿美元,总用地面积达1100亩,投资产业涉及能源化工、农畜产品加工、电力产品制造、饲料加工、烟草加工、建材科技、物流仓储等。入园企业中建成投产8家,正在建设的14家,正在前期准备的8家。

表7-1 老挝赛色塔综合开发区发展规划(2015年)

发展阶段	发展目标
近期(2012~2015年)	基本完成开发区的基础设施建设、管理组织的构建及基础产业的搭建。力争投资15亿元以上,实现年产值约25亿元
中期(2016~2020年)	初步形成完善的产业格局,区域经济的引领作用显著,成为老挝经济发展的新高地。投资50亿元以上,力争实现年产值100亿元
远期(2021~2030年)	产业集聚的效应充分释放,开发区市场化管理模式进一步完善,实现统筹发展、协调发展和科学发展的总体目标。投资100亿元以上,实现年产值250亿元

四 境外经贸合作区在中资企业雇工问题中的作用:集聚载体的成本递减作用

由以上案例可知,境外经贸合作区是中国企业海外投资的产业集聚载体,在承担国际产能合作重任的同时也被赋予了绿色延伸的新使命,总结起来为"支点、基地和平台"一体化建设工程(董千里,2018),这一新使命旨在通过园区建设衔接不同的价值链,成为我国与东道国企业合作、产业链共赢的主要载体。但是,在走访和调查境外经贸合作区时我们发现,境外经贸合作区建设中的资金、人才与管理普遍存在问题,当然不同于国内经济开发区的发展模式,以企业为建设主体的境外经贸合作区的发展凸显为更为市场化的开发模式，正由单一功能型的产业园区逐步向机制化的产业集聚园区、产业链整体规模化发展的多功能园区转变。目前境外经贸合作区招商的定位多是国内中小企业，要实现园区由单一功能型向全产业链规模化发展意味着境外经贸合作区的劳动力与人才需求将不仅仅是投资行为，需要进行人才储备与规划。

尽管用工问题是企业管理的微观问题，但作为海外投资产业集聚载体的新形式，境外经贸合作区作为产业集聚的规范组织形式，可以整合园区资源，减少中国企业在本地化用工过程中的边际成本。2018年9月笔者再次走访泰国泰中罗通工业园区，正值泰国中国企业总商会罗勇分会与工业园区合力组织，邀请泰国劳动部门与移民局公共部门人员为中资企业培训泰国最新劳动法，这样的方式减少了单个企业熟悉东道国劳动法的成本，减少了对东道国法律法规不熟悉产生的企业本地化雇佣问题。境外经贸合作区将海外中国企业与海外中国商会有效联系起来，提供了共同解决本地化雇佣难题的平台。

第八章 "一带一路"沿线国家中国企业海外雇工问题解决途径

第一节 结论与启示

中国对外直接投资增长迅速，经历了对外直接投资流量跃居世界第二，开始进入资本净输出国的队列，由"外资吸收大国"向着"对外投资大国"迈进，更加深入地嵌入了全球经济发展中。作为工业发展程度较深、工业链最为全面的发展中国家，中国产业结构在全球价值链中起着"结构洞"的作用，承接学习发达国家的先进技术，转移输出发展中国家的技术缺口部分。随着投资国数量的增加，面临的海外投资环境越来越多样化，复杂程度也在不断加深。作为"一带一路"倡议的主要实施者，中国企业也是海外投资的积极履行者。

在全部的中国对外直接投资存量中，"一带一路"沿线国家的投资存量占比不断攀升，在投资行业上，租赁和商务服务业、金融业、批发和零售业、采矿业、制造业一直是中国企业海外投资占据优势的行业，在投资区位选择上，东南亚（东盟）国家吸引了超过一半的中国企业对"一带一路"沿线国家的直接投资。投资主要集中在新加坡和印度尼西亚，而澜沧江-湄公河流域国家越南、老挝、柬埔寨、泰国、缅甸等紧随其后。

中国企业在"一带一路"沿线国家的对外直接投资偏重于服务业与制造业的事实需要获得与企业发展相匹配的劳动力资源。但沿线各国的人力资本（源）禀赋差异巨大，各国的人口规模、人口结构、人口素质等均直接影响中资企业在海外可持续发展的资本与劳动比。按亚洲、中东与非洲分别讨论地区人口结构与就业结构的变化，显见"一带一路"沿线国家具有丰裕的劳动年龄人口，但沿线国家的产业结构转型缓慢，人口就业大多停留于农业中，相应地人口素质上除个别国家外，大多沿线国家劳动适龄人口的受教育程度偏低。

投资于沿线国家的中国企业除要适应不同于国内的劳动力市场制度之外，创建中外双方和谐劳动关系也是亟须解决的主要问题，这也是当前国际媒体频繁报道的中国负面形象的主要关注点，通过本地化雇佣，为员工提供稳定持续发展的工作环境以及可预期的职业生涯有助于化解这一问题。与此同时中国企业海外投资可持续发展的一个重要方面就是有效的本地化雇佣。实现企业生产经营的本地化，是履行"一带一路"倡议中"民心相通"的重要内容。对于外国直接投资而言，东道国对外资严格的劳动力市场制度限制了外国直接投资企业"进口"本国或其他国家高素质劳动力替代东道国劳动力，外国直接投资有效的生产经营管理模式就是在现有的法律法规框架下，充分有效地利用东道国劳动力素质。区分东道国劳动力素质的能力结构，针对具体的能力结构识别东道国劳动力能力的优势与短板，有针对性地解决能力缺口，是有效本土化用工的重要内容。中国企业在"一带一路"沿线国家投资过程中面临的雇工问题也同样需要认识东道国劳动力能力结构中技能短缺的部分，并提出实现技能提升的方向与内容。

本研究于 2016 年分别在老挝、泰国与柬埔寨开展中资企业雇主—雇员相匹配的调查，获得老挝 43 家中国企业，相匹配的 313 名员工，泰国 55 家中国企业，相匹配的 192 名员工，柬埔寨 20 家中国企业，相匹配的 346 名员工（共计 118 家中国企业，851 名员工，其中东道国员工 775 名，其他国家〔含中国〕员工 76 名）的样本数据。

根据样本数据本书分析了中资企业的用工类型、用工技能需求以及培训等内容，考察了东道国员工的技能构成及技能短缺问题，形成以下结论。

第一，中国对外直接投资的企业尽可能实行本地化雇佣，但囿于东道国经济发展程度及劳动力素质结构，东道国管理者、专业人员及技术人员的用工需求难以匹配到合意的员工，而一线生产工人则往往面临较高的流动率。

第二，中国对外直接投资的企业更愿意雇佣具有协作精神、对工作比较尽责的东道国劳动力，而且倾向于雇佣具有一定数学运算能力的东道国劳动力。但是在经济相对发达的国家，中国企业需要擅长处理文字工作的东道国劳动力，仅仅具有生产的专业技能难以适应生产的需求。

第三，就业于中国对外直接投资企业的东道国劳动力认知能力水平出乎预料的低，除泰国得分值在 5 分左右（总分 18 分）外，老挝、柬埔寨东道国劳动力认知能力水平得分值均不足 3 分，更不用说与国际标准相比较。认知能力得分较低与亚洲国家人口素质偏低相吻合。小学到初中的低升学率以及未能顺利完成中学教育是亚洲基础教育的主要瓶颈。东南亚和南亚的基础教育具有"双 50"现象，即一半的国家，不到一半的青少年完成中学教育，包括普通中学或中等职业技术与培训项目。

第四，中国对外直接投资企业东道国劳动力的非认知能力水平略低于国际 O^*NET 标准，但是整体而言，在东南亚国家劳动力整体认知能力不足的条件下，雇佣并有效匹配满足中资企业能力需求的东道国劳动力短期难以实现。提升东道国劳动力非认知能力水平即人格特征，会反作用于个人认知能力的提升，从而改善东道国劳动力的认知能力。

第五，中国对外直接投资企业的东道国劳动力在非认知能力水平上既有优势也有劣势，老挝、柬埔寨中资企业的东道国劳动者具有良好的尽责性，而泰国与柬埔寨中资企业劳动者具有良好的宜人性；三国劳动力在其他诸如外向性、开放性及情绪稳定性方面存在不足。

第六，"一带一路"沿线国家劳动力素质普遍偏低的现状使中资企业在努力实现有效用工的同时要承担通用技能与专业技能培训的"双重任务"。但是，能力形成的研究显示，认知能力的形成是人在青少年时期完成的，成人进入劳动力市场之后，"干中学"更多的是带来非认知能力的提高，尽管非认知能力的提升会促进认知能力水平的提升，但这一过程需要的时间较长（Heckman，2006）。因此，对于中资企业而言，解决认知技能与非认知技能的"双重短缺"是一个极为重要也极为艰难的管理任务。

第七，关于人力资本投资的作用，首先，流动更有助于东道国劳动力非认知能力的提升，特别是东道国员工的尽责性与外向性；其次，在职培训更有助于东道国劳动力的认知能力提升，特别是数学运算、阅读能力的提升；再次，流动虽然有助于非认知能力的积累，但是过于频繁的流动将会损害劳动力非认知能力的提升；最后，通用技能培训如客服、英语能力、管理能力的培训更有助于劳动力认知能力的积累，而服务于企业的专用技能的培训同时有助于劳动力认知能力与非认知能力的积累与提升。

第八，迁移流动既有助于劳动者技能水平的提升，也是劳动者收益最大化的理性选择。本书的研究显示，流动与中资企业东道国员工的能力提升存在倒 U 形关系。区分是否流动的情况，流动有助于提升认知技能回报水平，对非认知技能回报没有作用，显然流动之后雇主与雇员的匹配效率是通过识别认知技能来体现的；而那些长期就业于同一企业的东道国劳动者认知能力与非认知能力的提升均有助于收入水平的增长。

第九，企业本身是解决本地化雇佣技能"双重短缺"难题的主体，但是，企业本身的力量难以完全化解这一难题，以境外经贸合作区为载体，发挥海外中国企业商会的信息整合与传递机制、商会成员间的学习模仿机制以及商会内企业培训的集体行动机制的作用可有效提高企业本地化雇佣的效率。

通过识别中资企业对东道国劳动力的能力需求，分析东道国劳动力技能短缺以及能力形成和提升的渠道，本书认为中国企业在"一带一路"沿线国家雇佣东道国劳动力时，面临认知技能与非认知技能的"双重短缺"问题，中国企业在雇佣、管理东道国员工的过程中，需要有效识别各国劳动力能力结构中的短板，形成有指向性的劳动者能力提升的途径。尽管沿线各国的劳动者能力结构短缺存在差异，但是，作为可用的劳动者能力提升的主要方式，培训和流动有助于改善、补齐东道国劳动力的能力不足部分，培训在认知能力改善上有显著作用，流动则通过非认知能力的提升改善认知能力。解决这一难题仅仅依靠企业本身的力量是不够的，跨越企业网络边界，以境外经贸合作区为载体，充分发挥海外中国商会的信息整合与传递机制、商会成员间的学习模仿机制以及商会内企业培训的集体行动机制的作用，可有效提高企业本地化雇佣的效率，尽早解决东道国劳动力技能"双重短缺"的问题。

根据这一结果，本书认为中国企业在"一带一路"沿线国家投资中面临的雇佣问题，不仅仅是中国企业内部人力资源管理的问题，也是东道国劳动力素质提升的问题，因此，本书提出从四个方面综合解决技能"双重短缺"问题：一是东道国劳动力人力资本再塑造；二是建立中国企业内部能力需求导向的扶持机制；三是深化跨国机构在跨区域的教育与培训方面的多边合作机制；四是超越劳动者自身的技能提升。下一节将分别讨论这四方面的思路与机制。

第二节 解决思路与政策建议

Sungsup Ra 等（2015）指出，虽然技能不匹配反映一系列潜在的需求和供给方面的问题及影响因素，但亚洲地区特定国家技能不匹配的解决方案主要与技能供给有关。在技能需求方面，各国可采取政策支持劳动密集型的工业行业；但是，技能需求因素往往更具全球性，并且不受特定国家的控制。解决亚洲技能不匹配的政策和战略必须主要侧重于从数量和质量上加强技能供应。但是，在很大程度上，亚洲国家仍然依靠旧方法向劳动力提供技能，不适合支持该地区持续提升的活力。因此，必须重新探讨新的思路与策略以便能够迅速有效地应对不断变化的技能需求。置身于这些国家的中国企业在面临东道国劳动者技能"双重短缺"的情况下也需要寻找新的解决思路。

一 东道国员工人力资本再塑造：干中学与终身学习

认知技能和非认知技能可以影响人的禀赋、偏好及能力形成，可能会影响风险偏好、时间偏好和人力资本生产的效率，却不一定是市场工资的直接决定因素。认知技能和非认知技能也可能提高工人的生产力，并直接影响工资。"一带一路"沿线国家基础教育体系的不完善导致东道国劳动力素质普遍偏低。以亚洲国家为例，2011 年整个亚洲的小学教育净入学率超过 90%（教科文组织和联合国儿童基金会，2013 年），中等教育下降到 64.1%（UNDEESA，2012），远低于 OECD 国家的平均值 82.3%。大量青年未能完成中学教育。本书讨论的对象是离开正规教育体系的劳动力。

离开正规教育体系的适龄劳动力在其职业生涯中的能力构成及塑造过程如图 8-1 所示，在职培训与终身学习是其技能提升的两条渠道，通过建立这样的学习途径可重塑东道国员工的人力资本水平。从在职培训来看，中资企业应提供多层次多内容的在职培训，实现对东道国劳动力从基本技能到高层次专用技能的不断培训，并建立企业内部员工的职业生涯阶梯。从终身学习的渠道来看，在中国企业对外直接投资的国家当中，职业技术教育存在巨大的缺口，许多适龄劳动力或是中学教育都未完成就进入劳动力市场，或是完成中学教育之后，只有相对小比例的高中生参加了职业技术教育与培训计划，那些高中入学率较低的国家，设置职业技术教育与培训的高中的比例也普遍较低。在东道国建立终身学习体系实现如图 8-1 所示的职业教育体系是提升劳动力素质的有效渠道。但是，缺乏有效的职业教育体系是"一带一路"沿线国家普遍面临的问题。例如，虽然印度每年有大约 1300 万进入劳动力市场的人口，但该国培训系统目前的能力只能培养其中的 25%（Panth，2013）。作为雇佣方，中国企业一方面可以在企业内部倡导终身学习的观念，另一方面可以起到连接中国职业教育体系与东道国劳动力终身学习的作用，在投资的同时也起到极力促进东道国劳动力技能水平提升的作用。

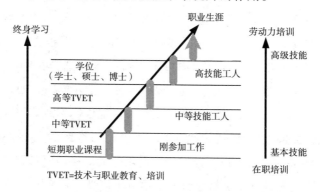

图 8-1 适龄劳动力的能力构成及塑造过程

资料来源：Sungsup Ra et al.（2015）Challenges and Opportunities for Skills Development in ASIA：Changing Supply，Demand，and Mismatch，ADB Thinker-Tank Report.

二 中国对外直接投资企业需求导向的劳动力技能提升扶持机制

在大多数情况下，职业与技能培训主要是供给驱动的，公共职业技术教育与培训机构继续提供的技能培训往往都是过时的，甚至是经济中不再需要的技能。与此同时，企业弥补技能不足的作用往往是有限的，由于一系列因素的作用，即便受访中资企业的培训效果明显，其在培训投资方面仍然是不足的。由于企业组织变革、经济预期不明朗，以及竞争对手的影响增加了劳动力流动，企业培训投资的主动意愿较弱。

从员工角度来看，远离正规教育体系的成人需要持续不断的培训才有可能产生作用，人的大脑的学习能力是随着年龄的增加而降低的。《2019 世界发展报告：工作性质的变换》指出成人的培训计划需要 12 年的稳定效果才能收回成本，而且根据神经科学的研究，成人的学习计划融入日常工作生活当中获得成功的可能性才会更大。

可持续发展的海外中国企业需要具有高技能的劳动力来支持企业生产经营，需要建立企业技能需求导向与企业员工学习能力相匹配的技能提升扶持机制。在参考《2019 世界发展报告：工作性质的变换》的基础上，可以考虑以下方面的策略选择：（1）建立常规化的企业内部培训体系，但需要纳入员工学习能力、心理参与意愿、工作家庭时间配置等个体因素；（2）提供以实践练习为主的培训方式，提供经济激励在内的激励工具、工作经验等促进成人学习；（3）采用更为灵活多样的培训手段，诸如移动应用程序的短期培训模块植入，可以更好地激励企业员工培训并避免对培训的抵触情绪。（4）手把手的师带徒的学习方式是比正式培训更为有效的成人能力提高的途径。

三 深化跨国机构区域间教育与培训多边合作

这一解决思路的指向并非中国企业，而是东道国政府与中国政府，它们应该制定由行业及企业参与的多边合作的东道国劳动力职业培训规划。

行业的参与可以保持技能供应与劳动力市场的能力需求相一致，也能确保职业培训机构的技能供给在推动东道国劳动力技能提升上起到真实的作用。因此有必要在职业培训的国别合作上推动行业协会或商会的共同参与。具体而言，可以借鉴联合国工业发展组织（2013）提出的具体策略：（1）在政策层面设定职业技术教育与培训优先事项；（2）确定当前和未来的优先技能领域；（3）双方确定对外直接投资企业的技能标准；（4）资助职业技术教育与培训；（5）提供职业技术教育与培训（包括就业前培训和在职学习）；（6）适当为在职员工提供正规的职业技术教育。在实施机构上，可以考虑东道国公共职业培训机构与中国私人职业培训学校或机构的合作。

四、超越东道国劳动者自身的技能提升途径

1. 中国海外投资企业的社会责任示范效应

追求完全营利战略的企业只有在非营利问题上也得到高分，才能获得"可持续的竞争优势"。罗布·范图尔德（2010）在北京进行的中国企业社会责任调查中，在总分为4分的计分系统中，发现中国企业总平均分为1.75分，表明中国企业在企业社会责任方面的实际立场不是积极型的。其在《动荡的社会责任》一书中指出，发生危机的时候，在人力和创新方面持续投入的企业，长期的绩效会更好，一旦企业设法在这些领域投入，它们将从它们的雇员那里得到更多的支持，因为二者具有类似程度的外部共同一致目标。较高的雇员认同度在提高企业生产效率的同时有助于前述各项技能提升策略的有效执行。但在海外投资的中国企业经常在面临企业的社会责任目标时偏好与政府合作，爱走"上层路线"，很少与当地NGO合作，缺少对文化距离、制度距离的了解与认识，导致中国企业对海外社会责任项目投入不少、满意度不高、知名度不高的现象。企业应转变认识与策略，由不积极型向积极型甚至是主动型企业社会责任模式转变，积极承担并履行与员工利益相关的社会责任：（1）建立中资企业海外社会公共责任行为的统计披露体系；（2）建立企业与劳动者针对东道国劳动条件的沟通机制，并使之成为公司内部惯例；（3）积极履行中国行业协会推出的各行业企业社会责任指引；（4）尝试推行ISO26000标准。

2. 中国企业在东道国社会网络中的溢出效应

中国企业在东道国投资时要改变以往社会网络构建的单一性，弥合制度、文化距离，构建与当地居民、社会的良好关系，融入多

元化的良性发展的社会网络结构，通过网络中的同群效应带动东道国员工在技能提升上的主动意识。其一，主动与东道国政府沟通，建立企业对东道国员工技能提升的激励约束机制，既保证员工的利益，也减少企业在员工能力提升上的沉没成本；其二，主动与周边社区居民往来，扩展企业在东道国的社会网络，推广终身学习概念；其三，以境外经贸合作区为载体，有效利用海外中国企业商会的信息与资源整合作用，跨越企业网络边界，有机融入东道国，实现企业海外投资可持续发展。

参考文献

陈漓高：《对外直接投资的产业选择：基于产业地位划分法的分析》，《世界经济》2007年第10期。

程飞：《非认知能力对个人收入影响的研究述评》，《中国高教研究》2013年第9期。

冯巨章：《合法性、商会治理与企业社会责任演化》，《浙江工商大学学报》2018年第5期。

李若建：《当代中国职业流动研究》，《人口研究》1995年第19（2）期。

李晓曼、曾湘泉：《新人力资本理论——基于能力的人力资本理论研究动态》，《经济学动态》2012年第11期。

卢盛峰、陈思霞、张东杰：《教育机会、人力资本积累与代际职业流动——基于岳父母/女婿配对数据的实证分析》，《经济学动态》2015年第2期。

吕晓兰、姚先国：《农民工职业流动类型与收入效应的性别差异分析》，《经济学家》2013年第6期。

张中元：《"一带一路"背景下构建我国"走出去"企业社会责任软实力》，社会科学文献出版社，2016。

周兴、张鹏：《代际间的职业流动与收入流动——来自中国城乡家庭的经验研究》，《经济学（季刊）》2015年第1期。

白利娜：《我国劳动力职业流动的影响因素及其对收入的影响研究》，山东大学硕士毕业论文，2013。

北京大学"一带一路"五通指数研究课题组：《"一带一路"

沿线国家五通指数报告》，经济日报出版社，2016。

曹浩文、杜育红：《人力资本视角下的技能：定义、分类与测量》，《现代教育管理》2015 年第 3 期。

陈岩、杨桓、张斌：《中国对外投资动因、制度调节与地区差异》，《管理科学》2012 年第 3 期。

陈岩、翟瑞瑞、郭牛森：《基于多元距离视角的中国对外直接投资决定因素研究》，《系统工程理论与实践》2014 年第 11 期。

陈银飞：《2000-2009 年世界贸易格局的社会网络分析》，《国际贸易问题》2011 年第 11 期。

陈玉芬：《美国学术职业流动行为和影响因素研究述评》，《比较教育研究》2013 年第 35（1）期。

程中海、南楠：《"一带一路"框架下东道国制度环境与中国对外直接投资潜力》，《软科学》2018 年第 1 期。

代中强：《中国企业对外直接投资动因研究——基于省际面板数据的分析》，《山西财经大学学报》2008 年第 11 期。

戴翔、韩剑、张二震：《集聚优势与中国企业"走出去"》，《中国工业经济》2013 年第 2 期。

戴翔、刘梦、任志成：《劳动力演化如何影响中国工业发展：转移还是转型》，《中国工业经济》2016 年第 9 期。

丁雪儿、周毕芬、朱秋萍：《人力资本、就业状况对进城务工人员职业流动的影响分析——基于福州、厦门的调查》，《云南农业大学学报》（社会科学版）2017 年第 1 期。

董千里：《境外园区在"一带一路"产能合作中的新使命及实现机制》，《中国流通经济》2018 年第 10 期。

都阳、贾朋、程杰：《劳动力市场结构变迁、工作任务与技能需求》，《劳动经济研究》2017 年第 5（3）期。

方齐云：《对外直接投资决定因素的实证研究综述》，《经济学动态》2005 年第 10 期。

葛顺奇：《外商投资"负面清单"管理模式研究》，人民出版社，2018。

国家发改委：《国有企业分类改革和分类治理调研报告》，2013。

国家税务总局：《"走出去"企业也有可能被反避税调查》，《中国税务报》2015年9月4日第B01版。

韩新：《外商直接投资对我国就业的影响研究》，东华大学硕士学位论文，2015。

黄凌云：《中国对外投资企业跨国投资模式选择》，《国际贸易问题》2016年第6期。

黄梦：《中国企业投资东南亚劳工保护责任研究》，《长沙理工大学学报》（哲学社会科学版）2016年第9期。

姜亚鹏、王飞：《中国对外直接投资母国就业效应的区域差异分析》，《上海经济研究》2012年第7期。

李磊、白道欢、冼国明：《对外直接投资如何影响了母国就业？——基于中国微观企业数据的研究》，《经济研究》2016年第8期。

李若建：《1990~1995年职业流动研究》，《管理世界》1999年第5期。

李思慧、于津平：《对外直接投资与企业创新效率》，《国际贸易问题》，2016年第12期。

李晓华：《技能回报、经济转型与工资不平等的上升》，浙江大学博士学位论文，2007。

李许单：《人力资本、社会资本与中国人的职业流动》，《安阳师范学院学报》2006年第1期。

联合国开发计划署驻华代表处等：《中国企业海外可持续发展报告2016》，2017。

联合国开发计划署驻华代表处等：《中国企业海外可持续发展报告2016》，2017。

刘士杰：《人力资本、职业搜寻渠道、职业流动对农民工工资的影响——基于分位数回归和 OLS 回归的实证分析》,《人口学刊》2011 年第 5 期。

刘晓凤、葛岳静、赵亚博:《国家距离与中国企业在"一带一路"投资区位选择》,《经济地理》2017 年第 37 (11) 期。

刘迎秋:《中国经济升级版的内涵和打造路径》,《人民日报》2013 年 5 月 16 日第 007 版。

柳延恒:《人力资本对新生代农民工职业流动的影响研究》,沈阳农业大学博士学位论文,2014。

孟繁强、杨斌:《劳动力市场技能形成模式与制造业竞争优势研究》,《财经问题研究》2010 年第 6 期。

彭国华:《技术能力匹配、劳动力流动与中国地区差距》,《经济研究》2015 年第 1 期。

普华永道:《2015 年中国企业并购市场回顾与 2016 年展望》,2016 年 1 月 26 日。

綦建红、杨丽:《文化距离与我国企业 OFDI 的进入模式选择——基于大型企业的微观数据检验》,《世界经济研究》2014 年第 6 期。

宋月萍、张涵爱:《应授人以何渔?——农民工职业培训与工资获得的实证分析》,《人口与经济》2015 年第 1 期。

谭秀杰、周茂荣:《21 世纪"海上丝绸之路"贸易潜力及其影响因素——基于随机前沿引力模型的实证研究》,《国际贸易问题》2015 年第 2 期。

田北海、雷华、佘洪毅、刘定学:《人力资本与社会资本孰重孰轻:对农民工职业流动影响因素的再探讨——基于地位结构观与网络结构观的综合视角》,《中国农村观察》2013 年第 1 期。

王淑敏:《地缘政治视阈下中国海外投资法律保护论研究——以"一带一路"为契机》,知识产权出版社,2016。

王彦军:《劳动力技能形成及收益模式分析》,《人口学刊》2008 年第 6 期。

王英：《对外直接投资与中国产业结构调整》，科学出版社，2010。

魏霁：《人力资本还是职业流动？——农民工工资增长机制的一个实证研究》，《社会发展研究》2015年第3期。

魏下海、董志强、温伟华：《不可观测技能回报、结构效应与农村居民工资残差不平等》，《经济科学》2012年第1期。

吴愈晓：《劳动力市场分割、职业流动与城市劳动者经济地位获得的二元路径模式》，《中国社会科学》2011年第3期。

阎虹戎、冼国明、明秀南：《对外直接投资是否改善了母公司的员工结构》，《世界经济研究》2018年第1期。

姚菲菲：《农民工社会资本对其职业流动的影响研究——以山西省为个案》，陕西师范大学硕士学位论文，2014。

袁子晴、杨亚平（2018）：《"凿空之旅"泽万民："一带一路"对外直接投资如何提高劳动收入份额》，《南方经济》2018年第2期。

张辉、唐毓璇、易天：《一带一路区域与国别经济比较研究》，北京大学出版社，2017。

张世伟、王广慧：《培训对农民工收入的影响》，《人口与经济》2010年第31（1）期。

张原、刘丽：《"一带一路"沿线国家劳动力市场比较及启示》，《西部论》2017年第27（6）期。

郑蕾、刘志高：《中国对"一带一路"沿线直接投资空间格局》，《地理科学进展》2015年第5期。

郑斯予：《国有企业海外劳动用工管理及用工成本研究》，首都经贸大学硕士学位论文，2014。

中国国际金融有限公司：《当前中国并购市场概况及典型案例分析》，2012年5月。

中国国际贸易促进委员会经济信息部：《我国"走出去"战略的形成及推动政策体系分析》，2007。

中国商务年鉴委员会：《中国商务年鉴》，中国商务出版社，2013~2016。

中国与全球化智库（CCG）：《企业国际化蓝皮书——中国企业全球化报告（2016）》，社会科学文献出版社，2016。

中国与全球化智库：《中国企业全球化报告（2015）》，社会科学文献出版社，2015。

中国与全球化智库：《中国企业全球化报告（2016）》，社会科学文献出版社，2016。

中华人民共和国商务部：《2012 年度中国对外直接投资统计公报》，中国统计出版社，2013。

中华人民共和国商务部：《2013 年度中国对外直接投资统计公报》，中国统计出版社，2014。

中华人民共和国商务部：《2014 年度中国对外直接投资统计公报》，中国统计出版社，2015。

中华人民共和国商务部：《2015 年度中国对外直接投资统计公报》，中国统计出版社，2016。

中债资信评估有限责任公司、中国社会科学院世界与经济与政治研究所主编《中国对外直接投资与国家风险报告（2017）》，社会科学文献出版社，2017。

钟宏武、张蕙、魏秀丽：《中国国际社会责任与中资企业角色》，中国社会科学出版社，2013。

周金燕：《人力资本内涵的扩展：非认知能力的经济价值和投资》，《北京大学教育评论》2015 年第 1 期。

周五七：《"一带一路"沿线直接投资分布与挑战应对》，《改革》2015 年第 8 期。

朱宪辰、李玉连：《领导、追随与社群合作的集体行动——行业协会反倾销诉讼的案例分析》，《经济学（季刊）》2007 年第 2 期。

Acemoglu, Daron, and D. H. Autor. Skills, Tasks and Technologies：

Implications for Employment and Earnings. Elsevier, 2011.

Acemoglu, Daron, and J. D. Angrist. "How Large are the Social Returns to Education? Evidence from Compulsory Schooling Laws. " National Bureau of Economic Research, Inc, 1999.

Adey, P. , and M. Shayer. 1994. "Improving Learning through Cognitive Intervention. " General Teaching Council for England, London (www. gtce. org. uk/research/raisestudy. asp)

Armenakis, Achilles A. , et al. "Human Resource Considerations in Textile Work Redesign. " *Human Relations* 30. 12 (1977): 1147+.

Carneiro, Pedro, and J. J. Heckman. "*Human Capital Policy.* " Social Science Electronic Publishing 30. 2004 (2003): 79-100.

Carrasco R, Jimeno J. F. , Ortega A C. "Returns to Skills and the Distribution of Wages: Spain 1995-2010. " *Oxford Bulletin of Economics and Statistics*77 (4) (2015): 542-565.

Chamorro - Premuzic, Tomas, and A. Furnham. "A possible Model for Understanding the Personality-intelligence Interface. " *British Journal of Psychology* 95. 2 (2011): 249-264.

De, De Enero. "Report Ⅲ - Report of the Conference - 19th International Conference of Labour Statisticians, Geneva, 2-11 October 2013. " (2014).

Dejdar, R. , and P. Rossmann. "Overeducation on the Belgian Labour Market: Evaluation and Analysis of the Explanatory Factors through Two Types of Approaches. " *Compare A Journal of Comparative & International Education* 37. 4 (2007): 513-532.

Desjardins, Richard, and K. Rubenson. "An Analysis of Skill Mismatch Using Direct Measures of Skills. " OECD Education Working Papers (2011).

Dragoni, Aldo Franco, G. Vallesi, and P. Baldassarri. "A Continuous Learning in a Changing Environment. " International Conference on Image

Analysis and Processing Springer Berlin Heidelberg, 2011: 79-88.

Faberman, R. Jason, and B. Mazumder. "Is There a Skills Mismatch in the Labor Market? . " *Chicago Fed Letter Jul* (2012): [1-4] .

Grossman, Gene M. , and E. Rossi-Hansberg. "External Economies and Internatilonal Trade Redux. " *Quarterly Journal of Economics* 125. 2 (2010): 829-858.

Guvenen, Fatih, et al. " Multidimensional Skill Mismatch. " Working Papers (2015).

Håkanson, Christina, E. Lindqvist, and J. Vlachos. " Firms and Skills: The Evolution of Worker Sorting. " Working Paper (2015).

Hanushek, Eric A. , L. Woessmann, and L. Zhang. " General Education, Vocational Education, and Labor-Market Outcomes over the Life-Cycle. NBER Working Paper No. 17504. " *Journal of Human Resources* 52. 1 (2011).

Hanushek, Eric A. , et al. "Coping with Change: International Differences in the Returns to Skills . " Economics Letters 153 (2016): 15-19.

Hanushek, Eric A. , et al. "Returns to skills around the world: Evidence from PIAAC ☆ . " *European Economic Review* 73. 1 (2015): 103-130.

Hartog, Joop. "Over-education and Earnings: Where Are We, Where should We Go? . " *Economics of Education Review* 19. 2 (2000): 131-147.

Heckman, J. and R. Pinto (2015). Econometric Mediation Analyses: Identifying the Sources of Treatment Effects from Experimentally Estimated Production Technologies with Unmeasured and Mismeasured inputs. *Econometric Reviews*.

Heckman, J. J. (2008, July). Schools, Skills and synapses. Economic Inquiry 46 (3), 289 - 324. Heckman, J. J. (2014).

Prevention Versus Remediation. Unpublished manuscript, University of Chicago.

Heckman, J. J. , J. E. Humphries, and T. Kautz (Eds.) (2014a). *The Myth of Achievement Tests: The GED and the Role of Character in American Life.* Chicago: University of Chicago Press.

Heckman, J. J. , J. E. Humphries, and T. Kautz (2014b). The Economic and Social Bbenefits of GED Certification. In J. J. Heckman, J. E. Humphries, and T. Kautz (Eds.), *The Myth of Achievement Tests: The GED and the Role of Character in American Life.* Chicago: University of Chicago Press.

Heckman, J. J. , J. E. Humphries, and T. Kautz (2014c). Who are the GEDs? In J. J. Heckman, J. E. Humphries, and T. Kautz (Eds.), *The Myth of Achievement Tests: The GED and the Role of Character in American Life.* Chicago: University of Chicago Press.

Heckman, J. J. , J. E. Humphries, S. Urzu'a, and G. Veramendi (2011). The Effects of Educational Choices on Labor Market, Health, and Social Outcomes. Unpublished manuscript, University of Chicago, Department of Economics.

Heckman, J. J. and T. Kautz (2012, August). Hard Evidence on Soft Skills. *Labour Economics* 19 (4), 451-464. Adam Smith Lecture.

Heckman, J. J. and T. Kautz (2014a). Fostering and Measuring Skills: Interventions That Improve Character and Cognition. In J. J. Heckman, J. E. Humphries, and T. Kautz (Eds.), *The Myth of Achievement Tests: The GED and the Role of Character in American Life,* pp. 341-430. Chicago, IL: University of Chicago Press.

Heckman, J. J. and T. Kautz (2014b). Fostering and Measuring skills: Interventions that Improve Character and Cognition. Technical Report, IZA Discussion Paper No. 7750. J. Heckman, J. E. Humphries, and T. Kautz (eds.), *The Myth of Achievement Tests: The GED and the*

Role of Character in American Life, Chicago：University of Chicago Press，2014.

Heckman，J. J. and T. Kautz（2014c）. Achievement Tests and the Role of Character in American life. In J. J. Heckman，J. E. Humphries，and T. Kautz（Eds. ），*The Myth of Achievement Tests：The GED and the Role of Character in American Life.* Chicago：University of Chicago Press.

Heckman，J. J. and P. A. LaFontaine（2010，May）. The American High School Graduationrate：Trends and levels. *Review of Economics and Statistics* 92（2），244-262.

Heckman，J. J. and D. V. Masterov（2007）. The Productivity Argument for Investing in Young Children. *Review of Agricultural Economics* 29（3），446-493.

Heckman，J. J.，S. H. Moon，and R. Pinto（2014）. The Effects of Early Intervention on Abilities and Social Outcomes：Evidence from the Carolina Abecedarian Study. Unpublished manuscript，University of Chicago.

Heckman，J. J.，S. H. Moon，R. Pinto，P. A. Savelyev，and A. Q. Yavitz（2010a，February）. The Rate of Return to the High Scope Perry Preschool Program. *Journal of Public Economics* 94（1-2），114-128.

Heckman，J. J. and S. Mosso（2014）. The Economics of Human Development and Social Mobility. *Annual Review of Economics* 6（1），689-733.

Heckman，J. J.，R. Pinto，and P. A. Savelyev（2013）. Understanding the Mechanisms through which an Influential early Childhood Program Boosted Adult Outcomes. *American Economic Review* 103（6），1-35.

Heckman，J. J.，J. Stixrud，and S. Urzu'a（2006，July）. The Effects of Cognitive and Noncognitive Abilities on Labor Market

Outcomes and Social Behavior. *Journal of Labor Economics* 24 (3), 411-482.

International Labour Office. Department of Statistics. Skills Mismatch in Europe: Statistics Brief. ILO, 2014.

International Labour Office. Skills Mismatch in Europe. Geneva: ILO, 2014

International Standard Classification of Occupations. (2012).

J. Chaparro, "Occupational Choice and Returns to Skills: evidence from the NLSY79 and O*Net" 2015

Judge, Timothy A., et al. "The Big Five Personality Traits, General Mental Ability, and Career Success Across the Life Span." *Personnel Psychology*52. 3 (2010): 621-652.

Kiersztyn, Anna. "Stuck in a Mismatch? The Persistence of Overeducation during Twenty Years of the Post-communist Transition in Poland." *Economics of Education Review* 32. 1 (2013): 78-91.

Kimmarie McGoldrick, John Robst, "The Effect of Worker Mobility on Compensating Wages for Earnings risk," *Applied Economics* 28 (2) (1996): 221-232.

Mccrae, R. R., &Jr, C. P. (1997). Personality Trait Structure as a Human Universal. *American Psychologist* (Vol. 52, pp. 509-516).

Melitz, Marc J. "The Impact of Trade on Intra-Industry Re-Allocation and Aggregate Industrial Productivity." *Econometrica* 71. 6 (2003): 1695-1725.

Mincer J, "On-the-Job Training: Costs, Returns, and Some Implications". *Political Economy* 70 (5) (1962): 50-79.

Mincer, Jacob. "*Job Training: Costs, Returns, and Wage Profiles. Market Failure in Training?*" (Springer Berlin Heidelberg, 1991), pp. 15-39.

Mueller G, Plug E. "Estimating the Effect of Personality on Male and Female Earnings". *Industrial & Labor Relations Review*, 2006, 60 (1): 3-22.

Parent D, "Wages and Mobility: The Impact of Employer-Provided Training". *Labor Economics* 17 (2) (1999): 298-317.

Pellizzari, Michele, and A. Fichen. "A New Measure of Skills Mismatch." Observatorioabaco Es (2013).

Perry, Anja, S. Wiederhold, and D. Ackermann-Piek. "How Can Skill Mismatch be Measured? New Approaches with PIAAC." 8 (2014): 137-174.

Quintini, Glenda. "Over-Qualified or Under-Skilled." *General Information*. volume 2011. 7 (2011): 183-226.

Quintini, Glenda. "OverQualified or Under-Skilled: A Review of Existing Literature." Oecd Social Employment & Migration Working Papers (2011).

Reports, Global. "Global Employment Trends for Youth 2013." *General Information* 19. 100 (2006): 93.

RILEY, and C. Edward. International Standard Classification of Occupations. International standard Classification of Occupations: International Labour Office, 1990: 51-53.

Rolf, Van Der Velden, J. P. Allen, and M. Levels. " Skill mismatch and use in developed countries: Evidence from the PIAAC study." Maastricht University, Graduate School of Business and Economics (GSBE), 2013.

Salgado, J. F. "The Five Factor Model of personality and job performance in the European Community." *Journal of Applied Psychology* 82. 1 (1997): 30-43.

S. Commandar and J. Kollo. 2008. The Changing Demand for Skills: Evidence from the Transition. *Economics of Transition*. 16 (2). pp. 199-221.

Sommer, Kristin L. , and R. F. Baumeister. " Self-evaluation, Persistence, and Performance following Implicit Rejection: The Role of trait Self-Esteem. " *Personality & Social Psychology Bulletin* 28. 7 (2002): 926-938.

Song, Joseph, and G. Violante. " Measuring Mismatch in the US Labor Market. " *General Information* (2012).

Sternberg R. J. , Baron J. B. " A Statewide Approach to Measuring Critical Thinking Skills. " *Educational Leadership* 43 (2) (1985): 40-43.

Sungsup Ra et al. , Challenges and opportunities for Skills Development in ASIA: Changing Supply, Demand, and Mismatch, ADB Thinker-Tank Report, (2015).

Tan E. , " Human Capital Theory: A Holistic Criticism. " *Review of Educational Research* 84 (3) (2014): 411-445.

The case to update or revise the International Standard Classification of Occupations, 2008 (ISCO-08). (2013).

The World Bank, Lao People's Democratic Republic Skills & Knowledge for Greater Growth and Competitiveness in Lao PDR, Report No. ACS6593, Nov, 2013

The World Bank, Lao Development Report 2014: Expanding Productive Employment for Broad-Based Growth, Report No. ACS9577, Oct, 2014

Tomas Korpi, and Michael Tåhlin. " Educational Mismatch, Wages, and Wage Growth: Overeducation in Sweden, 1974 - 2000. " *Labour Economics* 16. 2 (2009): 183-193.

UNESCO and UNICEF. Asia - Pacific End of Decade Notes on Education for All: Universal Primary Education. Bangkok. 2013.

UNESCO Institute for Statistics. Adult and Youth Literacy. UIS Fact Sheet September 2012. No. 20. Montreal: UNESCO.

UNIDO. Industrial Development Report 2013. Sustaining Employment Growth: The Role of Manufacturing and Structural Change. Vienna. 2013.

Wang, Yingxu, G. Ruhe, and Y. Wang. "The Cognitive Process of Decision Making. " *International Journal of Cognitive Informatics & Natural Intelligence* 1. 2 (2009): 73-85.

附录 职业分类

编号	职业分类
1	管理者
	董事长、高级官员和立法者
	主管、乡长
	总经理、行政和商务经理
	贸易服务和行政经理，例如：财务主管、人事主管、广告和公关主管
	销售经理、农业、采矿业和建筑业的生产部门经理
	专业服务经理，例如：医疗服务、酒店服务、批发零售商经理，健身教练
2	专业人员
	科学家，例如：物理学家、天文学家、化学家、生物学家、农业或渔业顾问、环境保护专家
	数学家、精算师和统计学家
	采矿业、工业的工程师
	建筑师、规划师、调查者和设计师
	健康专业人士，例如：医生、护士、妇科医生、兽医、牙医、物理治疗医生、营养师
	教师
	工商管理人员、会计和财务顾问
	管理人士，例如：销售和市场营销主管、公关人员
	信息和通信技术专业人员，例如：软件开发人员、程序员、网络开发人员
	法律专业人员，例如：律师和法官

续表

编号	职业分类
2	图书管理员、档案和馆长
	社会和宗教专业人员，例如：经济学家、社会学家、作家、社会工作者、宗教专业人员、翻译者
	有创造性的表演艺术家，例如：舞蹈家、艺术家、广播员和音乐家
3	技术及辅助人员
	科学和工程辅助专业人员，例如：工程技术人员、电子工程技术人员、矿业和冶金技术人员、核电站操作员、焚烧炉操作员、矿业主管、施工主管、绘图员
	农业技术人员、渔业技术人员
	船和飞机控制器的技术人员，例如：造船工程师、驾驶员、船员、空中交通管制员、飞行员
	健康辅助专业人员，例如：药品和牙科技术人员、实验室技术人员、护理辅助专业人员、兽医技术人员和助理、社区卫生工作者、救护人员
	工商管理辅助专业人员，例如：金融交易商和经纪人、信贷和贷款官员、保险代表、销售和采购代理商、房地产经纪人和房地产经理
	专业行政秘书人员，例如：办公室主管、法律秘书、医疗秘书
	法律、社会、文化相关的辅助专业人员，例如：宗教辅助专业人员、运动员、体育教练、摄影师、设计师、图书馆和博物馆技术人员、厨师
	信息与通信技术人员，例如：用户支持技术人员、网络技术人员、广播技术人员
4	行政人员
	办公室职员、普通秘书、客服人员、银行出纳和柜员、债务催收人员
	客户信息工作人员，如：话务员、接待员
	旅游顾问
	数据录入人员、数据处理人员
	会计和记账职员、工资结算员、仓库管理员、邮递员、采购人员

编号	职业分类
5	服务员
	旅行服务员、售票员、导游
	电话服务中心
	厨师、服务员、调酒师
	美发师、美容师
	内务主管
	国内家政服务人员，包括打扫办公室、酒店等建筑物卫生的人员
	预言家（算命先生）、殡仪工作人员、宠物美容师、动物照顾管理者、汽车教练
	个人护理卫生工作者、医疗助理、儿童保健工作者、助教
	火警、警察、监狱看守、保安
6	销售人员
	商店售货员、店主、商店主管、销售助理、销售培训者
	收银员、售票员
	时尚模特
	挨家挨户销售人员、商店客服中心服务人员
	服务站人员
	食品服务人员
7	农业，林业，渔业技能熟练工作者
	植物园丁和农作物种植者
	家禽养殖者、奶制品生产者
	以市场为导向的技术型林业、渔业和狩猎业工人
	以生存为目的的农民、渔夫、狩猎者和采集者
8	手工艺及相关人员
	建筑工人，如：木匠、砖瓦匠、泥瓦匠、水管工、盖屋顶、泥水匠、油漆匠
	金属业、机械业相关行业人员
	制作金属的工人、陶瓷工和电焊工

续表

编号	职业分类
8	铁匠、工具制造商和相关行业的工人
	电气和电子行业的工人
	机械力学工人和维修工
	手工艺工人，如乐器制造商、陶工、制作的珠宝工人、伐木工、编篮筐的工人、纺织品工人、皮革制造工人、作家、装修工
	印刷行业的工人
	食品加工、木材加工、服装加工等相关行业的工人，例如：屠夫、面包师、糕点师
	烟草商品制造工人
	木材处理者和木材加工工人
	服装加工工人，如：裁缝、鞋匠工人
	水下潜水员，导火线，烟熏器和其他害虫控制器
9	工厂设备、机器操作员及装配工
	采矿、矿物和石材加工工厂的操作人员，矿工
	钻井工人
	水泥、石头和其他矿物产品机器操作员
	金属处理操作员和印染工厂员工
	汽车配件生产工人和机器操作员
	橡胶、塑料和纸产品机器操作员
	纺织、毛皮和皮革产品机器操作员
	食品及相关产品机器操作员
	木材加工、造纸厂工人
	其他固定厂房的机器操作员
	装配工
	机车发动机驱动程序和相关的工人
	私家车司机、摩托司机、公共汽车司机、卡车司机
	可移动式动力装置，如运土工人、起重机操作员
	船的甲板相关工作人员

续表

编号	职业分类
10	一线工人
	国内酒店或办公室的保洁人员
	洗车工、擦窗工、洗衣工、清洁工
	农民、渔夫、林业种植者
	矿业、建筑业、制造业和交通部门的劳动者
	运输和存储劳动者
	准备食物的助手
	在街上销售产品和提供服务的工作者
	小商贩
	环保工人
	信使、送外卖工人和行李搬运工
	临时工作人员
	抄表员、自动售货机加货员
	储水人员和砍柴人员

后　记

　　云南大学发展研究院长期研究中国对外直接投资问题，在这样的环境熏陶下，本书作者于 2009 年开始接触中国企业"走出去"问题，很长一段时间以来，一直在思考如何将对外直接投资问题、本书作者的专业领域相匹配起来。2013 年"一带一路"倡议提出来之后，2015 年恰逢加拿大国际发展研究中心在澜沧江-湄公河次区域征集东南亚国家劳动力市场问题的研究项目，本书作者将研究视角确定在中国对外直接投资企业的用工问题上。早期的研究以中资企业在老挝的技能错配问题为基础，获得加拿大国际发展研究中心及云南省哲学社会科学基金的支持。随着研究的深入，我们将研究不断扩展延伸至泰国、柬埔寨，并在云南省省院省校合作研究项目的支持下，2016 年完成了老挝、泰国、柬埔寨三国中资企业的雇主—雇员匹配调查数据。

　　跨国调查的复杂程度与困难程度超出了项目研究最早的预期，从问卷设计、问卷翻译成英文及各国文字、招募投资东道国访员到与中资企业联系等每一步出现的问题都是始料未及的。整整一年的时间经历了从无到有、从陌生到熟悉，种种困难在国内研究团队、国外中资企业及商会的热心帮助下得以化解。作为项目的长期指导专家，每每在思路中断难以为继时，杨先明教授总是无私地伸出援助之手，帮助我们进一步优化项目的研究内容、研究设计；作为项目的合作者，昆明理工大学文淑惠教授、熊彬教授在三国的调查中给予了最无私的帮助，没有她们的鼎力相助，调查也难以顺利进行；作为项目的执行者，原云南大学发展研究院硕士研究生姚晓兵

（现云南大学发展研究院博士研究生）、刘丽丽（现南开大学博士研究生）、江鸿泽（现中山大学博士研究生）、王英（现上海财经大学博士研究生），以及原昆明理工大学管理与经济学院硕士研究生祁海泉及其他研究生认真执行并顺利完成了本项目在三个国家的调查任务。此外，本研究在开展过程中得到了海外中资企业、各国商会等相关机构的大力支持，在此不一一列出，一并表示感谢。

本书的顺利出版得到了社会科学文献出版社赵慧英老师的大力支持。在此表示感谢！云南大学发展研究院硕士研究生林斌、马文宝撰写了本书第一章的第三节，硕士研究生许默焓撰写了第二章，第四章第二节、第三节；博士研究生姚晓兵撰写了第五章的第二节、第三节，以及第六章的第二节，邓博文助理研究员为第四章第一节、第五章第一节的数据处理做了大量的计算与模型估计工作。同时云南大学发展研究院的许默焓同学做了大量的文献整理、助编与校对工作，在此一并表示感谢。本书在撰写过程中参考并引用了许多学者的观点与资料。如有不慎遗漏，文责自负，敬请谅解！由于能力与时间的限制，书中难免有不妥或错误之处，敬请广大读者批评指正。

陈　瑛
2018 年 8 月 23 日

图书在版编目（CIP）数据

技能短缺与技能提升："一带一路"沿线国家中国
企业海外雇工问题研究／陈瑛，杨先明著. -- 北京：
社会科学文献出版社，2018.9
ISBN 978-7-5201-3626-6

Ⅰ.①技… Ⅱ.①陈… ②杨… Ⅲ.①跨国公司-人
力资源管理-研究-中国 Ⅳ.①F279.247

中国版本图书馆 CIP 数据核字（2018）第 226729 号

技能短缺与技能提升："一带一路"沿线国家中国企业海外雇工问题研究

著　　者／陈　瑛　杨先明

出 版 人／谢寿光
项目统筹／赵慧英
责任编辑／赵慧英

出　　版／社会科学文献出版社·社会政法分社（010）59367156
　　　　　　地址：北京市北三环中路甲 29 号院华龙大厦　邮编：100029
　　　　　　网址：www.ssap.com.cn
发　　行／市场营销中心（010）59367081　59367083
印　　装／三河市龙林印务有限公司

规　　格／开　本：787mm×1092mm　1/16
　　　　　　印　张：18.25　字　数：252 千字
版　　次／2018 年 9 月第 1 版　2018 年 9 月第 1 次印刷
书　　号／ISBN 978-7-5201-3626-6
定　　价／98.00 元

本书如有印装质量问题，请与读者服务中心（010-59367028）联系